全国校本教研与校本课程数字出版平台
中国校本教研网 www.schooledu.com.cn
◎特别推荐◎

高效能教师的10个好习惯

（中学卷）

张 瑾◎主 编
王 通 徐伟刚 司相新◎副主编

GAOXIAONENG JIAOSHI DE
SHIGE HAO XIGUAN

江蘇鳳凰教育出版社
Phoenix Education Publishing, Ltd

图书在版编目（CIP）数据

高效能教师的10个好习惯（中学卷）/张瑾主编．—南京：江苏凤凰教育出版社，2015.8

ISBN 978-7-5499-5058-4

Ⅰ.①高…　Ⅱ.①张…　Ⅲ.①课堂教学—教学研究—中学　Ⅳ.①G632.421

中国版本图书馆CIP数据核字（2015）第116983号

书　　名　高效能教师的10个好习惯（中学卷）
作　　者　张　瑾
责任编辑　刘丹丹　雷利军　闫红蕾
出版发行　凤凰出版传媒股份有限公司
　　　　　江苏凤凰教育出版社（南京市湖南路1号A楼　邮编210009）
苏教网址　http：//www.1088.com.cn
照　　排　润星之源文化有限公司
印　　刷　三河市九洲财鑫印刷有限公司
厂　　址　河北省三河市灵山大口
开　　本　787毫米×1092毫米　1/16
印　　张　18.25
字　　数　290千字
版　　次　2015年8月第1版　2015年8月第1次印刷
书　　号　ISBN 978-7-5499-5058-4
定　　价　30.00元
网店地址　http：//jsfhjycbs.tmall.com
邮购电话　025-85406265，85400774　短信　02585420909
E - mail　jsep@vip.163.com
盗版举报　025-83658579

目 录

习惯1 精设计

——精研教材，“精读”学生，设计最优教学方案

习惯2 会调控

——灵动掌控促效率，构建高效大课堂

习惯3　善创新

——创新引领，开创高效新局面

习惯6　会评价

——以评价为杠杆，撬动高效教学

习惯7　会提升

——画龙点睛，让学生的认知上台阶

习惯8　会放权

——让学生做主，让自主出高效

习惯9　会尊重

——以尊重赢主动，以主动创高效

习惯1 精设计

——精研教材，“精读”学生，设计最优教学方案

一、“精设计”概述

高效能教师的好习惯很多，“精设计”无疑是最重要的习惯之一。把自己的教学设计做精，不仅能使课上得如行云流水，还能使学生爱学、想学，对学习如饥似渴，从而极大地提高教与学的效率。随着中学生的思想和身体逐渐成熟，他们对事对物有了自己独特的看法。如果教师不根据中学生的特点有针对性地做好教学设计，那么在课堂教学中他们就很容易分神、情绪低落，甚至产生厌学情绪。

中学教学设计在教学理论、媒体技术、系统观以及哲学和艺术等多个理论的交融中统一和发展起来。从对国内外中学教学设计的著作和文章的比较分析中可以发现，人们更多是从不同角度、不同侧面来界定中学教学设计概念的。

课堂教学设计是中学课堂教学成功的必要条件。教师能否按照教学设计的理论和要求进行课堂教学设计，是教学工作科学化、规范化和高效率的重要前提条件。“精设计”指的是精致而科学的中学课堂教学设计。中学课堂应该是一个学习的课堂、一个有生命力的课堂，需要教师去激活。激活的关键在于教师有全面、严密的预设，即有一个精致、科学、合理的课堂教学设计。

（一）中学教学设计的主要类型

设计是指在开发某事物或实施某方案之前采取的系统化计划过程。为达到预期目标，获得理想效果，在进行任何一项有目的的活动前，必须对其进行设计。设计注重的是规划和组织，确切地说，设计就是为实现某一目标而进行的决策活动。

中学教学设计经过长期实践，已经形成了一套较为完整的体系，主要包括以下三种类型。

1. 以“最优教学方法”为目的的设计

此类教学设计主要强调教学设计的目标、功能及意义，把教学设计看作研究教学系统、教学过程和制订教学计划的系统方法。

美国教学设计专家赖格卢特认为：“教学设计是一门涉及理解与改进教学过程的学科。任何设计活动的宗旨都是为了提出达到预期目的的最优途径，因此，教学设计主要是关于提出最优教学方法处方的一门学科，这些最优的教学方法能使学生的知识和技能发生预期的变化。”

2. 程序化、精确化、合理化的设计

此类教学设计是通过揭示教学设计的本质来界定概念的。

浙江师范大学教授鲍嵘认为，教学设计是一种“旨在促进教学活动程序化、精确化和合理化的现代教学技术”。美国教学设计专家梅瑞尔等人在《教学设计新宣言》中对教学设计下的定义为：“教学是一门科学，而教学设计是建立在这一科学基础上的技术，因而教学设计也可以被认为是科学型的技术。”所以，技术型的课堂教学设计着重于对教学实际问题的处理方式。

3. 作为整体的过程或规划来设计

此类教学设计被一些学者称为形态描述学说指导下的成果，主要根据系统论的观点，将教学设计作为一个整体的过程或规划来描述。

美国课程设计专家肯普将教学设计定义为：“运用系统方法分析研究教学过程中相互联系的各部分的问题和需求，在连续模式中确立解决它们的方法步骤，然后评价教学成果的系统计划过程。”北京师范大学教授乌美娜给教学设计下的定义为：“教学设计是运用系统方法分析教学问题和确定教学目标，建立解决教学问题的策略方案、试行解决方案、评价试行结果和对方案进行修改的过程。”

此类教学设计的理念是运用系统方法，将学习理论与教学理论的原理转换成教学资料和教学活动的具体计划的系统化过程。

从以上分类不难看出，教学设计揭示了以下几个方面的内容。

第一，教学设计的工作对象是由教学目标、教师、学生、教学内容和教学媒体构成的教学系统，工作内容是对这些要素之间的关系和相互作用进行符合教学目标的安排。

第二，教学设计的科学性表现在设计活动需要建立在对教学的理性研究的基础上。所以教学设计的科学化程度取决于所依据的基础理论对学习和教学规律揭示的深度。作为一种教学技术，教学设计和其他科学技术一样，其实践意义在于应用科学原理提高工作效率。

第三，教学设计的研究方法是将学习心理学的基础理论，系统地应用于解决实际教学问题的教学技术。作为一种应用技术，教学设计是连接基础理论与教学实践的桥梁。这表现为教学设计对教学问题的表征和分析，都建立在反映学生如何学习的科学规律上，而且对教学系统的设计安排都以相应的教学理论为依据。在这些基础理论的支持下，最终实现以发展学生的能力和素质为总目标的优化的系统功能。

（二）中学教学设计的四个重点

教学设计是对课程的二次开发，是一个指导性的动态方案。评价教学是否有效的标准只有一个，那就是学生是否取得了预期的进步和应有的发展。优质的课堂教学必须是“教得有效，学得愉快，考得满意，师生发展”，衡量教学高效的最终标准应该是“学生成长”。

高效的课堂教学设计要关注以下四个方面。

1. 关注学生“学什么”

中学教学设计必须突出中学课程的性质，对中学生强化语言和思维的训练，开发相关课程资源，促使中学生养成独立思考、质疑探究的习惯，使中学生学会正确地理解和得体地表达，发展思维的严密性、深刻性和批判性。

中学教师在课堂设计中要灵活使用教材，积极开发学习资源包括媒体资源，这是高效教学的基本要求。首先，要把教材信息、资源信息、课程标准信息转化为自己的信息，明确教材编写意图；其次，要回顾此内容的实践经验和反思，进行选择借鉴；再次，要根据课程标准提出学生的学习任务；最后，要吃透文本中的“着眼点”，即内容的重难点、知识的生成点、培养的技能点、情趣的激发点、思维的发散点、合作的讨论点、渗透的育人点、知识的引申点等。

在教学设计中，中学教师要树立正确的课程意识，创造性地用教材引导中学生灵活运用各种课程资源。

2. 关注学生“怎样学”

德国教育家第斯多惠说过：“教学艺术的本质不在于传授本领，而在于激励、唤醒、鼓舞。”课堂教学要做到合理、有效，教学设计就必须激励、唤醒每个学生的自主学习意识，努力转变学生的学习方式，引导学生学会反思性学习，自觉评价学习的效果。这样的教学设计才能取得课堂教学的高效率。

3. 关注教师“怎样教”

理想的中学课堂教学是一个师生共同参与、教学相长的动态过程。

每个学生都是课堂上主动求知、探索的主体，教师是这个动态过程的创设者、组织者、引导者和合作者。课堂教学应该丰富生动，教师除了要不断更新自己的教学观念外，还应该在设计中引导学生自主学习，重视课堂的互动生成，创设最佳的教学情境，精讲精练，落实三维目标，实现轻负担、高质量的课堂教学。

4. 关注师生生命成长

中学课堂教学设计倡导民主和谐的课堂文化，在教学安排、教材处理、课堂导入、教学策略、指导学习、平等对话等环节，体现对师生的人文关怀，关注师生的生命成长。

二、名师与“精设计”

（一）以教为中心的教学设计

江苏省常熟市的汤老师这样设计《〈呐喊〉自序》的教学设计。

教学目标

(1) 了解鲁迅的生活经历和思想发展过程。

(2) 理解鲁迅写作《呐喊》的缘由和小说集命名为“呐喊”的含义。

教学重难点

(1) 教学重点：鲁迅的生活经历与思想发展过程。

(2) 教学难点：鲁迅严于解剖自己、努力追求真理、探索救国救民道路的革命精神，认识作者写作《呐喊》的缘由。

教学过程

1. 导入

师：同学们初中时学过鲁迅的哪些小说？（《故乡》《社戏》《孔乙己》等）这些小说选自哪一个小说集？（《呐喊》）

师：《呐喊》是鲁迅的第一部小说集，共收入短篇小说 14 篇。（第一版是 15 篇，包括《不周山》）1922 年 12 月，鲁迅为这个集子写了序，这就是我们今天要学的——

生：《〈呐喊〉自序》。

2. 简介“序”

师：什么是序？什么是自序？请同学们齐读“自读提示”前三句话。

师：提示讲得很清楚：序言，是写在著作前面的文章，可分为自序和他序，自序多为说明写书的目的和经过。在这篇序言中，鲁迅通过叙述自己的经历来反映思想发展过程，并说明写作《呐喊》的缘由，这正是这节课我们要学习的内容。

3. 分析课文

(1) 引出“梦”。

师：缘由即来由，那么本文在哪里概括交代了《呐喊》的来由？

生：开头部分“这不能全忘的一部分，到现在便成了《呐喊》的来由”。

师：是什么的“一部分”？

生：“我在年青时候也曾经做过许多梦”的一部分。

师：这里“梦”指的是什么？

生：指作者年青时候的理想和追求。

师：为何理想叫作“梦”呢？

生：由于这些美好的希望、理想都未能实现，所以后来回忆起来，就如同梦幻一般。

师：年青的鲁迅曾做过哪些梦？

师：梦的产生是与作者的生活经历、思想发展密切联系、相互影响的。我们先来看文中叙述了作者怎样的生活经历，思想又是如何发展的。请对照下面的表格看课文，给大家两分钟时间，找出地点并概括作者的生活经历和思想发展。

(2) 根据课文内容，填表说明作者的生活经历与思想发展过程。

教师用幻灯片展示“地点”“生活经历”“思想发展”和“绍兴”“侍亲疾”。

教师先请学生找出文中的地点：绍兴、南京、仙台、东京、北京，再请学生自读课文填写生活经历、思想发展，学生完成后再讨论明确具体内容。学生概括恰当则教师少讲评，学生概括不到位则教师对学生进行指导。

① 绍兴“侍亲疾”，看透世态，想走“异路”。

师：在绍兴的四年，作者做了什么？

生：几乎每天出入于当铺和药店，并寻找药引。

师：中心事件是服侍久病的父亲，我们用最简洁的语言概括为“侍病父”或“侍亲疾”。这段生活经历中，鲁迅的感受如何？

生：看见世人的真面目，想走异路，逃异地，去寻求别样的人们。

师：如何理解这几句话？我们可以结合鲁迅的家庭情况来理解。鲁迅幼时家庭经济比较宽裕，家里有四五十亩水田，并不愁生计。但十三岁那年家庭突遭变故，祖父因科举案件下狱，父亲患了重病，家庭陷入困顿，只得靠典当衣服首饰换钱来给父亲治病。鲁迅在侮蔑中接了钱，昔日闰土眼中的“少爷”遭到了别人的歧视与白眼，倍感人间的冷漠，看透世态炎凉，于是想走异路，产生了第一个梦“学洋务”。

② 南京“求新知”，选择学医，救民报国。

在洋务学堂，鲁迅所学课程有格致（物理、化学）、算学、地理、历史、绘图、体操，并且看到了一些生理卫生之类的书。这些知识与作者在三味书屋中所学的“四书”“五经”中的孔孟之道相比较都是新知识，因此在洋务学堂作者主要探求西方的新知识，可概括为“求新知”。

师：这些新的知识对作者的思想产生了怎样的影响？

师：作者渐悟中医是骗子，知道西方医学能维新，于是去仙台学医，“救治像我父亲似的被误的病人的疾苦”，促进“国人对于维新的信仰”。因此，我们可概括为“选择学医，救民报国”。

③ 仙台“攻医学”，领悟要旨，弃医从文。

师：在仙台，作者主要攻读西方医学，我们初中学的《藤野先生》就是对仙台学医生活的回忆，作者回忆了最使他受到鼓舞、最使他感激的藤野先生。学医之梦实现了，鲁迅后来为什么又动摇了呢？

师：原因是看时事片，领悟了要旨，弃医从文。

师：时事片的内容是日本人杀中国人，围观的是自己的同胞，这场景使鲁迅受到极大震动，他为麻木得受人欺侮、任人宰割而不自知的同胞感到激愤和悲哀，这使鲁迅的学医之梦彻底破灭。以此为转折，鲁迅树立了新的梦想：提倡文艺，开始了新的人生，去东京进行最初的文学活动。

④ 东京“搞文艺”，悲哀寂寞，深刻反省。

师：在东京，鲁迅为搞文艺从事了许多工作，文中主要叙述了办杂志《新生》。《新生》的结局如何？（并未出版）

师：《新生》的失败给鲁迅以沉重的打击，请同学们从课文中找出表示他那时心情的词语：悲哀、寂寞，并且进行了深刻的反省，认识到自己“决不是一个振臂一呼应者云集的英雄”。

师：请大家思考：鲁迅为什么感到如置身毫无边际的荒原的悲哀？

师：客观原因：国民精神麻木，群众不觉悟，对于呐喊既非赞同，也不反对。主观原因：对自己寄托希望过高，认为自己是英雄，思想不切实际，青年人特有的狂热病。

师：满怀信心、满怀希望地办杂志，一旦希望破灭，那失望也很深、很痛苦。为了驱散这种痛苦与寂寞，鲁迅采用了种种麻醉法，沉入于国民中，回到古代去，于是去了北京S会馆抄古碑。

⑤ 北京“抄古碑”，苦闷沉默，思索追寻。

师：抄古碑并没有奏效，从“似乎”一词可以看出；从院子里有缢死过一个女人的槐树和槐蚕每每冰冷地落在头颈上，可以看出当时居住的环境是冷静、寂寞的。“客中少有人来”，生命在暗暗消去，可见鲁迅没有了先前的慷慨激昂，保持了沉默。“这也就是我唯一的愿望”是一种自嘲，实际上是不愿如此沉默，可又不得不如此的无可奈何的苦闷。这种苦闷实际上是奋斗者找不到变革现实途径时产生的彷徨，这种沉默实际上是暴风雨来临前的酝酿，沉默苦闷并非理想破灭后的绝望，而是仍在苦苦思索、追寻着国家和社会的前途和出路。

⑥ 北京“应索稿”，看到希望，作文呐喊。

师：鲁迅在《记念刘和珍君》一文中曾说：“沉默呵，沉默呵！不在沉默中爆发，就在沉默中灭亡。”金心异的索稿，结束了鲁迅沉默的抄古碑的生活。文中有金心异与鲁迅争论铁屋子能否被摧毁的一段对话。在“假如一间铁屋子”的对话中，用了许多比喻来揭示思想观点。请具体说明“铁屋子”“熟睡的人们”“大嚷起来，惊起了较为清醒的几个人”各比喻什么？

师：“铁屋子”比喻辛亥革命后依旧黑暗的旧中国。“熟睡的人们”比喻受封建思想毒害的精神麻木的国民。“大嚷起来，惊起了较为清醒的几个人”比喻用宣传的力量使较为明白的一些人认识到处境的险恶。

师：从中我们可以了解鲁迅最初的社会观，对社会的认识很深刻，但同时也体现了他思想的弱点：把黑暗的旧社会估计得过于强大，对群众力量估计不足。争论的结果是鲁迅否定了自己最初的看法，看到了希望，于是振笔呐喊。

师：通过分析我们得出结论：先前的思想发展是形成《呐喊》的深厚的思想基础，而金心异的来访则是写作《呐喊》的契机。

(3) 教师小结。

师：从作者的生活经历中我们可以看出，作者年青时的梦想共有三个：第一个是通过学洋务来救国，即洋务救国梦；第二个是通过学医来拯救像他父亲一样的病人，并在战争时去当军医，即学医救国梦；第三个是通过文艺唤醒麻木的国民，即文艺救国梦。从作者的梦想中我们可以看出，一直贯穿在作者梦想中的是他那一颗救国救民的热心，这种忧国忧民的思想我们应当认真体会。

师：第一个梦是第二个梦的前提和基础，并随着第二个梦的破灭而破灭，前两个梦的破灭又是第三个梦产生的原因。

师：三个梦想的破灭使作者陷入了无边的寂寞中，如何理解作者的这种寂寞呢？

师：作者的这种寂寞并非真的无聊，也不是无事可做，而是一种“不特没有人来赞同，并且也还没有人来反对”的孤独，是爱国者报国无门的忧愁，是先行者曲高和寡的悲哀，更是思想者穷天究地的反省。“吾不能变心而从俗兮，固将愁苦而终穷。”这种寂寞是作者对黑暗统治的反抗，对麻木国民的当头棒喝。在寂寞中的作者深刻反省，从而克服了对自己寄望过高、思想不切实际的青年人特有的狂热病，为他以后团结众人，从事“韧”的战斗奠定了基础。金心异的来访使寂寞中的作者看到希望，于是开始振笔呐喊。

(4) 分析小说集命名为《呐喊》的含义。

师：其含义有二：一是为唤醒精神麻木、“熟睡”的人们起来抗争而发出战斗呼喊；二是为慰藉战友，使之“不惮于前驱”的呐喊助阵。

师：从作者好梦、寂寞、呐喊的经历中我们不难发现他忧国忧民的思想一直没有改变。作者《自题小像》中的一句话可以鲜明地体现他的思想：“我以我血荐轩辕。”

4. 布置作业（任选一题）

（1）由鲁迅回忆自己梦的产生和对梦的执着，能不能谈谈你的梦？你有什么梦？怎样形成的？如何为梦的实现而奋斗？请以“我的梦”为题，写一篇600字左右的作文。

（2）分析文中的曲笔，以“亮色的‘曲笔’”为题写一篇评论。

（3）分析作者的寂寞，以“闪光的‘寂寞’”为题写一篇读后感。

《〈呐喊〉自序》内容精深，对于中学生来说理解有一定难度，所以汤老师进行教学设计时采用了以教为中心的模式，教学时突出重点，扣住“好梦”的具体内容，让学生领会作者思想发展的过程。案例中的教学设计，注意到了文章中蕴含的情感，并努力通过作者的活动脉络深化这种情感和认识。

这是一个以教为中心的教学设计，带有明显的教师阅读痕迹，教师的感受在整个学习过程中占主导地位，在价值观层面属于鉴赏感悟式。以教为中心的教学设计也称传统教学设计，主要研究的是教，即如何帮助教师教好学生，提高教学质量。以教为中心的教学设计强调教学目标的实现，其理论基础在20世纪80年代以前主要是行为主义的联结学习理论，20世纪80年代后，认知心理学在学习理论中占据了主要地位。

以教为中心的教学设计，有时又称为基于课堂教学的教学设计。20世纪90年代以前的教学设计基本上以教为主，即面向教师的教，其主要内容是研究如何帮助教师把课备好、教好，很少考虑如何促进学生自主学习。这种以教为主的教学设计目前仍是主流，通常包含以下七个方面。

（1）确定教学目标，即我们期望学生通过学习达到的结果。

（2）分析教学目标并根据分析结果确定教学内容，即确定为达到教学目标所需掌握的知识单元。对各知识单元进行教学的顺序，可以通过教学目标的分析来确定，也可以通过其他方法确定。

（3）分析学习者的特征，即学习者是否具有学习当前内容所需的知识基础，以及具有哪些认知特点和个性特征等。

(4) 根据教学内容和学习者特征的分析确定教学的起点，即确定在哪种难度等级和知识基础上对当前的学习者施教。

(5) 根据教学目标、教学内容和教学对象的要求选择与设计教学媒体。

(6) 根据对教学内容和学习者特征的分析设计教学策略。

(7) 对教学做形成性评价，以确定学生达到教学目标的程度，即根据搜集到的课堂教学信息，对教学内容或教学策略进行修改或调整，并对学生做出适当的反馈。

经过众多教育技术专家多年努力，以教为中心的教学设计已经发展为具有较完整的理论方法体系和很强的可操作性的独立学科，并且有大量专著和教材问世，其基本内容都离不开上述七个方面。以教为中心的教学设计有许多优点，如有利于教师主导作用的发挥，有利于系统科学知识的传授和教学目标的完成等，但也存在较大的弊端：以教师为中心，只强调教师的教而忽视学生的学，教学设计理论都是围绕如何教而展开的，很少涉及如何促进学生自主学习。以这样的理论设计的课堂教学，学生参与教学活动的机会少，大部分时间处于被动接受状态，学生的主动性、积极性难以发挥，不利于创新型人才的培养。

（二）以学为中心的教学设计

广东省广州市的张老师在“逐步完善的交通运输网-1”一课中采用了以学为中心的教学设计。

研究重点

充分利用以学为中心的教学设计，提高学生课堂参与度，不让一个学生游离于课堂教学之外。

课堂背景

在本课学习之前，学生已经拥有以下学习背景。

(1) 学生明确“中国地理”的学习思路。

(2) 学生习惯了使用学案的学习方式和方法。

(3) 学生经验中储备了不少交通运输的常识。

学生分析和教材分析

(1) 初二（6）班有35个学生，课堂表现活跃有序，知识基础比较好，师生关系和谐。在有序课堂和有效课堂的基础上，通过精心设计完全能够经营出“焕发生命活力的课堂”，充分利用以学为中心的教学设计，提高学生课堂主体参与度。

（2）交通运输的知识体系是重要的地理学基础，比较容易理解和记忆，关键在于学生形成带着任务学习和案例分析的能力。

教学目标

（1）了解交通运输和交通运输网的基础知识。

（2）比较不同交通运输方式的特点，能切合实际选择合适的交通运输方式。

教学思路和教学重难点

（1）通过学案学会带着任务去学习和进行团队式案例分析的方法和过程，积极参与，不游离于课堂教学之外。

（2）选择合适的交通运输方式。

教学方法和教学工具

（1）任务驱动法和团队式案例分析法。

（2）多媒体辅助。

教学过程

	教师	学生
导入	说明课题来由，提出核心问题。	明确学习思路。
	第一个问题：为什么要学习“交通运输”？（回顾中国地理的学习思路，了解国民经济的基础知识） 第二个问题：我们这一节课的学习任务是什么？（欣赏相关图片，明确学习任务）	1. 做好知识准备。 2. 了解课题来由。 3. 明确学习任务。
第一步	解决第一个问题：什么是交通运输？	
	1. 交代分析任务。 2. 看教材上图 4.1，现代社会的主要交通方式有哪些？古代社会的主要交通方式有哪些？未来社会的主要交通方式有哪些？ 3. 做出小结。	1. 阅读教材 P86、P87 的内容，小组汇报任务完成情况。 2. 看教材上图 4.1。 3. 用头脑风暴法思考问题。 4. 思考教师的论点。

（续表）

	教师	学生
第二步	解决第二个问题：什么是交通运输网？	
	1.“交通运输网”的关键字是什么？我们见过哪些网？组成这些网的基本元素是什么？ 2. 地图、动画分析。 3. 做出小结。	1. 用头脑风暴法思考问题。 2. 地图、动画分析。 3. 理解和记忆教师总结。
第三步	解决第三个问题：如何选择合适的交通方式？	
	1. 提供案例 1 和案例 2。 2. 教师分析总结。	1. 小组进行团队式案例分析。（二选一） 2. 拿出方案。 3. 说明理由。 3. 讲清方法和步骤。 4. 学生分析总结。

教学反思

1. 什么是学案

学案是相对于教案而言的，即学生学习的方案。学案设计以学生学习的规律为基础，根据学生的认知状况和学习任务，设计适合学生学习的方案，包括学习的任务、思路、方法、过程、成果和效果反馈。

2. 学案式教学模式的起源

推进学案式教学模式开始于 2005 年 9 月，是由当时学生的状况引起的。当时，高一年级学生的知识基础比较薄弱，学习习惯不好，缺乏自觉学习、自律学习和自主学习的习惯。实施学案式教学模式的初衷，是通过学案推动学生养成良好的学习习惯，推动学生完成学习任务。

3. 学案式教学模式的特点

(1) 学案式教学模式能让学生明确“干什么”“怎么干”“干得怎样”，即让学生明确学习任务和方法，以及学习的成果和反馈。

(2) 学案式教学模式能给学生提供合适的程序，推动学生按部就班地完成学习任务。

(3) 学案式教学模式能反映学生的学习愿望，适合学生的学习。

4. 学案式教学模式的五个环节

学案式教学模式包括五个环节，五个环节层次分明又环环相扣，“心心相印”。

(1) 课标任务化。

(2) 任务问题化。

(3) 问题习题化。

(4) 习题基础化。

(5) 基础系统化。

5. 学案式教学模式的教学效果

(1) 引导和帮助学生顺利完成学习任务。

(2) 引导和促进学生掌握学习的方法。

(3) 培养学生为自己的学习进行设计的习惯。

6. 对学案式教学模式的反思

(1) 学案式教学模式使学生形成某种思维定式。

(2) 学案式教学模式未能让学生深度参与学案设计。

以学为中心的教学设计一般有相应的学生学案，以下就是本课的导学案设计。

学习思路

(1) 什么是交通运输？

(2) 什么是交通运输网？

(3) 如何选择合适的交通运输方式？

学习过程

首先，阅读 P86 和 P87 的内容，了解交通运输的定义和人们对交通运输的评价，将阅读收获的信息和结果写在下面。

(1) 定义。

(2) 对交通运输的评价。

(3) 和同组的同学一起看教材 P86 的图 4.1，思考三个问题：现代社会的主要交通方式；古代社会的主要交通方式；未来社会的主要交通方式。和同组的同学交流后做出回答。

其次，“我”要思考：“交通运输网”的这个名词的关键字是什么？我们见过哪些网？组成这些网的基本元素是什么？通过看“广州地铁图”，分析交通地图中的点和线分别表示什么事物，思考在公路、水路、航空、管道的交通地图上，点和线分别代表什么地理事物，并做出小结。

(1) 点和线分别表示什么事物。

(2) 小结。

再次，“我”分析教材 P95 和 P96 上图 4.8 和图 4.9 的信息，以旅行社或货运公司分析策划人员的身份，任选以下两个案例中的一个进行分析，通过团队式案例分析，为张老师或小明的爸爸确定合适的交通运输方式并说明理由，以及分析的方法和步骤。

案例 1：寒假即将到来，张老师计划组织初二年级的教师到海南省三亚市旅游，他在为选择什么交通方式发愁。

案例 1 分析结果	
方案	
理由	
分析的方法和步骤	

案例 2：小明的爸爸是番禺人工养殖海鲜公司的老板，12 月 20 日要发两批货，一批运往广州市滨江路的广州酒家，一批运往北京钓鱼台宾馆，他也在为运输的事情发愁。

案例 2 分析结果	
方案	
理由	
分析的方法和步骤	

交通运输方式的使用范围	
空运	
公路	
铁路	
水运	
管道	

最后，“我”要练一练。

根据各种交通运输方式的特点，选择合适的交通运输方式。（在合适的交通运输方式相对应的空格里打“√”）

货物种类	起点和终点	公路	铁路	航空	河运	海运	管道
2吨黄金	乌鲁木齐—上海						
3吨活虾	番禺—广州市区						
10000吨海盐	天津—上海						
100000吨原油	科威特—美国						
2500吨煤	山西大同—广州						
5000吨小麦	上海—重庆						
5000立方米的天然气	塔里木—上海						

以学为中心的教学设计主要研究的是学，强调学习过程的最终目标是完成知识意义的构建。它的理论基础是建构主义学习理论，是在认知学习理论的基础上发展起来的，是构建内在心理表征的过程。学习者并不是把知识搬到记忆中，而是以已有的经验为基础通过与外界的相互作用来获取、构建新知识。建构主义学习理论强调学习过程中学习者的主动性、建构性，对学习做了初级学习和高级学习的区分，提出了自上而下的教学设计思想和知识结构的网络概念，重视“情境”“协作”在教学中的重要作用。建构主义学习理论还提出了一系列以学为中心的教学策略，如支架式教学策略、认知学徒式教学策略、随机进入式教学策略、抛锚式教学策略、社会建构式教学策略等。

以学为中心的教学设计强调学生是认知过程的主体，是意义的主动建构者，因而有利于促进学生主动探索、主动发现，有利于创新型人才的培养，这是其突出的优点。但是，由于强调学生的学，往往容易忽视教师主导作用的发挥，忽视师生之间的情感交流和情感因素在学习过程中的重要作用，容易偏离教学目标的要求，所以受到一些学者的批评。但是，建构主义学习理论的一些主张对深化教学改革有重要的意义，代表了教学设计的发展方向。

1. 以学为中心的教学设计的构成要素

以学为中心的教学设计涉及一个复杂的教学系统和教学过程，要考虑的因素比较多，比较复杂，既有大环境的因素、教学过程的因素，也有教师和学生的因素。以学为中心的教学设计，就其重要构成因素而言包括十个方面，这十大要素基本涵盖了教学设计的主要方面。

(1) 学生。学生是进行以学为中心的教学设计的出发点、归宿和核心，所以，必须对学生的基本特征、已具备的基本知识和认知结构、学习风格等有基本的了解。学生在整个学习活动中处于什么样的地位，有哪些自主权和交互行为，如何调动学生学习的兴趣和积极性，这一系列问题是“学生”要素中要研究和考虑的。

(2) 教师。虽然在以学为中心的教学设计中，教师不再处于中心位置，但并不意味着可以把教师和教师的教完全抛开。教师在引导学生学习、帮助制定学习策略和学习目标、提供学习资源等方面，发挥着更大的作用。

(3) 交互方式。学习的交互方式非常丰富，是思维情感的参与还是外显行为的参与；是与教师、学生交互还是与机器、网络、教学软件交互；是面对面的交互还是通过媒介进行交互；是真实的交互还是虚拟的交互；等等。学习的交互方式是以学为中心的教学设计一个比较显著的特点，也是培养学生动手能力、创新能力，体现以学为中心的措施之一。

(4) 学习目标。学习目标也称培养总目标，主要包括对学习者培养的阶段性目标和学完学习内容之后所要达到的单元目标。这两个目标应是一致的，且后者服务于前者。单元目标是阶段性目标实现的基础，培养总目标的实现依赖不同的阶段性目标的实现，培养总目标与社会发展的大环境和总需求、现代人才观、学习者的具体状况相联系，不同的社会需求、不同的学习者状况就会有不同的学习目标。

(5) 学习内容。学习内容是实现学习目标必须学习的知识内容，是进行具体教学设计操作的对象，学习内容的选择与安排同学习目标、学习策略、学习者特征等联系在一起。

(6) 学习情境。学习情境是为顺利掌握学习内容，尽快达到学习目标而选择或创设的情形与环境。学习情境的创设主要通过现代信息技术来实现，情境的创设要与学习内容相统一，与学习过程相协调，作用是推进学习的进程。

（7）学习资源。学习资源是具体学习内容的辅助内容和延伸，是为了让学习内容更全面、更广博而设计的。它既与学习内容相统一，又与学习内容相区别，是辅助性的学习内容。

（8）学习策略。学习策略指自主确定学习内容的顺序、学习的方法、学习所用媒体、学习目标和学习方案的一种模式和方法。其核心是发挥学生学习的主动性、积极性，充分体现学生的认知主体作用，高效、优质地完成教学任务，实现学习目标。

（9）学习评价。学习评价是教学设计的一个重要因素和环节，主要通过对学习过程、学习结果进行评价，并对评价结果进行分析、判断，来调控、修改教学设计的实践活动。没有学习评价就不可能有完善的教学设计方案。

（10）创新空间。创新空间就是在学习内容的挖掘和呈现顺序，在学习结论告知的方式上进行精心设计，留给学生充足的思维空间，引导学生进行创造性思维和实践活动。

2. 以学为中心的教学设计的基本模式

教学设计的模式除了与构成要素有关外，还与教学设计的类型等因素有关，下面是以学为中心的教学设计的基本模式。

（1）个别化自主式学习模式。

个别化自主式学习模式主要包括学生、学习内容、学习目标、学习情境、教师、学习资源、学习策略和学习评价等要素。进行自主学习的学生，在开始学习某一内容之前总是有一定的知识和能力基础，在这个基础上一部分知识、能力和经验与将要学习的内容是相近的，有联系的，这就是学习发生的直接基础——共同经验。在此基础上，学生自主利用各种教学媒体进行学习，这些教学媒体可以提供各种各样的学习情境，众多学习情境又共同形成一个学习有效发生的场所——情境场。情境场是一个适宜的学习环境。学生在情境场中按照教学目标的要求，用一定的学习方法和策略学习知识内容并不断进行评价，在需要的时候还可以与学习环境外的教师、学生、专家和学习资源进行交流、互动，从而使学习更有效。当然，有效的学习活动还需要一定的人文基础和科学基础来支持，这就要求学生有广博的知识。

个别化自主式学习模式有以下几个方面的基本特征。

① 学生——教学设计的中心。以学生的学习为出发点是这种模式的第一大特征。社会科学、自然科学、人文环境、学生基本特征构成了学习过程的基础。而学生的基本特征，如知识、能力、价值观念、共同经验等，是学习顺利发生的基础。所以，学习与共同经验紧密相连，这个共同经验是教师、学生、媒体、学习内容共同拥有和共同构建的，是学习成功的桥梁。

② 学习情境——构成了学习发生的情境场。学习情境的创设要与学习的内容和目标相统一、相协调。随着学习内容和目标的不断变化，学习情境也在不断变化，不断变化的学习情境就形成了学习顺利进行的理想场所——情境场。

③ 教师——学习的指导者、帮助者。教师对学习过程和学习活动产生一定的影响和作用，这些影响和作用主要通过学习媒体、学习指导等形式发挥出来。

④ 学习策略——学习能否顺利进行的关键。如果没有一个良好的切合学生实际的学习策略作为支柱，一切设计都不会有结果。

⑤ 学习评价——检验学习成果的手段。学习评价在整个教学过程中不断进行，教师、学生根据评价的结果调控学习过程和学习策略。

⑥ 交互性——这种模式的第二大特征。学生的学习活动始终处于较活跃的交互之中，要与情境、内容、目标进行交互。学习过程中要不断进行评价，需要的时候还要与学习资源、专家、教师进行信息交流，以获取有帮助的信息。

⑦ 开放性——主要指学生所处的学习环境。学习活动是开放的，应不断与外界互动、交流，以确保系统有活力，打开创新的空间。

（2）小组协商式学习模式。

小组协商式学习模式主要包括学生、教师、学习情境、学习资源、学习内容、学习目标、学习评价等要素。小组协商式学习的环境由学生和教师、学习内容、教学媒体提供的情境等因素共同形成。在这个大环境中，不同的学生学习同一主题的学习内容，但他们使用不同的教学媒体来创设不同的情境。在协商过程中，这些不同的学习情境通过相互交融形成一个共同的情境场，学生在这个共同的情境场中进行协商学习。

这种学习有时需要教师引导，需要不断进行评价以达到学习目的，甚至向社会寻求帮助、寻求资源。整个学习活动是一个开放、自由的过程，学生可以随时参加进来，也可以随时退出。这种学习模式的设计主要集中在学生如何协商，如何交互，如何形成一个良好的共同情境场。

小组协商式学习模式有以下几个方面的基本特征。

① 交互与协商——这种模式的重要特征。交互包括学生之间，学生与学习媒体、学习资源、教师、大环境的交互。协商主要发生在学生之间，有时也发生在学生与教师、学生与专家之间。

② 以学生和学习活动为中心。在这种学习模式中，学生和学习活动仍然是设计的中心，但这个中心的对象不止一个，而是有几个或十几个。

③ 共同情境场。主要是由现代信息技术提供的与学习内容相一致的学习情境，除此之外，还有协商对象间的交互行为形成的具有人性和情感的学习情境，两者交织在一起形成一个更有活力和创造性的共同学习空间。

④ 开放性——以学为中心的教学设计的一个共同特征。该模式中的学习过程，不仅涉及共同情境场中的资源，而且要向教师、学习资源、学习环境和社会环境开放或寻求帮助。

(三)“主导—主体”交互式教学设计

在教学《谈骨气》一课时，江苏省特级教师钱梦龙就采用了“主导—主体”交互式教学设计。

教学目标

(1) 学生能说出“我们中国人是有骨气的”这一论断的根据和意义。

(2) 在回忆议论文一般知识的基础上，通过对观点相反的材料进行分析，培养学生思辨的兴趣和能力。

(3) 学生积累一定的词语、句子。

教学方法

采用导读与探究相结合的方法。在学生自读、质疑的基础上组织全班讨论，加深学生对“我们中国人是有骨气的”这一论断的理解。作业采用探究法，要求学生在搜集、筛选有关资料的基础上，就“中国人的骨气”问题发表议论。

教学设计与实施过程

导读法注重学生的主体地位，强调教师的“导”必须着眼于学生自读能力和独立思考能力的培养。本课教学从引入不同观点的文章入手，激发学生深入钻研课文的兴趣。教学安排两课时，第一课时的前15分钟分让学生自读，其余时间组织学生质疑、讨论，教师相机点拨指导。探究性作业另外安排时间或结合作文课进行。

教学重点

(1) 引入与课文观点相反的文章。

(2) 学生自读课文。

(3) 正字音、释词义。

(4) 讨论、把握本文的论点和论据。

教学过程

1. 导入新课

师：有人在网上发表文章，对吴晗的《谈骨气》提出了不同的看法。不妨先来看看那篇文章说了些什么。

教师展示与课文观点相反的文章：

近日查检以前的书时，不经意翻到了初中语文课本中选入的吴晗的《谈骨气》。又读了一遍这篇文章，我没有再次感受到“爱国主义”的豪情壮志，吴老先生一开始就像一个天真的小学生似的写道：“中国人是有骨气的。”请问：“难道那么多中国人都是有骨气的吗!”答案不说也知道。为了支持论点，吴老先生搬出了“不食嗟来之食”的乞丐、宁死不屈的文天祥和横眉怒视国民党反动派的闻一多，我真为这三个不屈的灵魂感到不值。人家不屈，说明人家的人格高尚，凭什么拿人家高尚的精神往那些麻木的人，那些坐享其成的伪君子的脸上贴金？还说这是“中华民族的传统”……说吃饺子是一个民族的传统有人信，可硬把“有骨气”当成所谓传统塞到本国本民族的腰包里，明智一些的人都会嗤之以鼻。这与中国封建统治者宣扬的“四海之内，莫非王土；率土之滨，莫非王臣”的妄自尊大有何区别呢？

师：这位作者对《谈骨气》的批评究竟有没有道理？老师没有标准答案。现在请同学们暂时把这些批评的意见放在心里，不要急于下结论，先读懂、读好课文，然后再对两篇文章做出自己的判断。相信这个问题会引起同学们的兴趣。

2. 提示自读要求

(1) 读两遍课文。第一遍默读，圈出生字、生词，查字、词典读准字音，了解词义，按自然段次序标明序号。第二遍朗读，要读得比较流利，有一定感情。

(2) 按“什么”(作者提出了什么观点)、“怎样”(作者怎样证明自己的观点)、“为什么”(作者为什么要这样进行论证) 三个问题的顺序梳理课文内容。

3. 检查自读

(1) 了解学生掌握字、词的情况。

(2) 学生朗读课文，教师提示。

师：这篇文章是议论文，主要是讲道理的，但作者写得很有感情，有些句子读起来很有劲。读的时候要尽可能把文章的感情表达出来，并把那些你认为读起来特别带劲的句子找出来，体味一下。

学生朗读课文后，找出了“我们中国人是有骨气的”“富贵不能淫，贫贱不能移，威武不能屈，此之谓大丈夫”“人生自古谁无死，留取丹心照汗青”“那位穷人是有骨气的：看你那副脸孔、那个神气，宁可饿死，也不吃你的饭”“闻一多拍案而起，横眉怒对国民党的手枪，宁可倒下去，不愿屈服”等句子。然后给“宁”(nìng) 正音，要求学生用“宁”字组成表现骨气的成语，学生说出了“宁死不屈”“宁为玉碎，不为瓦全”等成语。

4. 梳理文章内容

(1) 揣摩思路。

师：为了梳理和讨论方便，我们先来揣摩一下作者的思路，并根据思路把文章划分为几个部分，然后再按“什么”“怎样”“为什么”的顺序进行讨论，力求完整、准确地把握作者的论点、论据和论证过程。

学生在讨论作者思路时意见有分歧，绝大多数学生认为1～4段为第一部分，主要提出论点并说明骨气的含义以及今天我们对待骨气的原则。5～9段为第二部分，作者分别用文天祥、穷人、闻一多三个事例论证“我们中国人是有骨气的”这一中心论点。第10段为第三部分，总结全文并指出无产阶级应该有怎样的骨气。

有些学生认为第1段应该是文章的第一部分，独句成段，揭示中心论点，显得肯定而有力。2～9段为第二部分，先用孟子的话阐明什么是骨气，然后用文天祥等三个具体的事例分别印证孟子的三句话，这样划分才能显出第二部分思路严密、结构紧凑的特点。对第三部分的划分没有分歧。

师：文章怎样分段本来没有绝对的标准。一般教学参考书上采用的是第一种分法，但第二种分法确实言之成理，反映了同学们对作者思路的正确把握。老师欣赏这种独立思考的态度。

(2) 按“什么”“怎样”“为什么”的顺序整体解读课文。

生：“谈骨气”这个标题揭示了文章的中心论点。

生：我不同意，“谈骨气”只是表明论述的范围，第一段“我们中国人是有骨气的”才是揭示中心论点的。(大家表示同意)

师：体会一下这个句子在表达上有什么特点，给人怎样的感觉。

生：这是一个语气肯定的判断句，用“是……的”这样的句式，给人一种斩钉截铁、不容怀疑的感觉。

师：你的语感很准确。下面大家讨论一下作者是怎样论证这个观点的。

生：作者提出论点后，第2段就用孟子的三句话“富贵不能淫，贫贱不能移，威武不能屈”具体说明什么是骨气。第3、4段从历史、传统的角度进一步肯定了中国人的骨气以及我们今天对待骨气的原则：对历史上有骨气的人，主要看他是不是“坚定不移地为当时的进步事业服务”。

生：从第5段开始，作者用了三个具体的例子证明了“我国经过了奴隶社会、封建社会的漫长时期，每个时代都有很多这样有骨气的人”，这就支持了中心论点“我们中国人是有骨气的”。

生：课文最后一段在肯定孟子三句话的积极意义的基础上，进一步指出无产阶级骨气的内容，既总结全文又发出号召。

生：我有一个问题。作者所列举的三个人物，如果按年代先后排列，应该是穷人、文天祥、闻一多，但作者没有这样排列，为什么？

师：问题提得很好。谁能回答？

生：这个问题其实很简单，三个人物与孟子的三句话一一对应：文天祥多次拒绝元朝高官厚禄的诱惑，这是“富贵不能淫”；穷人直至饿死也不吃嗟来之食，这是“贫贱不能移”；闻一多横眉怒对国民党的手枪，宁死不屈，这是“威武不能屈”。如果三个人物按年代前后排列，就跟三句话的次序不一致，思路就有些乱了。

生：我认为，这篇文章的思路比较严谨，但同时也显得有些呆板，读起来没有什么味道。（不少同学表示赞同）

师：同学们很会读文章，我也同意这位同学的看法。这是一篇写得“规规矩矩”的议论文，比较适合初次接触议论文的人学习。放在初中三年级学习确实有些“浅”，显得不耐咀嚼。如果我们把它作为一个思考的对象，仍然可以学出趣味来。下节课我们就来做这件事。

5. 布置作业

师：作者列举的三个事实论据涉及三个人物，请同学们到图书馆或网络上查找以下资料。

（1）文天祥的《过零丁洋》。

（2）“嗟来之食”故事的出处。

（3）毛泽东《别了，司徒雷登》中有关闻一多的文字。

（4）你感兴趣的其他资料。（找到资料后，有条件的同学可用电脑制作幻灯片）

《谈骨气》一文用作初三的教材似乎有些“浅”，尤其是作为议论文的范本，文章没有提供多少值得咀嚼的东西。为了激发学生学习的兴趣，钱老师在教学中引入了可以引起争议的材料，适当增加学习的难度。从教学的实施过程看，互相对立的观点引起了学生寻求正确答案的热情，在思辨过程中不仅锻炼了思维能力也培养了兴趣，使“主导—主体”交互式教学设计达到了预期的效果。

从这个案例中可以看出，无论课文是难是易，是深是浅，教学设计一定要从学生的实际出发，保持适当的难度与深度，太易太浅或过难过深都不易激发学生的学习兴趣。议论文教学中适当引入对立的观点，可以加大训练力度，培养学生的思辨能力。

“主导—主体”交互式课堂教学设计的指导思想是，学生为主体，教师为主导，训练为主线。

学生为主体，即学生在教学过程中是认识的主体和发展的主体，是具有独立地位和极大认识潜能的实践者。在教学过程中，学生必须发挥主体作用，获得发现真理的主动权，从而实现个性的全面发展及世界观的形成。

教师为主导，即教师在教学过程中处于领导、支配的地位。教师的领导、支配作用只有通过“导”才能得到充分发挥。只有导之有方，学生才能成为名副其实的主体。

训练为主线，即教学过程中学生的主体地位和教师的主导作用只有进入训练过程，二者才能达到和谐统一。这种以师生双向活动为特征的训练贯穿于教学过程，成为主线，其他教学措施都服从于训练并为之服务。

主体、主导、主线，是各种教学因素在教学过程中的动态平衡、和谐统一。钱老师指出，学生为主体是教学的前提，着眼于使学生善学；教师为主导是强化学生主体地位的条件，着眼于善导；学生的善学与教师的善导都必须通过善练的科学训练才能实现，所以说训练为主线是“主体”与“主导”相互作用的必然归宿。

1.“主导—主体”交互式教学设计的理论

“主体—主导”交互式教学设计，是由教育技术专家何克抗教授在深入分析了以教为主的教学设计模式和以学为主的教学设计模式各自优缺点的基础上提出的。这种教学设计模式结合我国教育实际和社会对新型人才的需求，对两种模式取长补短，提出了在教学中既要充分发挥教师的主导作用，又要创设有利于学生主动探索、主动发现，有利于体现学生的主体地位和创新人才培养的新型学习环境的“双主”教学设计思想，初步建立了具有中国特色的教学设计理论体系。

通过以上分析可以看出，以教为主的教学设计和以学为主的教学设计的各有优势与不足，不能简单地用后者否定或取代前者，也不能用前者否定或取代后者，而是应该取长补短，相辅相成，根据教学目标、教学内容和教学对象的不同，将二者结合起来并灵活运用。既要发挥教师在教学过程中的主导作用，又要充分体现学生在学习过程中的主体地位；既要注意教师的教，又要注意学生的学。把教师和学生的主动性和积极性都调动起来，最终目标是通过这种新的教学设计思想来优化教学过程和教学效果，以培养出既有系统深厚的知识基础又有高度创新能力的新型人才。为了与以教为主的教学设计和以学为主的教学设计相区别，把按照这种思想和目标实现的教学设计称为“主导—主体”交互式教学设计，以强调这种教学设计既要发挥教师的主导作用，又要充分体现学生的主体地位，即要调动教与学两个方面的积极性。

2.“主导—主体”交互式教学设计的过程和模式

“主导—主体”交互式教学设计是以教为主和以学为主的教学设计方法

和步骤的综合，其设计流程具有以下四个特点。

（1）根据教学内容和学生的认知结构情况，灵活选择发现式或“传递—接受”式教学分支。

（2）在“传递—接受”式教学分支中基本采用“现行组织者”教学策略，同时也可采用其他“传递—接受”策略作为补充，以达到最佳教学效果。

（3）在发现式教学分支中可以充分吸收“传递—接受”式教学分支的长处。

（4）出于对情感因素影响的考虑，在“情境创设”或“选择与设计教学媒体”中，可通过适当创设的情境或呈现的媒体激发学习者。在“学习效果评价”环节或根据形成性评价结果所做的“教学修改”环节，可通过讲评、小结、鼓励和表扬等促进学习者三种内驱力的形成与发展。

三、如何做“精设计”的教师

高效能的中学教师在教学设计中要力求做到以下几点。

（1）教学目标明确，削枝强干，重点突出，集中精力于核心内容。

（2）教学内容安排注重层次结构，张弛有序，循序渐进，由浅入深，由易到难，先简后繁，先单一后综合。

（3）每堂课都围绕一个中心论题展开和深化，精心组织教学内容，使相应的核心概念或重要思想成为一个有机整体，相关的教学术语、定义、符号、概念、技能等因素都得到细致的展开。课与课之间建立精当的序列关系，保持知识的连贯性和思想方法的一致性。易错、易混淆的问题要有计划地复现和纠正，使知识得到螺旋式的巩固和提高。

（一）注重教学情意，确定目标多元化

传统的教学片面地强调知识和技能目标，忽视学生的情感态度与价值观，忽视学科的本质内涵。把培养学生的学科兴趣、提升学生的综合素养放在第一位，这就要求中学教师在教学设计时充分考虑三维目标的达成。确定

教学目标时需要严格做到以下几个方面。

（1）把握好知识与技能目标的层次性。目标的制定既要与教学的深度、广度吻合，又要与学生的实际情况相结合，还要注意目标的阶段性和发展性。例如，学科概念的学习不但要强调定义的严谨性，而且要注意概念的螺旋式发展。

（2）重视过程与方法目标的构建。教学设计中要突出以合作探究的方式学习，激发学生探求知识的激情，使学生在经历知识形成的过程中感受学习的快乐，形成良好的学习态度，为学生可持续发展奠定坚实的基础。

（3）渗透情感态度与价值观。情感态度与价值观目标是教学的最高追求，主要包含学生对知识的好奇心和求知欲，学科对社会发展所起的推动作用，以及科学态度、辩证唯物主义和爱国主义思想的形成。知识与技能是情感态度与价值观的载体，过程与方法是形成情感态度与价值观的基础，课堂教学是提升情感态度与价值观的主渠道。

因此，在教学设计中，中学教师要尽可能让学生通过多种活动学习知识，培养技能，从中享受学习的快乐，掌握学习的方法，关注社会的发展，学会与他人合作，增强社会责任心和社会责任感。

（二）营造和谐氛围，创设情境兴趣化

中学生的心理活动包含着互为前提、互相促进的认知结构和情意状态两个方面。激发中学生的学习动机、兴趣和追求是意向，加强教师和学生间的情感交流是促进认知发展的支柱和动力。根据中学生心理特点和新课程标准，充分运用教学情境兴趣化调动中学生的学习动力、培养中学生的创新思维，是极其重要的。“道而弗牵，强而弗抑，开而弗达”，找到兴奋点，激活思维；瞄准求知点，发展思维。为达到这一理想境界，教师在进行教学设计时可以从以下几个途径入手。

（1）通过介绍学科史对人类社会发展与进步做出的巨大贡献，以及在现代社会和未来社会中的地位与作用，促使学生体会学好各学科的重要性。

（2）挖掘、加工教材，适时创设问题情境，通过设疑激发学生的兴趣，通过研究获取成功的体验，增强学生的学习兴趣。

（3）开展课外活动提升学生的学习兴趣。例如，通过让学生自己动手制

作教具等增强学生对学科知识的感性认识，举办知识竞赛、学科史展览，或对社会热门话题进行社会调查，如环境污染、市场价格波动等，让学生感到学有所用，从而乐于学习。

（三）彰显学科价值，强调内容生活化

新课程标准更多强调的是学生用学科的眼光从生活中捕捉学科问题。“纸上得来终觉浅，绝知此事要躬行。”在日常生活中，中学生会接触到很多与学科有关的生活问题。教师要善于结合实际，将教学设计内容生活化，帮助中学生拓宽视野，开拓思路，要让中学生走出课堂，深入社会，从而弥补课堂知识的局限。所以，在设计教学内容生活化中，教师需要遵循以下几点要求。

（1）充分利用身边的人或事，力求教学内容生动化。中学教师要利用生活资源，在学生已有的生活经验的基础之上，把抽象的、难理解的知识和生活经验有机地结合起来，使学生在熟悉的情境中获取知识。

（2）回归生活，强化应用教学。生活中时时渗透着各种知识，把课堂知识与实践结合起来，让中学生有机会解决实际问题，这应该是课堂教学的真谛所在。解决问题后的愉悦会让中学生终身难忘，成为中学生学习热情高涨的源泉，更成为中学生形成全面深刻学科观的动力。

（四）促进深层发展，学习方式自主化

有效的学习活动不能单纯依赖模仿和记忆，因此中学教学设计应尽可能让学生动手实践、自主探究和合作交流。学习方式自主化强调学生在教师的引领下主动参与学习，真正成为学习的主人，强调学习的亲历性和课堂的开放性，彰显学生的主体地位。

美国教育学家布鲁纳指出，教学不应该“奉送真理”，而应该“教人发现真理”。自主化学习有利于学生学会科学探究的方法，提高学生科学探究的能力。学生在探究的过程中能够充分展现自己的才能，发挥自己的潜能，开发自己的智力，提高创新思维和实践能力。

（五）拓展知识空间，构建手段信息化

先进、有效而又多样化的教学手段，能使教学内容与教学过程由预设和封闭走向生成和开放，能创造性地引发学生思维多向发散，赢得对课程知识有意义、有价值的深度构建。苏联教育家巴班斯基指出："选择对某节课最有效的教学方法，是教学过程最优化的核心问题之一。"

在信息化快速发展的今天，要想与时俱进，中学课堂必须实施信息化教学。当然，信息化教学策略的最终目标不是刺激学生的感官，而是为了使他们在信息接受中将知识重新组合，力求实现创新能力的培养。信息化教学要求在形式上不再局限于口授耳听，而是通过让学生上网、观看相关影片，根据不同的教学内容制作不同形式的课件，向学生展示五彩缤纷、千变万化的学科世界，激励学生在知识的海洋中遨游，充分展现各学科科学性、创造性、魅力性的特征。

（六）凸显育人本质，实施评价多元化

对学生的评价应注重评价与教学的协调统一，强调过程评价与结果评价并重，强化评价的诊断与发展功能，弱化评价的选拔与淘汰功能。所以，教学设计中必须制定评价策略。教学目标是教学的灵魂，是教学活动的出发点与归宿，是评价教学活动的重要依据。教学目标绝不是为了完成教案文本而去履行的"公事"，而是保障教学过程中师生具有明确的共同指向的必不可少的设计。

传统的应试教育以分数作为评价的唯一方式，这显然违背了基础教育要面向全体学生的宗旨。新课程理念提倡建立多元化的评价体系，不以分数论"英雄"，而是从学生在整个学习过程中的参与意识、合作精神、实践操作与交流技能等方面评价学生。所以，中学教师在重视教师评价的基础上，更要注重学生的自我认识和自我评价，强调为每个学生提供多元化的评价方式，使全体学生在学习的过程中学会自我反思、自我评价，真正实现教育的育人功能。

教学设计是动态的也是生态的，一方面需要教师的教育智慧和智慧教育

打基础，另一方面需要师生和谐的交流与合作来提升。另外，中学教学设计还要根据教学对象和教学目标，确定适当的教学起点与终点，有序、优化地安排教学诸要素，进而形成高效的教学方案。中学教学设计是一门运用系统方法科学解决教学问题的学问，以教学效果最优化为目的，以解决教学问题为宗旨，为促进教师专业化发展、提高教学效率服务。

习惯2 会调控

——灵动掌控促效率，构建高效大课堂

一、“会调控”概述

对于高效能教师而言，中学教学是科学更是艺术。高效的中学课堂教学是以科学性为基调、以艺术性为旋律的美妙的交响乐章。法国教育家卢梭指出，千万不要干巴巴地同年轻人讲什么理论，要用一种东西去标示它。他还指出教育具有艺术性，提醒中学教师要想方设法丰富课堂教学的艺术性，使课堂教学节奏有一种艺术的韵律。德国启蒙文学家席勒也指出，学生要在知识的王国里啜饮知识甘露，在美的领域中成为审美的人。

文武之道，一张一弛。如果整节课都是一个调子，平铺直叙，教学就没了艺术感，学生就会感到乏味，打不起精神。在新课程改革背景下，中学教学应该改变传统教学节奏慢、单调呆板的状况，通过教师的机智调控使教学节奏张弛得法、疏密得当、错落有致、起伏和谐，使每一个教学环节都如悦耳的音符有节奏地敲响学生心灵的“鼓点”，让课堂“舞动”起来。

这里所说的“会调控”，是指善于把握课堂教学节奏。节奏的本意是音乐中交替出现的急缓行止、强弱长短等现象。教学上的节奏，主要指教学结构张弛起伏，教学内容虚实详略，教学速度快慢行止等。教学的“紧张度”与教学内容的“难易度”，在教学过程中应有美感、有规律地变化。这就要求中学教师要像乐队的指挥一样善于调控，在课堂教学中演奏出优美动听的曲子，给人一种艺术美的享受。

（一）中学课堂调控的误区

中学教师的课堂调控，指在课堂上教师应尽可能使自己的讲课节奏与学生的思维相符合。学生思维慢时就放慢节奏，学生思维快时就加快节奏；遇到易学点时就加快节奏，遇到难点重点时就放慢节奏。教师通过节奏调控，引导不同层次的学生逐步深入课堂教学，跟上教师的思维，从而达到高效的教学效果。

适度的教学节奏能够自始至终吸引学生的注意力，维持学生的学习热情，使教学情境跌宕起伏、张弛有度，使学生在整堂课上都认真听讲。这对于提高中学生的学习效益具有重要意义。

教师都应懂得，教学本身有着独特的节奏。一节课通常分为开端、发展、高潮和结束四个阶段，如果采取平铺直叙的教学方式，就不能展示课堂教学应有的艺术魅力和感染力。所以在课堂教学中，中学教师只有把握好教学节奏的变化，才能弹好“课堂进行曲”，增强教学的艺术感染力，把学生的精力集中在课堂上。

然而，有些中学教师在课堂教学中经常因为没有把握好课堂节奏而使自己苦心设计的教学过程缺乏效率，甚至让学生在课堂上无所适从。如果中学教师事先知道自己在课堂上容易出现的调控误区，就能有的放矢，并使自己的课堂节奏成为吸引学生注意力的一个亮点。

中学教师在课堂调控中一般容易出现以下几个误区。

1. 对教学内容的节奏把握不到位

有的中学教师在分配教学内容时不注意时间间隔，把主要内容集中在一起。这样就使得课堂节奏紧张时过于紧张，松散时又过于松散，导致学生的思维时而跑到教师前面去，时而又落在教师后面，不利于学生听课。所以，中学教师在分配教学内容时要注意，应该根据难度、重点、内容等进行合理整合。

例如，英语教师在分配教学内容时，可以把词与句、教学难点与易学知识间隔有序且重点突出地呈现给学生，同时注意对教学难点的专项突破。这样一来，一节课的节奏就变得有起有落，有张有弛，形成轻重交替的节奏。学生在这种课堂节奏中就会时而绷紧神经认真学习，时而又放松神经缓解压力，在有所学的同时有所得。

2. 教学环节的节奏没有起伏

有的中学教师对教学环节的节奏处理不恰当，如在课堂教学中导入、授新知、结语和练习都用相同的时间，导致某些环节的课堂时间不足，学生感觉跟不上教师讲解；有的环节则时间充沛甚至有剩余，学生感到无事可做。这样的教学节奏自然不会有高效的教学效果，所以，中学教师在教学环节的节奏处理上应规避此误区。

目前，中学课时安排一般为每节课 35～45 分钟。中学教师要想在这段时间内完成教学任务，对教学环节的节奏处理就变得非常重要。在一堂课中，中学生的注意力通常呈波浪形，即上课最初的3～5分钟注意力不稳定，在接下来的时间里学生的注意力越来越集中，但下课前的几分钟注意力又开始分散。所以，中学教师在讲课时应该利用好这个规律。

上课铃响后，许多中学生还在做上节课的事或者沉浸在课外娱乐中，中学教师应迅速吸引学生的注意力，让他们尽快进入状态。接下来，教师应该马上导入新课，且一定要快，要新，要自然。在授课时，中学教师要根据教学内容及重难点等具体分配上课时间，调整教学进度，尽量在20～35分钟之内富于变化地讲授新内容。在下课前几分钟，中学教师可以利用一些游戏或读写练习，再创设一个课堂教学的小高潮，使整个课堂教学呈现螺旋式或阶梯状。这样，中学生就能在所有的教学环节中都认真听讲，积极参与。

3. 忽视对中学生情绪的节奏掌控

有些教学内容比较简单，中学生很容易掌握，学会以后就会出现漫不经心、注意力分散的情况。有的教师没有发现这一问题，或者发现了却没有适时调控自己的讲课节奏，使得学生注意力分散的时间延长。当教师开始讲解比较难的知识点时，学生很难迅速集中注意力。

中学生在情绪低落时，即便教师口若悬河地讲解，他们也很难跟着教师节奏去认真听讲。之所以出现这些情况，是因为有些教师忽略了中学生的情绪。所以，教师在进行课堂调控时，一定要考虑学生的情绪变化，并且在讲课时随时关注学生的情绪变化，帮助学生适当调整自己的情绪，适应课堂节奏。

面对变化多样的中学课堂教学，中学教师除了用心备课，还应该研究一下学生的心理，学习一些必要的教学智慧，对课堂上出现的不确定因素有所了解。这样，中学教师才能更为准确地调控课堂节奏，使教学效果和自己的教学水平更上一层楼。

（二）如何实现中学课堂高效调控

合理的中学课堂教学节奏应该如行云流水，行乎其当行，止乎其当止，并且在行止之间完美地实现预设的教学内容，同时不使学生产生被“强塞”“硬灌”的感觉。然而，高效调控教学节奏很有难度，中学教师应该在设计教案和课堂实践时，注意适当引导课堂教学，通过反复实践使之趋于完美。

1. 教学进度的节奏转换

节奏快与慢的转换是针对教师教学过程的速度来说的。如果教学节奏太慢，中学生的思维就会变得散漫，阻碍认知发展；如果教学节奏过快，中学生的思维跟不上教学进程，结果欲速则不达。

快节奏，就是对于中学生容易理解的内容加快讲课节奏，同时对一些教学问题提前做好准备。此外，还要严格要求中学生遵守课堂秩序，不要因琐事浪费宝贵的课堂时间。慢节奏，就是在教学重点、难点、疑点时放慢节奏，详细并反复地为学生讲解，让学生多练习。

2. 教学内容的疏密有致

疏，是指间隔大、频率低；密，是指间隔小、频率高。中学课堂教学要通过分配时间和控制信息交流，使课堂教学节奏有疏有密。

中学课堂教学要“密”，如在基础训练时速度要快、内容要多，使学生达到脱口而出的程度；也要“疏”，如在讲教学重点、难点、疑点时，要放慢教学速度，给学生适当的思考时间。中学教师可以通过课堂教学的疏密变化，使学生精神振奋，认真参与每一个教学环节。

3. 听课状态的动静相宜

动，是指在课堂教学中，学生积极参与、踊跃答题和激烈讨论，呈现出一种活跃的听课状态；静，是指在课堂教学中，学生静心听课、深入思考，呈现出一种相对安静的听课状态。

如果在课堂上学生一直处于一种状态，就会出现因过度兴奋而使课堂失控的情况，或因过分安静而导致课堂气氛沉闷，抑制学生思维的情况。这两种课堂状态都不能取得较高的教学效率，都不能让学生一直处于良好的学习状态。所以，中学教师应该采用符合教学美学的节奏，即在授课状态上始终保持动与静的有机结合，创造一个高效的课堂。

4. 课堂气氛的张弛调控

张，是指课堂上紧张、急促的气氛；弛，是指课堂上轻松、舒缓的气氛。如果中学课堂教学一味地“张”，会使学生的心理一直处于紧张状态，影响学生的身心健康；如果一味地“弛”，会使学生精神涣散，注意力不集中。

在课堂教学中，中学教师既要运用设置“圈套”等教学方法以及自己紧张、急促的语言等，造成紧张的课堂气氛，又要运用游戏、故事等放松学生的心情，通过张与弛的有效调控，使课堂教学活动具有韵律美，从而使学生乐于参与其中。

5. 学生思维的起伏跌宕

起，是指在课堂教学中，学生思维最活跃，师生情感交流最和谐、最融洽的高潮部分；伏，是指学生的情绪相对平稳，兴奋的情绪消退的状态。在课堂教学中，中学教师应该善于运用一起一伏的节奏，将学生带入跌宕起伏的教学艺术情境中去，使学生深入课堂，体会教育的美。

事物运动都是有节奏的，人的思维同样有节奏。所以人们在思考问题时会出现此时百思不得其解，彼时豁然开朗的情况。中学生的思维也是如此，学生的思维特点同样是在一个高潮后，要过一段时间才能出现另一个高潮。教师在讲课时，应根据这种特点调控自己的课堂教学节奏。这样才能弹好课堂教学“进行曲”，才能让学生有精力和兴趣参与教师的每一个教学环节，进而实现课堂教学高效率。

二、名师与“会调控”

（一）用真情调控学生的思想脉搏

有人说，教师是人类灵魂的工程师，教师的丰碑建立在学生的心灵之上。上海市特级教师于漪的语文教学，情动而辞发，常常以其高尚激越的情感深深感染着学生，用真情调控学生学习的脉搏，使学生在情感的律动中紧跟教学步伐，不断激起思维的火花。

于漪老师在教学杨朔的《茶花赋》时，这样引入本课。

“同学们，祖国，一提起这神圣的字眼，崇敬、热爱、自豪的感情，就会充盈我们的胸际。以几千年的古老文明，960 万平方千米的辽阔土地，令人神往的名山大川，勤劳勇敢的各族人民著称于世……”

在学生流利地背诵描绘和赞美祖国大好山河的有关诗词后，（这些诗词都是于漪老师平时有意补教的，如“横看成岭侧成峰”“日照香炉生紫烟”“水光潋滟晴方好”等）于漪老师自豪地说：“然而，祖国幅员辽阔，也终难尽善尽美地把她描绘出来。你看，还有那孕育中华古老文明的黄河，一泻千里滔滔滚滚的长江……祖国风光无限好，真是太丰富、太多彩了，正如画家所说的，你就是调尽五颜六色，又怎能画得出祖国的面貌?”

于漪老师这些富含真情、像赞美诗一般的语言，不仅立刻引起学生学习课文的兴趣，更重要的是扣人心弦，使学生的学习热情被教师满含真情的语言调动起来，使学生热爱祖国之情油然而生。

在讲到作者用含露乍开的童子面茶花象征祖国的新面貌时，于漪老师还特意将事先准备的《茶花图》(该班学生创作)挂出，给了学生一个深刻的印象——我们的祖国犹如含露乍开的童子面茶花，这一举动让学生的学习脉搏又一次跳动起来。

这堂课充分体现了于漪老师富含真情的课堂调控艺术。在谈到自己准备的《周总理，你在哪里?》一诗时，于老师说：“我的那份教案，与其说是用笔写出来的，还不如说是用泪水写出来的。”一个语文教师有如此深厚的感情，还怕不能在课堂上引起学生思想上的强烈共鸣吗？这样的感染力怎能不使学生的脉搏随着教师的教学节奏律动呢？

教师工作的对象是学生，教师必须熟悉学生，了解学生，研究学生，真正做学生的良师益友，这是教师“会调控”的先决条件。于漪老师说：“今天的青少年学生是思考的一代，是很有希望的一代，我们这些做园丁的要了解他们，热爱他们，和他们有共同的语言，才能把语文教好。”“教师不是所有方面都超过学生的，学生思维敏捷，常常会闪现出很多意想不到的思想感情上的火花。教师要抓住这些火花，在全班学生中点燃，让孩子们的思想在智慧的广阔天空中遨游。”基于这种认识，于老师在讲课中始终坚持正面诱导，耐心教育，以情感人，以真情调控学生的学习情绪。

一次，教学《七根火柴》，于漪老师请学生读一段课文，有个学生主动把这段课文读了一遍，朗读中添字、漏字不少，于老师让学生重读。读完之后，于老师立即表扬这个学生“读得比较响亮”。

其实，这个学生读错了不少字，但于老师并没有责备他，而是在一一纠正之后，指出他有一个地方读得很好，如“同志——”一句，把破折号也读出来了。除此以外，于老师还指出另一个地方也读得好，特地让这个学生再读一遍。此后，不仅是这个学生，其他学生也变得更加积极踊跃了。

在课堂上，学生受到教师的表扬和好评，常常会产生学好知识的强烈愿望，这也是一种调控技巧。如果学生在课堂上出现开小差之类的问题，教师不妨“表扬”一下，使沉寂的课堂重新活跃起来。

于漪老师教学最大的特点是能吸引学生的注意力，培养学生的学习兴趣，从而调动学生学习语文的积极性。按于老师的话说，就是统编的语文教材百分之五十以上是文学作品，应该说这些作品是有情有趣的。在运用这些教材传授知识、培养能力的时候，是否可以讲究一些情趣，做一番相应的课堂设计，来吸引学生的注意力，培养学生学习的兴趣。这段话深刻体现了运用情趣调控课堂节奏的重要性，于老师认为，教学一怕“糊”，二怕“干”，三怕“灌”。

所谓“糊”，即“一个一个词，一个一个句子，讲解时似乎很清楚，可是一堂课下来，一篇课文下来，和在一起就‘糊’了。好似一碗甜羹，胡桃、西米、蜜饯，与淀粉和在一块儿”。试问，这种糨糊一样的课堂教学如何能够调控出有律动感的教学节奏？

所谓“干”，即“划分段落，概括大意，归纳主题思想等等，常常就知识讲知识……讲几条筋，学生就感到索然寡味”。一板一眼的教学从来就吸引不了学生的注意力，这样的课堂是没有节奏感可言的。

所谓“灌”，是指教师“出于良好的愿望，想多讲一些，多教一些，结果是越俎代庖，学生处于被动状态”。被动的灌输只会使学生的注意力和学习热情一点点被消磨殆尽。

（二）用阅读调控学生的思维节奏

特级教师支玉恒在教学《丰碑》一课时，先引导学生明白了丰碑一词，再引导学生读课文。

“咱们这回这么读，在大家读了几次的基础上，这一次我一开始就强调要有感情。注意，一开始就有感情地读是什么意思呢？第一，是让你们学会有感情地朗读；第二，是通过这种有感情朗读的语调、语气、节奏、速度等，去理解文章的内容，体会文章的情感。一般情况下，我们先把文章理解了，再用有感情朗读表现出来。现在，我们是在预读的基础上，一开始就有感情地读，利用有感情朗读加深理解，通过神情和语气体会文章的内容和感情。试验一下通过读来学习课文，好不好？”

学生齐声回答："好。"

"大家一起来读，开始。"

学生齐读："红军队伍在冰天雪地里艰难地前进。"

"停，冰天雪地是什么样子？"

"寒冷的。"

"环境恶劣不恶劣？"

"恶劣。"

"你们读得恶劣吗？'艰难地前进'，你们读得艰难吗？你们要是能把'艰难'读出来，你们就会体会到冰天雪地的样子了。用读来理解，明白了吗？"

"明白了。"

"重新读，开始。"学生重读这句。

"听我怎么读。（支老师范读）再重读，像我这样读，看我的手势，开始。"

学生重读课文，支老师用手势配合，并领读至第二句。

"什么叫大冰坨？"

"大雪被冻成了一个很大的冰块。"

"整个山就是一个大冰块，就是这个意思。你们想想整座山是这么一个冰块应该怎么读。开始。"学生又齐读。

读到"向前挺进"一句时，支老师问："刚才用的是'前进'，现在用的是什么？"

"挺进。"学生齐答。

"比'前进'怎么样？"

"更艰难了。"

"但是人更——"

"坚强了。"

"你们听我读这两个词：'狂风呼啸''大雪纷飞'。你们听我这样读有什么感觉？"支老师读得铿然有力。

"风太狂了，雪太大了，天气太冷了。"

"哈！一口气说了三个'太'！你们再把这三个'太'与'挺进'联系起来想一下，你觉得这支队伍怎么样？"

“这支队伍遇到的困难很大，决心也很大。就是刚才说的‘更坚强了’。”

“对。再接着往下读。”

学生齐读至“残酷的战斗”，支老师再喊：“停，下面课文写了几个‘可能’啊?”

“四个。”

“四个‘可能’，情况不一样，跟着我的手势读，我读前面的，你们读四个‘可能’。”支老师引读：“等待着他们的是恶劣的环境和残酷的战斗。”

学生齐声接读：“可能吃不上饭，可能睡雪窝，可能一天要走一百几十里路，可能遭到敌人的突然袭击。”

支老师用平直、高扬放慢、高扬加快、平实沉重四种不同手势，指导学生读四个“可能”。“大家把刚才学的这两段再练习一遍，然后我们比比谁读得好。”

学生各自读课文。

几分钟后，支老师问：“这样读课文，什么都不用讲，多读几遍，其义自见，明白了吧?”

“明白了。”

“那我听一听，通过读，你想说点什么吗?”

“我感受到军需处长不为自己、专为别人的无私奉献精神。”

“好，看到军需处长的伟大。别人呢?”

“我想问，为什么那无数沉重而坚定的脚步声会告诉人们，如果胜利不属于这样的队伍，还会属于谁呢?”

“你先记住这个问题，一会儿我还请你来回答。这叫问题回家。”

“我想问，为什么军需处长倚靠在树上，但他只穿着单薄破旧的衣服呢?”

“他的衣服去哪儿了?”支老师问学生。

学生七嘴八舌争着回答，有些学生说“军需处长没有棉衣”。

“是啊，在发棉衣的时候，作为一个军需处长，他完全能给自己发一件，是不是?”

“是。”

“但棉衣太少了，不够了，他就把棉衣给了谁?”支老师引导。

“战士。”

“自己只好穿着什么？”支老师问提这个问题的学生。

“单薄破旧的衣服。”学生答。

“还有什么问题？”支老师继续引导。

“我想知道将军为什么要给军需处长敬礼？”

“刚才那个同学表演时，我问了将军为什么缓缓地举起右手。”

“因为当时将军的心情十分沉痛。”一个学生解释。

支老师问：“他给军需处长敬礼说明什么？”

学生答：“将军尊敬他。”

一个学生感悟道：“我知道将军为什么愣住了，因为他原来以为军需处长没给战士发棉衣，就发火了，后来才知道被冻死的是军需处长自己，所以他愣住了。”

支老师点头：“对了。还有什么问题？”

学生又问：“我还想知道，丰碑不是指一些高大的石碑吗？为什么说军需处长是一座丰碑？”

这时，一个学生说道：“我通过课文认识到，军需处长舍己为人的精神值得我们学习，他为了能让整个军队的战士穿上棉衣，把自己的棉衣让给战士，他却被冻死了。他十分伟大，所以值得我们去学习。”

“还有吗？”

“我想问，课文第七段的最后一句话，说破旧的衣服紧紧地贴在身上，为什么要用‘贴’而不是‘穿’？”

“为什么不说‘穿’而说‘贴’，谁知道？”

“这是因为他身上只有这件单薄的衣服，再没有其他衣服了，所以会紧紧地贴在他的身上。”一个学生站起来解释。

……

课堂教学在学生的提问和解释中有节奏地进行着。

在这个案例中，支玉恒老师一开课就指导学生有感情地朗读课文，指导学生有感情地朗读重点句段，并反复用自己的范读向学生传递不同语句的不同语感，让学生体会、跟读、揣摩、领悟。渐渐地，支老师的语感变成了学生的语感，学生的学习节奏在读中与教师的教学节奏同步，学生始终感受着不同的语感表达的不同的语言情境和思想内涵。

于是，在这个调控过程中学生的思维受到启发，有的提出问题，有的解释问题，思维在逐渐延伸、发展，进而深刻领会了文章的内容，使课堂教学达到前所未有的高效。可以看出，支老师是一个善于通过导读调控学生思维的教师，他常常通过引导学生用心读课文来调控课堂节奏，使学生的思维紧跟教学环节。

支玉恒老师在教学《匆匆》一课时对学生说："你觉得课文哪一段给你的印象最深，哪一段给你的触动最大，你就用心读哪一段。一边读一边想，想想作者对你说了什么悄悄话。"

于是，学生开始全神贯注地诵读。读完后支老师问："有没有听出点什么来？谁先来？你从哪一段听出来就读哪一段。大家听他读，看他听出来什么。"

一个学生有感情地诵读一段课文。支老师问另一个学生："你从他读的语感中，听出作者跟他说了什么悄悄话？"

学生答："我们应该把握住日子，不能让日子一天天消失。"

"你从哪一句听出来的？"学生朗读第四段的最后一句。支老师走到第一个学生面前问："他说得全吗？"

学生答："不全。"

"谁还听出作者对他讲了什么悄悄话？"一个学生朗读："只有徘徊罢了，只有匆匆罢了；在八千多日的匆匆里，除徘徊外，又剩些什么呢？"

"他说得对不对？"学生齐答："对。"

"把他们两个人的回答加起来，就是作者要告诉你的悄悄话，是吗？"

学生答："是！"

支老师的课堂教学很"简单"，在他的课堂上没有精心预设的场景演练，没有精美课件的渲染衬托，更没有支离破碎的分析问答。支老师只是通过引导学生反反复复地读——这一最"原始"、最"传统"的教学方式，始终吸引着学生的注意力，使学生的情感随着读不断地与文本产生共振，激发学生思维的火花。

教学离不开读，读是一切学习过程的出发点。导读可以引导学生深入挖掘文章的思想内涵，引导学生与文中的人物对话、与作者共鸣，从而激发学生的情感从内心迸发而出。那么，什么是导读？概括地讲，就是在阅读教学中教师致力于导，学生循导而读，以学生的阅读实践活动培养学生的阅读能力，掌握学习方法，养成良好的阅读习惯。师生之间进行多边交流，教师在导中调控学生读的节奏，使学生的情感始终参与到教师的教学中，通过扎实有效的训练，使学生全面打好读写基础。

叶圣陶指出："教师当然须教，而尤宜至于'导'。导者，多方设法，使学生能逐渐自求得之，卒底于不待教师教授之谓也。"教师在教学调控中应着力于导，导有多种方法，不能拘于一法，在课堂教学中有时独唱一枝，有时并驾齐驱。目的是把握学生的情绪节奏，使学生的思维始终参与到教学中，让学生在读中有所思，在读中有所感。

（三）张弛有度，合理安排教学时间

山东省胶州市的赵老师善于把握课堂教学节奏。通过多年的课堂教学实践，赵老师深切地体会到，如果课堂教学节奏把握不好，与学生不合拍，学生就跟不上教师讲课的步伐。这样不仅影响学生的听课效果，也影响学生的上课情绪，导致学生不能认真听教师的讲解。所以，赵老师总是合理控制自己的课堂教学节奏，尽可能使所有学生都能跟得上自己的思路。

赵老师讲解人教版新目标英语八年级上册第五单元的第一课，该单元的中心话题是"Can you come to my party?"。

上课时，赵老师没有进行太多的铺垫，而是快节奏地把学生带入了本课内容。他开门见山地说："Today we are going to learn Unit 5. If we do well in this lesson，you can get three presents from me."（今天我们学习第5单元。如果我们在这节课中做得好，你们可以从我这里得到三个礼物。）

说着赵老师指了指讲台上的三个礼物，然后接着说："Boys and girls，Do you like music? This Sunday，there is a music party. Do you know who will come to the music party? Look at the screen."（同学们，你们喜欢音乐吗？这个星期天，这里有一个音乐派对。你们知道谁会来参加这个音乐派对吗？请看屏幕。）屏幕上出现了几个歌手的照片。

"Can you come to the party? If you can，you can say like this：Sure，I'd love to. But if you can't or you don't want to go，you can say like this：I'm sorry，I can't. I have to go to the concert. This is one reason，of course we have many things to do."（你能参加派对吗？如果你能参加，你可以这样说："当然，我很乐意。"但是，如果你不能参加或不想参加，你可以说：

“对不起，我不能参加。我得去音乐会。”这是一个原因，当然我们还有很多事情要做。）

在讲解过程中，赵老师在黑板上写下了 Sure，I'd love to.（当然，我很乐意。）/ I'm sorry，I can't. I have to go to the concert.（对不起，我不能参加。我得去音乐会。）这两种答案。同时屏幕上还出现了 study for a test（为考试做准备），help my parents（帮助我的父母），go to the doctor（去看医生），visit my aunt（探望我的姨妈），have a piano lesson（有钢琴课）等否定的选项。

“Ok! Let's read these sentence，please! Can you come to the party? Sure，I'd love to. Can you come to the party? I'm sorry，I can't. I have to go to the concert. Next，Read the phrases：Study for a test，help my parents，go to the doctor，visit my aunt，have a piano lesson.”（好的。让我们一起读这些句子。“你能参加派对吗？当然，我很乐意。”“你能参加派对吗？对不起，我不能参加。我得去音乐会。”接下来，阅读这些短语。为考试做准备、帮助我的父母、去看医生、探望我的姨妈、有钢琴课。）

在读句子时，赵老师一边带领学生有节奏地读，一边示意大家拍手。就这样，才过了五六分钟，学生就学会了本篇课文的基本对话，然后开始进行对话表演。

“Ok! Now，I am A，let other three students to be B，C and D，read the conversation to the whole class，Now，I Say，Can you come to the party，B?”（现在，我是 A，其他三个同学分别是 B、C、D，我们面向全班同学读对话。现在，我问：“你能参加派对吗？B。”）

“Sure，I'd love to.”（当然，我很乐意。）B 同学回答道。接着 B 同学问 C 同学：“Can you come to the party，C?”（你能参加派对吗？C。）

“I'm sorry，I can't. I have to go to study for a test. And you，D?”（对不起，我不能参加。我得为考试做准备。）C 同学回答完后又问 D 同学。

“I'm sorry，I can't. I have to go to visit my aunt. Can you come to the party，A?”（对不起，我不能参加。我得去探望我的姨妈。你能参加派对吗？A。）

“Sure，I'd love to.”（当然，我很乐意。）赵老师回答。然后，赵老师安排四个学生一组，像刚才那样进行对话练习。

在练习过程中，这些学生一起考虑话题，一起考虑应答，一起进入角色，然后一起表演。练习了十几分钟后，赵老师示意学生安静："Ok! Now, Ask some groups to act. Kevin, John, George and Lisa, stand up. Practice, please."（现在，请几个小组表演出来。凯文、约翰、乔治和丽莎，站起来。请表演对话。）

通过对话表演，学生一致认为乔治同学演得最好，发音最准确。于是，赵老师送出第一个小礼物——一张歌手图片。看到有同学得到了教师的奖励，学生都受到鼓舞，在鼓掌的同时也暗自下决心，要赢得一个礼物。

礼物全部送出后，赵老师开始带领学生听录音，让学生准备连线填空。

第一道题的录音刚听完一遍，有个男生站起来说："老师，这道题太简单了，我根本不用听下面的几遍了。我现在可以上去填空。"赵老师扫视了一下其他学生，发现其他学生都眉头紧锁，等着听录音。于是，他就微笑着说："你先耐心等一下，其他同学还需要继续听完。"听完三遍后，赵老师才请刚才举手的那个学生回答了问题。这个学生回答完问题后，赵老师又让学生继续听录音。

有道题的录音内容比较多。赵老师让学生听了三遍录音后，发现没有一个学生举手回答。于是，他就说："Maybe the dialogues is very difficult, so now listen to the recording again."（这段对话可能很重要，所以再听一遍录音。）赵老师又放了两遍录音。这次有十多个学生举手准备回答问题了。就这样，在赵老师富有节奏感的课程讲解中，学生完全沉浸在"邀请同学参加聚会"的兴奋中。

有经验的教师非常注重控制教学节奏。在这个案例中，赵老师深知课堂节奏对学生听课的重要意义，便合理安排自己的讲课时间，适时调整自己的讲课速度。

在进行课堂导入时，赵老师三言两语就说清楚了这节课要讲什么，并且设置了奖励，然后用歌手的图片一下子就把学生带进"邀请同学参加聚会"的教学情境中。这样，赵老师只用了几分钟时间，就迅速把学生从课间活动拉回到课堂上。

接着赵老师讲解了"Can you come to the party?"的肯定回答、否定回答以及否定回答时选择的理由，并且带学生读了几遍。这个环节比较重要，关系到其他环节能否顺利进行，于是赵老师想出边有节奏地跟读边拍手的方法。这个方法确实起到了预期的效果，不仅让学生学会了基本句型，还让学生对学习产生了兴趣。

在对话练习和听录音答题这两个环节，赵老师安排的时间最多，因为他知道，对学生来说，说和听是最难的学习环节，也是最难掌握的能力，所以必须在这两个环节多下功夫。为此，他不仅邀请学生与自己一起练习，还让学生进行分组练习，最后让学生表演。表演之后，赵老师让学生推选出一个演得最好、说得最流利的学生，并且把礼物送给了这个学生。这个环节让学生轻松了一下，缓解了高强度训练带来的紧张感。“休息”片刻，赵老师立刻安排学生听录音，回答问题。

在听录音环节出现了两个小插曲。第一个小插曲：有个男生听得比较快，听一遍录音就知道怎么回答了，并且希望教师加快进度。对此，赵老师说服了他，让他放慢进度，等等大家。第二个小插曲：一个录音有难度，学生听了三遍都不知道如何回答。对于这个难点，赵老师适当调整了一下，让学生又听了两遍录音。最终学生听懂了，跟上了教师的教学节奏。

“适当的课堂节奏能自始至终吸引学生的注意力，维持学生的热情，使课堂教学跌宕起伏，张弛有度，从而轻松愉快地实现教学目的，完成教学任务。”赵老师这样评价课堂节奏对教学效率的影响。

三、如何做“会调控”的教师

不同的课堂教学节奏会产生不同的教学效果，适当的课堂教学节奏可以促使学生兴趣盎然地听课，进而提高教学效率；不当的教学节奏则会让学生产生一种不适应的感觉，进而对学习产生消极的情绪。之所以产生这种差别，是因为节奏和课堂教学之间存在着形式和内容的辩证关系。适当的节奏可以使教学内容获得充分表达，反之则会使教学的内容表达不充分。所以，中学教师对于调控教学节奏方法的选择与运用，一定要慎重。

中学教师应该怎样控制自己的教学节奏，使之与学生的思维节奏合拍呢？做一个高效能的会调控的中学教师要注意以下几个方面。

（一）教学设计预设调控教学节奏

中学课堂教学节奏不仅包括授课进程的快慢，还包括课堂结构的布局、教学内容的剪裁与设计。具体地讲，中学课堂结构要设计得严谨，不宜松也不宜散，不宜平也不宜淡，不宜直也不宜浅，注意留下“空白”，留给学生思考的余地。只有这样，中学生的思维才能在教师的引导下时停时续，时而凝神静思，时而跃跃欲试，时而独自沉思，时而互相质辩，在动与静、听与思中进行思维切换。

（二）通过教学语言调控教学节奏

中学教学节奏要考虑的重要问题之一，就是教师自身的语言修养。教师的教学语言应该既能保持教授内容的内在逻辑联系，又能具体生动、形象鲜明地处理一些细节问题，使语言节奏与中学生的生理、心理和思维的节奏相符合，使中学生在和谐的课堂气氛中集中精力学习，甚至在较长的时间内都能保持一种专注听课的状态。

有些中学教师的教学语言节奏很难让学生保持专注的听课状态，因为它不是一贯的低沉冗长，就是一贯的高昂短促，而这两种课堂语言节奏都会加速学生的精神疲劳，影响学生的听课态度，从而降低课堂教学的效率。

可以这样说，中学教师的语言修养在很大程度上可以影响学生在课堂上注意力的集中程度，进而影响学生的脑力劳动效率。所以，中学教师应该关注自身的语言修养问题，力求达到语言准确、明晰，语调谦逊、温和、抑扬顿挫，语速缓急有致，张弛有度，语言风格刚柔相济，或如唠家常，或一唱三叹。

（三）通过行为举止调控教学节奏

行为举止，指课堂上教师的精神状态、表情和教态等。在中学课堂上，教师的行为举止是学生注意力的焦点，是课堂注意的中心。教师的一个眼神、一个手势都会吸引学生的注意力。

虽然在通常情况下，课堂上教师的行为举止只是非语言因素，但是它就像烹调时必不可少的油盐酱醋一样。所以，中学教师应充分利用自己的行为举止，形成自己独特的非语言教学表达方式，以达到调控课堂的目的。

（四）创设情境氛围调控教学节奏

在课堂上，教师与学生的心理变化、思想感情变化是内部的教学节奏，教学情境、教学氛围则是这种内部教学节奏的外在表现和反映。不管教师或学生能否意识到，这种节奏都是存在的，即课堂教学都是在一定的情境和气氛中进行的。

所以，中学教师应该学会通过改变旧的教学情境、教学氛围或者创设新的教学情境和教学氛围来调控学生的听课节奏，也可以改变自己的教学节奏，最终形成师生合拍的教学节奏。只有这样，学生才能在课堂上紧跟教师的步伐，深入课堂，认真学习知识，实现课堂教学高效率。

（五）用重复和变化调控教学节奏

中学教学节奏应同时体现教学的重复与变化。教学中一定的重复可以统一和巩固教学；一定的变化则可以增加新的因素，造成对比，使学生更易于理解与掌握。这里所说的重复，是允许的或必要的重复，不是那种多余的或机械的重复；变化则是在重复基础上的变化，不是无休止的变化。

重复与变化不是绝对分离的，而是变化中有重复，重复中有变化。但所有的重复与变化都应符合中学教学内容的实际需要，绝对不能为了重复而重复，为了变化而变化。

（六）用连贯和停顿调控教学节奏

教学节奏的连贯性是非常宽泛的一个概念，不仅体现在课堂结构的严谨和有层次上，还体现在教师使用叙述语言时注意小段间的自然转折上，做到前后呼应、浑然一体。这样，学生才会感觉自然流畅，没有断层，学生的思维才能连贯一致，不会出现因思维断层而分散注意力的情况。

在强调教学连贯性的同时，中学教师也应该注意停顿在教学中的必要性。因为有停顿，学生才会有适当的思考时间，才能消化新的内容并提出质疑。这种停顿对于成绩不好的学生来说尤为重要，因为他们不能长时间维持连贯的思维过程，而且新旧知识连接较慢。有了适当的教学停顿，这些学生就能逐步培养信心，认可、接受新的教学内容，从而认真地听教师讲解每个环节的知识。

（七）通过教学进度调控教学节奏

当前，信息极为丰富，传递速度快，这就要求中学教师要在较短的时间内，让学生掌握尽可能多的知识，同时还要帮助学生提高鉴别、选择和加工信息的能力。所以，中学教学的节奏在一定程度上与教学内容有关。

通常，教学内容贫乏，教学节奏就慢，导致学生总是在原地踏步；教学内容过多，教学节奏就快，使得学生只能粗略地了解知识。由于要讲解的内容比较多，有些中学教师就采用快节奏教学。虽然这有利于克服学生拖泥带水的毛病，让学生掌握更多的知识，但是要达到这一目标，也不能单纯凭借加快节奏来实现。因为一味强调单一的快节奏，课堂教学就成了机器转动，学生就不是独立的人，而成为被教师指挥的"机器人"。

中学课堂教学节奏应视教学的实际而定，该快就快，该慢就慢，快中有慢，慢中有快，快慢结合。例如，数学课堂上，教师在讲基本概念和法则时可以放慢速度。讲解基本概念和法则时，可以渗透地讲一下后面的某些内容，学生以后学习这些内容时就会理解得比较快。也就是说，此时的慢是为后面的快做准备，而快与慢都是为了让学生在有节奏的课堂上学好知识。

适当的教学进度，科学而富有变化的教学内容，连贯的课堂结构和课堂语言，必要的教学停顿，这些都是中学教师在调控课堂教学节奏时需要掌握的基本要素。中学教师需要通过调控自己的课堂节奏吸引学生的注意力，提高课堂效率，形成自己独特的教学特色，最终实现高效教学的目的。

习惯3 善创新

——创新引领，开创高效新局面

一、"善创新"概述

创新是以新思维、新发明和新描述为特征的一种概念化过程。这个词起源于拉丁语，原意有三层含义：更新，创造新的东西，改变。创新是人类特有的认识能力和实践能力，是人类主观能动性的高级表现形式，是推动民族进步和社会发展的不竭动力。

在中学阶段，创新教育是指以培养学生创新精神和创新能力为基本价值取向的教育。创新教育的核心是在普及义务教育的基础上，在全面实施素质教育的过程中，为迎接新知识经济时代的挑战，着重研究与解决在基础教育领域如何培养中学生的创新意识、创新精神和创新能力的问题。

（一）创新教育的基本条件

1. 创新意识的萌芽：好奇心

德国哲学家黑格尔说过，要是没有热情，世界上任何伟大事业都不会成功。所有个人行为的动力，都要通过头脑转变为愿望，才能付诸行动。在中学教育中，如果一个中学生仅仅记住了数学的各种定理与公式，只学习教师讲的知识，只记忆书本上的知识，而不能把学到的知识用于发现新问题、解决实际问题，则是远远不够的。

善创新的中学教师，应该鼓励学生在学习知识的基础上勇于探索，善于创新。而要做到这一点，中学教师就应在教学中引导和培养学生的好奇心，这是唤起中学生创新意识的起点和基础。

一个英语教师在教学中常常营造活跃的课堂气氛，引导学生热烈讨论、各抒己见，常用简笔画、体态语言、故事小片段，或与其他学科联系起来讲解英语知识点，激发学生的好奇心。在教学 lie in（位于）、lie on（位于）和 lie to（位于）的区别时，这个英语教师在黑板上画了几个表示内含、相切、相离的几何图形，清楚地表达了这三个词组的不同含义。然后教师画了一幅中国地图、一幅日本地图和一幅俄罗斯地图，以它们在世界地图上的确切位置更加明确地展示了这三个词组的不同含义。学生从好奇中掌握了知识，并逐渐产生了创新的意识。

2. 创新思维的营养：兴趣

孔子说过："知之者不如好之者，好之者不如乐之者。"可见，孔子强调兴趣的重要性。兴趣是最好的老师，兴趣是感情的体现，是学生学习的内在因素。事实上，中学生只有感兴趣才能自觉、主动地观察、思考和探究，才能最大限度地发挥主观能动性，并在学习中产生新的联想，或进行知识的移植，做出新的比较，综合出新的成果。也就是说，强烈的兴趣是中学生敢于冒险、敢于闯天下、敢于参与竞争的支撑，是创新思维的营养。

有个教师每天让值日班长在黑板右边的小栏里写上座右铭或名人名言，并让值日班长在英语课开始时用英语说出来。为了在课上有出色的表现，更加流利地用英语说出座右铭或名人名言，每个学生在轮到自己当值日班长的前几天都会积极准备。值日班长一说完，这个教师总是说出激励的话语："Well done!"（真棒）。这个活动大大增强了学生学习英语的兴趣和口语表达能力。每逢重大节日，这个教师总是让学生自制英语贺卡，送给其他教师或亲朋好友。有一年圣诞节，一个英语成绩不好的学生送给教师一棵自己用小树枝拼出来的圣诞树，上面挂满了"彩灯""红星"，还有一张贺卡，上面用并不漂亮的英文写着 Merry Christmas（圣诞快乐），令教师感动不已，并在班上赞扬了这个学生的创新精神。这个学生从此喜欢上了英语，毕业时已成为班上英语学习的佼佼者。

3. 创新行为的动力：质疑

质疑，是创新行为的动力，是发现教学的基础。质疑的指导思想是以学生为中心，多渠道培养学生的创新能力，发挥学生的主体作用，让学生积极地参与学习的过程，做学习的主人，开启创新思维的闸门。

一个物理教师做了一个实验，他把一支小蜡烛的底部粘上一个硬币，放在半碗水里，蜡烛刚好露出水面一小段，然后点燃蜡烛，蜡烛燃烧了一会儿，逐渐接近水面。当蜡烛烧到水里时便"熄灭"了，过了一会儿突然燃烧起来。过了一会儿蜡烛又"熄灭"了，再过一会儿又燃烧起来，这样连续三次，教师问学生这是为什么。最后蜡烛真的熄灭了，教师又问学生这是为什么。教师让学生相互质疑，相互讨论，最后得出结论与氧气有关。这一实验让学生从悬念中获得了知识，并将知识深深地记在脑海里。

4. 创新学习的方法：探索

创新学习的方法包括以下几个方面。

（1）直接学习法。根据创新的需要选修知识，不搞烦琐的知识准备，对创新有用的就学，对创新没有用的就不学，直接进入创新之门。

（2）模仿学习法。学生按照别人提供的模式样板进行模仿性学习，从而形成一定的品质、技能和行为习惯。换句话说就是从“学会”到“会学”。

（3）探源索隐学习法。学生为了积极掌握知识采用创新性思维方式，对接受的某项知识的出处或来源进行认真的探索和追溯，并经过分析、比较和求证，掌握知识的整个体系。探源索隐学习法对于激发学生提出问题大有益处。

（4）创新性阅读法。通过发现新问题，提出新见解，从而超越作者和读物，进行创新思考，获取新答案。

（5）创新性课堂学习法。通过教师的传授和指导，学生获得系统的知识和形成一定的能力。同时，学生可以通过预习对新知识进行自学和探究，以便上课时进入一种全新的精神状态，大胆发言，大胆“插嘴”，从而获得课堂学习高效率。

（二）创新教育的目标定位与精神内核

中学阶段的创新教育为学生的持续创新打下了基础。创新教育的目标定位，概括地说就是为持续的创新打基础，主要包括两个方面：一是打下创新精神的基础，二是打下创新能力的基础。

创新精神的内核具有深厚的基础性和广泛的迁移性，包括创新意识、创新情感和创新意志。

1. 创新意识

创新意识是个体追求新知识的内部心理倾向，这种倾向一旦稳定，就会成为个体的精神与文化。研究表明，具有创新意识的人常常不满足于现实，有强烈的批判态度；不满足于自己，有持续的超越精神；不满足于以往，有积极的反思能力；不满足于成绩，有旺盛的开拓进取精神；不怕困难，有冒险献身的精神；不怕变化，有探索求真的精神；不怕挑战，有竞争合作的精神；有强烈的好奇心和旺盛的求知欲，有丰富的想象力和广泛的兴趣。这些品质都是中学创新教育应该重点关注的。

2. 创新情感

创新情感是个体追求新知识的内部心理体验，这种体验不断强化，就会转化为个体的动机与理想。有创新情感的人常常情感细腻丰富，外界微小的变化都能引起强烈的内心体验；人生态度乐观、豁达、宽容，能较长时间保持平和、松弛的心态；学习态度认真、严肃，一丝不苟，有强烈的成就感，做事有条理；对世间的生命有同情心和责任感，愿意为改善他们的生存状态而尽心尽力。这些也是中学创新教育应该关注的。

3. 创新意志

创新意志是个体追求新知识的自觉能动状态，这种状态持久保持，就会成为个体的习惯与性格。有创新意志的人常常能排除外界的各种干扰，长时间专注于自己的活动；学习勤奋，行为果断，对自我要求较高，对学习要求较严；善于沟通与协调，组织能力强，有较高的灵活性，为达到目的愿意变换学习的途径和方法；有较强的独立性和自制力，在没有充分证据和理由之前，不轻易放弃自己的主张，能接受别人的观点甚至容忍别人的错误。这些品质也应该在中学创新教育阶段形成。

（三）创新教育的误区

1. 创新就是小发明、小创造

谈到创新教育，一些中学领导和教师就把学生的小发明、小创造联系起来，认为学生的小发明、小创造多的学校，创新教育就有成绩，否则就没有成绩。所以，有些学校提出小发明、小创造的指标，而教师、学生就想方设法完成这些指标。一些媒体和行政官员也将小发明、小创造多的学校作为创新教育的典范广为宣传。这便促使一些中学教育工作者对创新教育产生了误解，认为创新就是小发明、小创造。

2. 创新教育培养学生的创新思维，而创新思维就是发散思维

创新教育的任务就是培养学生的创新素质，创新素质主要由三个要素构成：创新人格、创新思维、创新技能。这三个要素中，最关键、最重要的是创新人格，其次是创新思维，最后是创新技能。由此可见，创新教育的任务

就是培养学生的创新人格、创新思维和创新技能，而不仅仅是创新思维。

知识经济时代的中学教育或未来的中学教育，如果不进行教学改革和创新，不通过创新性教学启发学生的学习兴趣，激活学生的思维，发掘学生的潜能，促进学生的个性发展，培养学生的操作技能，就不可能培养学生的创造精神和创造能力，也不可能培养出适应时代需要的创新型人才。所以，中学教师应该成为善创新、高效能、高素质的教育工作者。

二、名师与“善创新”

（一）用心点燃创新火花

陕西省特级教师赵文忠注重培养学生的创新能力，他埋头苦干、孜孜以求，全身心地投入到教学和科研的世界中。赵文忠老师潜心指导学生的科技发明活动，先后有4000多名学生参加科技创新，共获得省级青少年科技创新奖259项，国家、国际奖52项，全国发明专利8项。以下是赵文忠老师点燃学生创新火花的几个片段。

1. 相信每个学生都有创造力

赵文忠老师有一句名言：相信每个学生都有创造力，关键在于我们是否善于发现。

赵老师坚信，积极鼓励可以点燃学生头脑中的创新火花，消极否定则会扼杀学生的创造热情和创造才华。所以，面对学生提出的各种发明思路，他总是给予积极鼓励，从不对学生说“这不行”。

一次，一个学生对他说：“赵老师，我想发明一个放屁消声除臭器，你看行不行?”

赵老师马上说：“你的想法很好。老师在课堂上有时就很想放屁，但只能憋着，憋得肚子怪难受的。”他接着对学生说，这个发明要充分考虑人的生理特点，不能太大，要舒适还要便于携带。这个学生受到鼓励，十分高兴。

在陕西省铜川市第一中学，许多学生就是在赵文忠老师的鼓励下走上了国际、国内青少年发明创造的领奖台。曾获得第17届全国青少年科技创新大赛优秀项目终评一等奖的郭立卿对此深有体会。

1999 年 8 月，郭立卿的一个同学因误食喷洒过农药的苹果而失去了年轻的生命。她由此想到，化学农药不仅危害人类健康，还严重污染环境。中草药能治疗人体内的寄生虫，又不会使人中毒。能不能发明一种中草药农药，既能防治农业病虫害，又不损害人体健康呢？

对于郭立卿的这种想法，赵老师给予了充分肯定和高度评价，指导她到西安绿宝生物公司生化室和陕西枫叶生态林场，对中草药杀虫剂在原料、配方组合、有效成分提取、制剂增效等方面进行了反复论证试验，研制出中草药生物杀虫剂“35％雷丸素水剂”，田间试验有效率 95％以上。

2. 用心呵护，积极鼓励

为了呵护学生的创新热情，赵文忠老师曾向学生做过真诚的道歉。

学生小鹏和小炜受赵老师课堂教学的启发，正在做小麦胚芽鞘与生长机理测定。他们在实验中一碰到问题就去向赵老师请教。

“那些日子，赵老师的家我们不知去过多少次，每次他总是非常耐心地解答我们的问题。”小鹏说，“当时赵老师的父亲卧病在床，生活不能自理，赵老师很忙。一次，我们去他家问问题，他正忙着呢，对我们的到来多少有些不高兴。我们感到有些委屈，过后想想也觉得能理解。没想到第二天课间休息时，赵老师专门找到我俩向我们道歉，并认真解答了我们的问题。”小鹏的言语中饱含着感动，在他的记忆里，老师给学生道歉这还是第一次，这极大地鼓舞了他们继续实验创新的热情。

赵文忠老师教过一个叫小营的学生，这是一个学习方法不灵活、性格内向、一说话就脸红的学生。一天，小营向赵老师表达了想搞科研的愿望。赵老师就借给他一本周尧教授编著的《陕西经济昆虫图志》，说：“铜川的瓢虫还没有人研究过，你试着做做吧。”

一个月后，小营采集了许多瓢虫标本。赵老师发现这些瓢虫都属于同一种类，便鼓励他继续采集。小营就利用节假日拿着赵老师送给他的捕虫网，在田间地头忙个不停。小营的父亲十分不理解，认为这是游手好闲，没什么出息。

小营动摇了，想要放弃。小营把自己的想法告诉了赵老师，在赵老师的鼓励下，小营重新鼓起勇气，捕获了数千只瓢虫，其中有 8 个是新种类。赵老师让小营把他的调查写成论文，并告诉他写论文的方法。小营将论文初稿交给赵老师，赵老师给予充分肯定后，对其中不成熟的部分提出了修改意见，让小营再改。就这样，稿子前后改了十多次，最后获得第八届全国青少年发明创造比赛和科学讨论会一等奖。小营赴天津参加论文和答辩考试，专家对论文以及他的科学精神给予了高度评价。

赵文忠老师说："老师并非一贯正确，不能将错就错，不懂装懂，否则会误人子弟。对于学生提出的各种问题，老师要给予解决问题的思路和方法，启发他们积极思考，而不是代替他们寻找答案。"

赵文忠老师努力培养学生的创新能力，指导学生开展创新活动。当专家惊叹他指导的一些中学生的科研论文已达到硕士研究生毕业论文水平时，他只是淡淡一笑，依然像往常那样全身心地投入到教学和指导学生科研的世界中，宛如黄土高原上一株成熟的高粱，质朴、谦逊，奉献并快乐着。

创新教育是社会发展的必然要求，是教师专业发展、终身学习和实践探索的需要，也是促进教师专业成长、学生健康发展的常青树。教学本身不是僵化的教条或刻板的逻辑，也不是简单的照搬课本或单调重复，而是给予学生新鲜的血液和创造的灵性。

学生创新能力的培养是以教师创新精神为前提的。正如赵文忠老师，他深知课堂教学和社会实践是学生创新的源泉，只有搞好课堂教学，让学生打下扎实的知识功底并教给学生科学的研究方法，才能不断激发学生的创造力。为搞好生物课堂教学，他广泛涉猎各科知识，并俯下身来向学生学习。他说："在教学实践中，我发现学生往往比老师聪明。"

赵老师鼓励学生对他的课堂教学提出质疑，鼓励学生将自己的好想法、好思路，或者一本好书、一道好题拿出来师生共享。他真诚地请学生指出他课堂教学中的不足，并专门印制了"生物教学反馈意见卡"。对于学生的意见和建议，赵老师十分重视并据此改进自己的课堂教学。对于学生指出的课堂教学中存在的错误，他会当堂纠正并真诚地向学生道歉。

在赵老师的课堂上，师生可以平等对话、讨论和交流；教与学之间不再是教师讲、学生听，而是师生之间的互动共识；学生不再是知识的被动接受者，而是知识的主动探索者和积极体验者。赵老师的课堂教学使学生徜徉在知识的海洋，让学生的创新思维在广阔的天空中飞翔。

在教育教学方法上，赵老师改变了传统的灌输知识的方法，积极尝试各种新的教学模式，培养学生独立思考问题的能力和创新意识。赵老师积极引导学生进行科研给学生插上了创新的翅膀，点燃了学生创新的火花。

（二）以实验激发学生的创新思维

在教学初中物理“流体的压强与流速的关系”一课时，湖北省宜都市的张老师成功运用实验教学，激发了学生的创新思维。

1. 实验导入，引发思维创新

上课后，张老师先播放一段视频：大海上有大小两艘平行航行的轮船，突然小船扭转船头撞向大船。张老师提问：“同学们，你能想到是什么原因导致两船相撞吗?”

学生虽然对这个事故非常感兴趣，但是由于知识有限，还难以回答教师提出的问题。于是，张老师向学生展示两个画面：火车站台上的安全线，磁悬浮列车车头造型。

“同学们，现在有什么新认识?”张老师又一次提问。这次，有几个学生在小声议论着些什么。

为了让学生有更直观的认识，张老师请一个学生上台做实验：用漏斗吹乒乓球。做完用漏斗吹乒乓球的实验，张老师又请另一个学生做了教材第 44 页的实验。

“乒乓球为什么没有掉下来?”“两张纸会分开还是靠拢?”张老师在实验中相继提出两个问题。

由于实验直观、真实，学生很快就说出了答案。然而，张老师的实验并没有结束。他又请学生每个人拿出一枚硬币，按照教材第 44 页的“想想做做”做实验。学生热情高涨，实验的成功率很高。

2. 分析现象，不断发散思维

“知道硬币为什么会‘跳’起来吗?”做完第三个实验后，张老师向学生提问。大部分学生认为与吹气有关。为了让学生准确回答这个问题，张老师要求学生阅读教材上的说明。

在张老师的引导下，学生开始认为“是硬币上下表面的压强不一样引起的”，接着认为“是吹气时，硬币上表面的空气流速快造成的”，后来认为“可能与大气压强有关”，最后总结为“硬币上面空气流速大些，比硬币下面受到的压强小，下面的空气（大气压）便把硬币‘托’起来了”。

与此同时，学生也理解了用漏斗吹乒乓球实验中，乒乓球为什么没有掉下来，以及向两张纸中间吹气所看到的现象："我们向下吹乒乓球时，球的上方空气流速大，压强就小，下方空气流速小，压强就大。因此，下方的大气压把乒乓球向上'托'着，所以乒乓球没有掉下来。""向两张纸中间吹气时，中间的空气流速大，压强小，两张纸的外侧空气流速小，压强比中间大，所以两侧的大气压把纸向中间'推'。"

当然，学生也知道了使海面上平行疾驶的两艘船相撞的"元凶"——大气压，以及火车站台上设置安全线的原因：火车驶过站台时，靠近站台的区域空气流速较大，压强较小，较远的一侧空气流速小，压强较大，等候火车的人会被外侧大气压推向火车轨道内，发生危险。

为了让学生进一步理解看到的现象，张老师做了教材第 47 页"动手动脑学物理"中的第 4 个演示实验，要求学生仔细观察分析：为什么瓶内的水从管口喷出来了？

"因为从 B 向左吹气时，管口空气流速大，压强小，而小瓶内水面上空气流速小，因此要比管口的压强大些，所以瓶内的水在大气压的作用下被'压'出，从管口向外喷。"

3. 拓展知识的创新应用

做完所有实验，张老师要求学生分组讨论流体的压强与流速的关系。于是，学生开始分组讨论，课堂气氛非常热烈。分组讨论结束，张老师请学生用准备好的材料按教材上的尺寸做一个机翼模型，让学生明白"流线型"设计的原因，从而拓展学生对知识的创新应用。

从案例中可以看出，张老师的课堂始终处于和谐的氛围中，对话与倾听、讨论与争辩、演示与合作融洽而自如，成功激发了学生的创新思维，使探究、合作和自主的学习方式得到了充分体现。可见，张老师对以实验激发学生的创新思维有着深刻的理解，做到了灵活熟练地运用。

张老师利用多媒体展示了"轮船海事""火车站台上的安全线"和"磁悬浮列车车头造型"等视频和图片，有效激发了学生的思维。画面对学生而言似曾相识，但知其然而不知其所以然，因而能使学生很快进入思考状态，为学生创新思维的形成打下了基础。接着，张老师在尊重学生的认识规律和已有的生活经验的前提下，通过分析现象、发现规律、课内拓展环节，为学生形成创新意识营造了良好的氛围，搭建了一个渐进的平台，使学生能够大胆发言，提出创新性的猜想和假设。

当然，张老师也并不是放任学生的思维无节制地发散，而是在各个环节中都随时注意对学生进行恰当的引导和点评，一方面避免了学生的思维错误，注重培养学生的创新思维、语言表达和实验能力，另一方面教师在教学中体现了主导作用，从而使学生的知识累积和创新能力的形成在师生互动中有序进行。最终，经过张老师巧妙指导，学生熟练掌握了流体的压强与流速的关系，顺利完成了教学目标。通过激发学生的创新思维，张老师不仅让学生学到了知识，还让学生学会了如何通过实验发散思维，进而去自主发现，成为学习的发现者，真正成为课堂的主人。

现代教学提倡探究学习，培养学生的自主探究能力。归根结底，探究最主要的方法就是激发学生的创新思维。学生的创新思维能使教学重点从传授知识转移到开发智力，从记忆转移到探索，真正落实以学生为主体的理念，让学生独立探究知识。在整个教学活动中，学生处于独立自主的地位，是发现者、研究者和探索者，他们通过独特的创新思维方式去发现、研究、探索，从而得出正确的结论。

（三）设置缺口，引发思维创新

在教学《安塞腰鼓》一课中，江西省南丰县的李老师设置各种知识缺口，成功激发了学生的创新思维，使师生之间充分互动，使课堂充满生命力。

1. 情境设缺，在感悟体验中创新

李老师播放3分钟的教学视频，让学生观看南丰蜜橘节上的腰鼓表演和北方腰鼓表演片段。

师：刚才同学们欣赏了两段腰鼓表演，谁来说说你的感受？

生：我觉得腰鼓表演很美！但我们南丰人打腰鼓没有北方人打腰鼓那么有力量。

生：后面那段北方的腰鼓表演更有气势，场面更壮观！

师：同学们，你们同意他们的意见吗？

生：同意！

师：腰鼓表演我们并不陌生，许多大型文艺晚会上也有这类节目。在黄土高原，腰鼓表演已有两千多年的历史，1990年安塞腰鼓在北京亚运会上一展风采后，令无数人魂牵梦绕。今天，让我们一起走进刘成章的《安塞腰鼓》，看看他如何用生花妙笔描绘这惊心动魄的表演。

2. 利用填空，从整体感知中创新

李老师播放《安塞腰鼓》的朗读课件，学生听着课文，脑海里想象表演画面。

师：我们刚才听了课文朗读录音，请同学们用“________的安塞腰鼓”对安塞腰鼓进行概括评价，也可以引用文中的词句。

生：狂野奔放！

生：豪放！

生：酣畅淋漓、惊心动魄、热情奔放！

师：不错！同学们还有不同的想法吗？

生：火烈的、没命的！

生：粗犷的、壮阔的！

生：雄浑激昂的、气势磅礴的！

生：排山倒海的、让人叹为观止的！

……

师：同学们评价得非常好！

（李老师根据学生的评价，抓住关键词句进行板书。）

3. 确立缺口，在体验感知中创新

师：同学们，现在请你们根据自己所做的评价，从文中找出能体现你的观点的句子、段落，然后读出来！

生：“骤雨一样，是急促的鼓点；……黄土高原上，爆出一场多么壮阔、多么豪放、多么火烈的舞蹈哇——安塞腰鼓！”这些句子能体现安塞腰鼓的火烈、豪放。

师：他读得怎样？

生：他好像没有把这种气势读出来。

师：那应该怎样读？

生：要读得急速高昂些！

师：那你来读读看！

（学生读这几句课文。）

生：好像比前一个同学读得更有气势。

师：那你们想不想试读一下？

生：想！

（学生齐读这几句课文。）

师：刚才同学们把安塞腰鼓的气势读出来了，你们觉得这些句子有什么明显特征吗？

生：运用了排比！

师：对！你们具体说说这些句子是从哪个角度描写的？

生：从腰鼓表演的场面！

生：从火烈的狂舞！

师：不错！是从火烈的舞蹈场面突出这种气势。排比的语句还有很多，大家继续找，并说说作者的描绘角度。

生："使人想起……使人想起……使人想起……"这是运用联想来突出腰鼓表演的气势。

生："后生们的胳膊、腿、全身，有力地搏击着……烧灼着你，威逼着你。"这是通过描写击鼓的后生来突出气势。

生："每一个舞姿都充满了力量。每一个舞姿都呼呼作响。每一个舞姿……"这是通过描写变幻的舞姿来突出气势。

生："隆隆隆隆的豪壮的抒情，隆隆隆隆的严峻的思索，隆隆隆隆的……"这是通过描写鼓声来突出腰鼓表演的气势。

师：说得非常好！本文用了大量排比，有句子内部的排比，句与句、段与段之间的排比。这种手法在文中有何作用？

生：层层递进！

师：对！

生：增强语言气势。

生：形成排山倒海的气势。

生：有如江河一泻万里。

师：都非常好！我常用一泻千里来形容。我们的同学更厉害，会用一泻万里来形容排比句的气势。大家一起来读读第9、10、11节！

（学生齐读课文。）

师：我们用小组轮读的形式读出这种气势！

（三个小组轮读。）

师：我们平时参加的类似的激烈竞赛活动有什么？

生：拔河比赛、跑步比赛……

师：那你看到拔河比赛的紧张场面，会联想到什么？

生：我会想到绳子会不会被拉断！

生：我会想到射箭，就像箭在弦上要射出的一刹那！

生：那一阵阵加油声使我想起黄河的浪涛，奔向前方！

生：使我想到狮子的吼叫！

师：非常好！还有没有能体现这种气势的句子，是从哪个角度来写腰鼓表演的？看哪个同学有"火眼金睛"，能快速找到并读出来！

（课堂气氛很热烈，很多学生举手。）

生："百十个腰鼓发出的沉重响声，……隆隆，隆隆，隆隆。……隆隆隆隆的阵痛的发生和排解……"这三段鼓声描写都能体现安塞腰鼓的强劲有力。

生：老师，我觉得这位同学读得没力。这是从激越的鼓声来写腰鼓表演，但她没有把这种强劲的气势读出来。

（教师请该生读，该生读出了气势。）

师：我们来读这三段，女生先读一段，男生再读一段，最后男女生齐读一段。

（学生读课文。）

生：课文一个排比接一个排比，一个高潮接一个高潮，快节奏使内容表达得更热烈、更激荡。

生：不光是排比，排比还与反复相结合。

师：很好！这里用反复和排比的手法强调某种感情，使语言更有气势！

生：那一定是强调了安塞腰鼓的强劲！

师：（做个握拳动作）想想我们国家的改革开放靠的也是这么——

生：一股劲！

生：我们国家经历了太多苦难后重新崛起，满怀豪情地走在社会主义改革开放的新时代，靠的就是这么一股充满力量的劲！

师：他说得多好哇！

（学生鼓掌。）

生：排比还与对比相结合，如“这腰鼓，使冰冷的空气立即变得燥热了，……使困倦的世界立即变得亢奋了”，突出了安塞腰鼓气势磅礴。

师：那我们男同学来体会一下这气势吧！

（男生用深情赞颂的语调读课文。）

师：这腰鼓表演真让人如痴如醉。我们平时情绪低落时有没有什么东西或事物能使你兴奋起来？

生：有一次我考试成绩不理想，心情不好，听到音乐我的心情好了很多。

生：有一次我正感到无聊，听到动感十足的音乐，我热血沸腾，心情振奋！

师：非常好！还有谁发表意见？

生：有！“交织！旋转！凝聚！奔突！辐射！翻飞！升华！”为什么用这么短的句子进行排比？

生：突出安塞腰鼓迅猛的节奏。

生：营造激越的气氛。

（男女生轮读这几段。）

师：像这样的短句还有——

生：“发狠了，忘情了，没命了！”

生：“隆隆，隆隆，隆隆。”

……

师：这里鼓借人威、人借鼓势，人已不再是单纯意义上的人，而是生命的载体、力量的载体！文中还有很多铿锵的短句、激昂的排比句、节奏鲜明的反复句，从变幻的舞姿、铿锵的鼓声、击鼓的后生等角度来描绘安塞腰鼓，我们不一一举例了，留给同学们课后去体会。

师：好一个刘成章！让我们从无声的文字中感受到安塞腰鼓的力量。你们认为安塞腰鼓体现了一种——

（教师板书“________之美”。）

生：壮观之美！

（教师在空白处写上“壮观”。）

师：还有吗？

（学生不知道怎样表达。）

师：你看这鼓，没人去敲它，它会响吗？

生：力量之美！

师：这力量来自何处？

生：来自人！

生：体现人的力量之美。

师：人是生命的载体，生命与力量合一！

生：体现生命力量之美！

（教师在空白处写上“生命力量”。）

师：我们一起来读课文第22～30小节，把这种生命力量之美传递给每一位听课教师！

（学生齐读这一部分内容。）

4. 缺口延伸，向课外拓展创新

师：听着同学们的朗读，我想起李白的豪放，“长风破浪会有时，直挂云帆济沧海”；想起苏轼的旷达，“大江东去，浪淘尽，千古风流人物”；感受到江南江北各有千秋的美。同学们，你们上了这一课，会联想到身边哪些能体现生命力量之美的壮观场面？学习课文中的写法来说一段话吧！

（有的学生在想，有的学生在写。）

师：你可以快速仿写几句然后读出来，也可以“君子动口不动手”直接描述出来！

生：我来描述一下运动会上的壮观场面：骏马一样，是跑步的健将；大雁一样，是跳高的选手；猿猴一样，是机敏的篮球运动员；浪涛一样，是此起彼伏的加油声……

生：我来描述一下南丰蜜橘节上的壮观美：人们像潮水一样聚集到一起，从前面一排往后看，简直是一个人海；人们像着了魔一样观看演出，每次精彩的节目过后总有一阵雷鸣般的掌声，就像人海上空卷起一阵暴风雨……

生：我也来描述一下南丰蜜橘节上的壮观气势：看到这热闹非凡的场面，我想起了沙漠里的旋风，想起了平原上的疾风骤雨，想起了大海中的波涛汹涌……

师：这节课，我们不仅感受到安塞腰鼓的壮美，也感受到语言的精美。课后，让我们用最新最美的语言来歌颂我们的祖国，赞美壮丽的人生，描绘美好的生活吧！

在讲授《安塞腰鼓》一课时，李老师把两个有梯度的教学缺口“________的安塞腰鼓”和“安塞腰鼓体现一种________之美”交给学生，给学生充分的想象自由，让学生在活动、体验和表现过程中发散思维，进行开发性学习。这就要求学生越过学习这一过程，直接进入创新思维阶段，在这个过程可以说学习就是创新，创新就是学习。

李老师在引导学生的创新思维的同时，培养和提高了学生的创新思维能力，注重开启学生求异、求新的创新思维。在这个案例中，教师一方面践行新课程自主学习的要求，一方面凸现缺口教学“让学生自己发现”的课堂生命意识。李老师在这堂课上只截取了文中的几个部分，让学生去学习和发现，其他内容则作为学生课后学习和发展的缺口，以此激发了学生创新的火花。

（四）触动思维，启发创新灵感

广东省深圳市的李老师在教学中注重触动学生思维，启发学生的创新灵感，取得了很好的教学效果。下面来看看讲解《景泰蓝的制作》一课时，李老师是如何启发学生的创新思维的。

上课后，李老师没有让学生翻开课本，而是出示了一个摔坏了一小块的景泰蓝花瓶，说：“我这里有一个摔坏了的花瓶，下面大家传着看。请同学们仔细观察花瓶的色泽、质地，用手感受一下花瓶表面的金属条纹与釉面之间的界线，尤其要注意摔坏的地方。要用手摸摸花瓶的里面，看看都有什么特点。”说完把景泰蓝花瓶交给学生。

学生传看后，李老师说：“大家都看过了，下面请同学们按照老师刚才的要求回答观察的结果。”

一个学生说：“景泰蓝花瓶上的各种图案都有明显的黄色边缘，但摸上去几乎感觉不到图案边缘与釉面之间的界线。摔坏的地方露出了一种黄色的金属，与景泰蓝花瓶的表面明显不同，好像是铜。图案的黄色边缘也是这种金属。”

一个学生说：“老师，景泰蓝花瓶里面也是这种金属，要是把手伸进去摸，会发现有的地方是光滑的，而有的地方一圈都很粗糙，好像是焊在一起的。”

李老师微笑着说：“大家观察得都很仔细，基本上发现了景泰蓝花瓶的特点。那么谁来推断一下景泰蓝的制作过程呢?”

学生思索了一下后，有一个学生大胆地说：“因为瓶胆是金属的，所以一定先有一个模子，用来浇铸瓶胆。”

旁边的学生反对：“不对。瓶胆明显是焊在一起的，所以肯定是像打铁一样打制成的!”

立刻有学生说：“也不对。如果焊的话，图案边缘那么细小的金属条恐怕就烧化了，我想可能是用一种特殊方法整体轧制的。”

还有学生说：“不管怎么样，景泰蓝花瓶表面的瓷质釉面肯定是后填进去的，而且还烧过！因为瓷器都是烧出来的，但烧制瓷器都用陶土，好像没有这么丰富的色彩。”

学生各抒己见，意见不一。

这时李老师高兴地说：“看来同学们的想法不太统一，那就让我们带着这些问题研究一下《景泰蓝的制作》这篇课文吧，看一看景泰蓝究竟是怎么制作的。”

说明文的写作与阅读，是一个从直观到抽象再到直观的过程。如果将《景泰蓝的制作》这篇课文进行常规讲解，学生仅生硬地接触抽象的说明文，就无法全部再现作家从直观到抽象的概括过程，对抽象的说明文进行直观还原也缺乏感性体验。所以，李老师采用启发的形式，成功激发了学生的创新思维，让学生先与作家一起进行从直观到抽象的概括，再结合实物进行从抽象到直观的还原。由此加深了学生对文章的理解，找出了与作家思维上的差距，从而提高了学生的说明文阅读和写作能力。

李老师在课前叮嘱学生不要预习，可以使学生甩掉先入为主的认识包袱，在学习中保持认识热情，这为学生进行创新思维打下了基础。然后运用实物启发切入，鼓励学生直接从实物中发散思维，自主寻找答案。在学生进行观察前，李老师提出了明确的要求，使学生能够有的放矢地实施观察，在观察中引发创新思维，达到了创新教育的效率和效果，符合现代创新教育的要求。

由于李老师提出明确的要求，因而学生能够在总结观察时摒弃无关的现象，在创新中发现实质性问题，因此对问题的回答也体现了创新性，并做到具体全面、层次清楚。李老师的创新教育不仅极大地调动了学生的学习热情，也调动了学生日常生活的积累和创造，使学生能全身心地投入到学习之中，从而收到了良好的教学效果。

（五）引导提问，激发创新思维

浙江省特级教师曾文俊非常善于引导学生提问，激发学生的创新思维。曾老师教授“植物的激素调节”一课，为了激发学生的学习兴趣，培养学生的创新思维能力，在课前给学生发放了预习提纲。

“植物的激素调节”预习提纲。

(1) 一个较完整的实验设计方案一般包括哪些内容？

(2) 1880 年达尔文做了以下实验：胚芽鞘在受到单侧光照射时弯向光源生长。请画出示意图。你对该实验有什么问题或想法？想进一步了解什么？

(3) 你对 1928 年温特实验有什么疑问？

(4) 同学们想用胚芽鞘做哪些实验？

学生拿到提纲后做了积极的准备。上课那天，曾老师问学生准备得怎么样，没想到学生的思维非常活跃，提出了很多具有创新性的问题。全班四十多个学生，几乎每个学生都有与众不同的问题。

例如，对于预习提纲的第二个问题，学生提出了以下问题。

(1) 为什么植物有向光性？

(2) 是否任何植物都有向光性？

(3) 可否利用仿生学制作向光性的晾衣架？

(4) 多次不同方向的光刺激，是否会形成波浪的形状？

(5) 植物是否有向热性？

(6) 植物的向光性生长和向重力性生长若存在冲突，植物优先考虑的是什么？

(7) 植物的根是否也有向温性、向湿性？

(8) 藻类等浮游植物是如何体现向光性的？水草及海带等固定在水底的植物有向光性吗？

(9) 向光性是植物独有的吗？可以在其他生物上培育出向光性吗？

(10) 若植物长期处于会旋转的圆盘中，同时在一侧放光源，植物会弯向一边吗？

(11) 什么导致植物具有向光性？是光粒子刺激吗？

(12) 光会引起植物体内的什么变化？

(13) 对单性植物而言，是否对异性也会产生向性？

(14) 喜阴植物有向光性吗？

(15) 若使用声波（音乐）等外界刺激，植物是否会弯向这些刺激？

(16) 有没有厌光的植物？哪种植物向光性最强？哪种光最能吸引植物？

(17) 可以利用向光性培育出一定形态的植物吗？

……

再如，对于第四个问题，学生有以下问题和想法。

(1) 胚芽鞘尖端的范围有多大？

(2) 不同波长的光对胚芽鞘弯曲程度的影响一样吗？

(3) 放置一个发热但不发光的物体，能否使胚芽鞘弯曲？

(4) 一侧用强光，另一侧用弱光，胚芽鞘弯向哪一侧？

(5) 若胚芽鞘尖端朝下，接受单侧光会有何反应？

(6) 一侧有光，一侧无光但有热，胚芽鞘会如何？一侧用普通光，一侧用冷光，又会如何？

(7) 欧洲古典音乐、美国乡村音乐对胚芽鞘的生长有什么影响？低重力环境对胚芽鞘的生长有什么影响？

(8) 胚芽鞘能否对不可见光做出反应，如红外光、紫外光？

(9) 植物能否对电磁波做出反应？能否对物质波如电子波做出反应？

(10) 除胚芽鞘尖端外，其他部位是否直接影响胚芽鞘生长？

(11) 声波、辐射、电流是否也对植物有影响？

(12) 用不同温度的光，如热光、冷光照射，有什么结果？

(13) 把单侧光改为双侧光，胚芽鞘是否会偏向角平分线？

(14) 不同植物的胚芽鞘是否有同样结果？

(15) 植物胚芽鞘内究竟是哪些细胞器分泌生长素？

(16) 温度、pH 值是否对胚芽鞘有影响？

(17) X 射线对胚芽鞘有什么影响？

……

最后，学生经过分析讨论，决定选择“不同强度的光”和“不同波长的光”对玉米胚芽鞘的影响进行研究性学习。经过多次重复实验，学生发现，当两侧同时存在不同强度的光时，胚芽鞘将弯向光较强的一侧。用红、黄、蓝、绿光照射玉米胚芽鞘，胚芽鞘都能弯曲，但有时红光或蓝光使胚芽鞘弯曲较大。因此，不能就此得出结论，还要继续探究。

在这堂课中，学生情绪高涨，不断碰撞出创新思维的火花，在曾老师预习提纲的引导下提出了很多有价值、有意义的问题，学生的创新能力得到了极大提高。

“学起于思，思源于疑。”学生能够提出问题，说明学生的思维活跃、积极、主动，说明学生善于联想，有创新精神。学生在提出问题的时候，思维不是简单的感知、记忆、复述或应用，而是有意识地围绕特定目标，付出持续的心理努力，经过发散、研究、判断和反思等认知活动的复杂过程。

曾老师通过课前预习提纲激发了学生的创新思维。在课堂上，学生根据课前预习提出了许多有深度的问题，这些问题有其独特性、新颖性和创新性，通过这些问题可以评价一个人的思维创新性、新颖性与思维的广度。提问是创新教育的起点，让学生提问意在激发学生的创新欲望。问题提出后，在解决问题的过程中，学生通过查资料亲自观察、实验、思考、讨论，养成了良好的创新意识、科学态度，从而增强了创新思维能力。

另外，提问数量也反映出学生充分发散了思维，充分发挥了思维的敏捷性。所以，创设课前预习提纲不失为一条培养学生创新能力、引发学生自主学习、培养学生思维能力的途径。但并不是每节课都适合在课前发预习提纲，因为学生可能没有时间预习，教师也没有时间这样做。教师应该根据教学内容，灵活运用课前预习提纲发散学生的思维。

此外，课前预习可能使学生提出很多问题，而问题越多教师的教学压力就越大。因为教师不知道学生会问什么问题，有些问题可能教师解决不了，有些问题可能比较幼稚、可笑。但是，教师不能因为问题可笑而嘲笑学生，也不能因为怕遇到难题而不欢迎学生提问，教师有问题不能解决是很正常的现象。教师可以与学生共同讨论，一起查阅资料或动手实验去解决这些问题，这样师生在交流、探讨中可以碰撞出更夺目的创新火花。

（六）跨学科渗透，提升创新能力

在讲授“细胞周期”的概念时，一名教师用高一物理学过的振动周期概念与细胞周期的概念做了类比："同学们，在理解细胞周期这个概念之前，好好想想我们是不是在物理课上学过类似的概念。"

思索片刻，一个学生回答："老师，我记得学'振动'这一内容时，我们学过振动周期。"

"那你还记得什么是振动周期吗?"

"振动周期是指做简谐振动的物体完成一次全振动所需的时间。我们可以将其演化为一个连续做简谐振动的物体，从一次全振动完成时开始到下一次全振动完成时为止。"

"说得很好！请你再叙述一遍什么叫细胞周期。"

"细胞周期是指进行连续分裂的细胞，从一次分裂完成时开始到下一次分裂结束时为止。"

"好！现在我把它们的图画出来，大家结合着看看，相信两个一比较就理解了。"

蛋白质结构的复杂性和多样性是教学难点。在讲这个知识点时，该教师紧扣蛋白质是生物大分子这一中心内容，从学生的化学和数学基础知识出发进行了跨学科讲解。

"同学们，谁能写出甲烷的结构式?"

一个男生自告奋勇在黑板上写了出来。

"现在，老师这里有甲烷的球棒模型。大家好好看看，我们可以看出它是四面体结构。甲烷的某两个氢原子可以被两个叫做羧基和氨基的化学基团取代，生成化合物甘氨酸。"

"甘氨酸是一种最简单的氨基酸，如果甘氨酸上的一个氢被其他基团，比如-CH_3 所取代，就形成了丙氨酸。现在请大家看挂图，这里有几种氨基酸的结构式。看完后，我们分析一下各种氨基酸在结构上的共同特点和差异表现。"

一番分析之后，学生很容易就记住了氨基酸的结构通式和特性。

事物之间相互联系、彼此影响的规律，在各科教学中都表现得比较突出。在中学教学中如何培养学生的学科共通能力，打破学科壁垒，使学生的学习创新能力、思维创新能力更上一层楼，是中学教学工作的当务之急。

不同学科之间有效沟通，是促进学生智力与思维创新的重要渠道。正因为如此，著名物理学家爱因斯坦感叹："陀思妥耶夫斯基给予我的东西比任何科学家给予我的都要多。”所以，中学教师要培养学生的创新能力，就要跨出学科的限制，在日常教学中给予学生提示，引导学生进行跨学科的知识渗透。在教学中，教师也要有意识地进行教学渗透。这样，学生在思考问题时就不会拘泥于学科，而会主动去打破学科壁垒，进行跨学科融合式思维创新。

三、如何做“善创新”的教师

善创新的中学教师要从培养学生的创新精神入手，以提高学生的创新能力为核心，带动学生综合素质的自主构建和协调发展。创新精神和创新能力不是天生的，虽然受遗传因素的影响，但主要在于后天的培养。创新教育的过程，不是受教育者消极被动地被塑造的过程，而是充分发挥主体性、主动性，使教育教学过程成为受教育者不断认识、追求、探索和完善自身的过程，即培养受教育者独立学习、大胆探索、勇于创新的过程。所以，在教育教学中，教师要致力于培养学生的创新意识、创新能力和实践能力。

（一）转变教育观念，培养创新意识

中学教师转变观念是实施创新教育的关键和前提，中学教师观念不转变就不可能培养出具有创新意识的学生。中学教师要做到观念转变，首先要认识课堂教学中教师与学生的地位和作用、教与学的关系，发挥教师的主导作用和学生的主体作用，充分调动学生的学习主动性和积极性，使学生以饱满的热情参与课堂教学活动。

建构主义理论认为，知识不是通过传授得到的，而是学习者在一定的情境即社会文化背景下，借助他人（包括教师和学习伙伴）的帮助，利用必要的学习资料，通过意义构建获得的。所以，中学教师在学生的学习过程中应该是组织者、指导者、帮助者、评价者，而不是知识的灌输者，不要把教师的意志强加于学生；学生是教学活动的参与者、探索者、合作者，学生的学习动机、情感、意志对学习效果起着决定性作用。

中学教师在教学方法上要变传统的注入式为启发式、讨论式、探究式，

学生通过独立思考处理获得的信息，使新旧知识融会贯通，构建新的知识体系。只有这样学生才能养成良好的学习习惯，从中获得成功的喜悦，满足心理上的需求，体现自我价值，从而进一步激发内在的学习动机，培养创新意识。

（二）营造教学氛围，提供创新舞台

课堂教学氛围是师生即时心理活动的外在表现，是在师生的情绪、情感、教与学的态度、教师的威信、学生的注意力等因素共同作用下产生的一种心理状态。良好的教学氛围是由师生共同调节控制形成的，实质就是处理好师生关系、教与学的关系，使学生真正感受到自己是学习的主人，是教学成败的关键，是教学效果的最终体现。

所以，中学教师要善于调控课堂教学活动，为学生营造民主、平等、和谐、融合、合作、相互尊重的学习氛围，让学生在轻松、愉快的心情下学习，鼓励学生大胆质疑，探讨解决问题的不同方法。“亲其师，信其道。”师生关系融洽，课堂气氛才能活跃，只有营造良好的教学氛围，才能为学生提供一个锻炼创新能力的舞台。

（三）训练创新思维，培养创新能力

创新思维源于常规的思维过程，又高于常规的思维，是对某种事物、问题或观点产生新的发现、新的解决方法、新的见解，特征是超越或突破人固有的认识，使人的认识“更上一层楼”。创新思维是创造能力的催化剂。

提问是启迪创新思维的有效手段。所以，中学教师在课堂教学中要善于提出问题，引导学生独立思考，使学生在课堂上始终保持活跃的思维状态，通过特定的问题使学生掌握重点，突破难点。

爱因斯坦说过：“想象比知识更重要，因为知识是有限的，而想象力概括世界上的一切，推动着进步，并且是知识进化的源泉。”想象是指在知觉材料的基础上，经过新的组合而创造出新形象的心理过程。想象可以使人们看问题时由表及里，由现象到本质，由已知推及未知，使思维活动发生质的飞跃。丰富的想象力能“撞击”出新的火花，所以，在教学过程中，中学教

师要善于激发学生的想象思维。

（四）掌握研究方法，提高创新实践能力

科学的研究方法是实现创新能力的最有效手段，新的发现和新的科学成果必须用科学的方法去研究，并在实践中检验和论证。所以，中学教师要使学生掌握科学的探究方法，其基本程序是“提出问题—做出假设—制订计划—实施计划—得出结论”。

在中学课堂教学中主要通过实验来训练学生的实践能力，中学教师应变传统的演示性实验、验证性实验为探索性实验。另外，还可以向学生提供背景材料、实验用品，让学生根据特定的背景材料提出问题，自己设计实验方案，通过实验进行观察、分析、思考、讨论，最后得出结论。这样才有利于培养学生的协作精神和创新能力。

有时实验不一定能获得预期的效果，此时中学教师要引导学生分析失败的原因，找出影响实验效果的因素并从中吸取教训，重新进行实验，直到取得满意的效果。这样不仅可以提高学生的实践能力，而且能培养学生承受挫折的能力。

（五）不断提升自我，具备创新能力和知识结构

信息时代知识不断增长，更新换代加速，新学科不断涌现，促进了中学教学内容的更新和课程改革，进而促进教育终身化。所以，不断学习已经成为现代人的必然要求。

中学教师是知识的传授者，所以要适应现代教育的发展需求，不断学习新知识，不断更新自己的知识结构。继承是学习，创新也是学习。中学教师应努力提高自学能力，做到有目的的学习，有选择的学习，独立学习，在学习中自我调控，最终走上自主创新性学习之路，以学导学，以学导教。

同时，中学教师的知识结构要合理。中学教师不能仅用昨天的知识，教今天的学生去适应明天的社会。中学教师除了要掌握广博的科学文化知识，还要掌握心理学、教育学知识，掌握现代信息技术，只有这样才能适应社会发展的需要，才能更好地培养出创新型人才。

（六）利用新的信息，触发创新灵感

现代社会，中学教师要有意识地培养学生收集和处理信息的能力。科学技术迅猛发展，新技术、新成果不断涌现，信息瞬息万变，纷至沓来，令人目不暇接。学生只有不断获取并储备新信息，掌握科学发展的最新动态，才能对事物具有敏锐的洞察力，从而产生创新的灵感。否则，创新将成为无源之水、无本之木。

所以，中学教师要引导学生通过多种渠道获取新信息。例如，学生通过图书馆、电视、报纸、互联网、社会调查等获取信息，为创新奠定坚实的知识基础，这样才能高屋建瓴，运筹帷幄，顺应科学发展的潮流，才能使创新能力结出丰硕的成果。

善创新的中学教师，应该以欣赏的眼光看待学生，使每个学生的潜能都得到发挥。作为中学教育工作者，中学教师应该坚信每个学生都是可以造就的，尤其不可低估学困生的创造潜能。可以肯定地说，每个学生都是一片有待开发或开垦的土地。中学教师应该视学生为教育的资源和财富加以挖掘和利用，通过创新教育把学生潜藏的能力变成现实。

习惯4 会串讲

——关联知识，在融会贯通中赢高效

一、“会串讲”概述

这里所说的串讲并不是传统意义上以教师为主导，以板书为纲，以逐段逐词讲解为主，辅以少量提问的常规教学方法。而是中学教师将课程知识串联起来，或对整体知识进行概括，或将相同知识串联比较，或整合相关知识点，或多学科串联。例如，一个单元的教学结束后，教师可以将前后的知识内容联系起来，让学生知道这一阶段所学知识综合起来的效果。

(一) 串讲教学的积极作用

1. 激发学生的学习兴趣，活跃课堂气氛

会串讲的教师能巧妙梳理知识线索，使学生对知识有全面、清晰的了解，能把握知识的难点与重点，让学生有针对性地学习知识，从而提高学生的学习兴趣，活跃课堂气氛。

2. 增加教学容量，促进多体系知识联系

教师串讲可以将与教学相关的知识点串联在一起，增加课堂容量，并引导学生将各科知识相互联系，扩大知识面。这有利于拓展学生的思维，使学生形成自己的知识体系。

3. 简化杂乱的知识，理解与掌握知识脉络

对于教学过程中的一些重点、难点，会串讲的中学教师能够简化杂乱的知识内容，使学生理解与掌握知识脉络，还可以让学生快速读懂文本，为教师的教学打下良好的基础。

4. 优化教学设计，注重因材施教

串讲既强调整体教学，又提倡对特定知识点的讲解，从而使学生在掌握一般学习技巧的基础上充分理解教学内容。串讲可以通过对各知识之间的对比与联系优化教学设计，增强学生联系知识、形成知识体系的能力，从而达到因材施教的目的。

5. 精练训练题，提高学习效率

会串讲的教师能通过串讲精练一些训练题，提取知识重点与难点，使学生在能力范围内进行训练，让学生巩固知识，避免陷入题海之中，从而提高学习效率，增强学习能力。

（二）串讲教学的操作思路

中学教师运用串讲进行教学通常包括以下几个步骤。

（1）上课时，教师先用串讲法梳理各段落的内容，然后将归类的知识进行板书。这有助于学生系统地理解和掌握基础知识，是一种简练的概括和明确的综合。

（2）对知识结构、特点和方法进行分析理解，对基础知识点进行归纳综合。教师要先梳理串讲的知识内容，再对其他内容做归纳综合，把准备的相关资料按次序一步步板书。这样可以打破课堂的时空局限，增加教与学的容量。

（3）串讲需要根据学生学习的实际情况进行，即教师通过串联知识点，让学生把握知识重点与难点，形成自己的知识体系。会串讲的教师以常规串讲为主，把谈话、提问、启发等贯穿于教学中，使学生掌握大量的知识，让学生无形中学到分析与综合相结合的学习方法，从而取得较好的教学效果。

（4）串讲需要根据教学内容的具体情况和学习的目的与要求进行。教师梳理串讲句子，解释文本内容，分析各段落层次，并在对文本的结构、方法和特点等做出归纳综合后，让学生自己联系知识点总结串讲内容，从而调节课堂气氛，调动学生的学习兴趣和学习积极性。

（三）串讲教学的注意事项

1. 不要简单重复注释

教师进行串讲时不要因怕学生掌握不好，就对文本全篇进行串讲，不要采用教师讲学生记的方式，使学生成为记录的工具和被灌输的对象。

会串讲的教师应该联系知识点，形成知识体系，不是对注释的简单重复，而是结合课下注释，使学生整体感知文本，把不理解的知识点记下来，师生共同讨论解决。

2. 不要全篇串讲

进行串讲教学时教师应该根据文本实际确定串讲的内容，如课下注释里有的知识，可以让学生自己看；通过工具书能解决的问题，可以让学生探究解决。学生解决不了的问题，教师再串讲、点拨，从而使学生有自主探索的空间，进而活跃课堂气氛，拓展学生的学习思维。

对于篇幅较短的文本，教师在串讲中可采用提问探讨的方式，让学生把自己不理解的内容拿出来，先由其他学生解答。学生解答不了的，再由教师串讲、点拨。对于篇幅较长的文本，教师可采用学生分组合作的方式进行，每组负责讲解一段，然后回答其他学生的提问，最后归纳各组存在的问题，由教师串讲、点拨。

3. 不要忽视归纳和总结

教师在串讲中要对教学内容进行归纳总结，以起到对教学内容进行点拨和补充的作用。其中，由学生自己归纳串讲教学内容并进行知识点分类，可以起到强调教学内容的作用，从而让学生形成自己的知识体系与学习方法。

总之，这里所指的串讲是教师把大范围的知识，通过一条主线按某个顺序串联起来讲解。这一教学方法虽然没有精讲那么深入，但能使学生形成一个系统、广博的知识体系，让学生对知识的理解更加全面、明晰和透彻。

二、名师与“会串讲”

(一) 利用串讲，让散乱的知识形成系统

山东省威海市的陈老师在教授《克己复礼》一课时，运用“仁、礼、仁”的思路把课文串起来讲，让学生跟上教师的步伐，在“何为真孝”的问题上形成了课堂讨论的高潮。

1. 着重解析“克己复礼”

师：上节课我们通过“下标题”的方式基本了解了每一章节的大意，这节课让我们与孔子进行进一步的精神交流。首先请同学解释一下“克己复礼”的“礼”。

生：周礼。

生：礼仪制度。

生：礼是区别尊卑贵贱的社会制度和礼节仪式。

师：孔子指的礼就是周礼。孔子非常推崇周礼，希望能够回归到周礼。注解2也详细解释了礼。那么分析一下注解，课文是从哪几个方面解释礼的。

生：社会制度和礼节仪式。

师：试着用自己话加以概括，从注解看“礼”具有哪些特性？

生：等级性和礼节性。

师：礼节性就是指道德规范性，礼节仪式是我们在生活中经常接触并且身体力行的，比较好理解，我们就不多解释了。今天我们主要分析一下“礼”的等级性。

2. 分析孔子“礼”的等级分明

师：请同学们自由朗读课文，找出课文中体现出“礼”的等级性的章节。

生：“君君，臣臣，父父，子子。”

师：能不能解释一下这个句子？

生：就是说君王要像个君王，臣子要像个臣子，父亲要像个父亲，儿子要像个儿子。不能君不君，臣不臣，父不父，子不子。

师：可以解释一下这里的君、臣、父、子的用法吗？

生：第一个君、臣、父、子是名词，第二个君、臣、父、子是名词做动词。

师：分析下列字词的活用情况。

（字词延伸：当堂完成课后练习五。）

师：宋儒说克己复礼就是“明天理，灭人欲”，“君君，臣臣”就是“君叫臣死，臣不得不死”，这和孔子的原意有什么不同？

生：宋儒说的好像是臣子都要听君王的话，君王要臣子怎么样，臣子就要怎么样。但是“君君，臣臣”只是说每一种人都要做符合自己身份的事情。如“八佾舞于庭”，就是做不符合自己身份等级的事情，是“非礼”的。

生：宋儒说得好像是君王拥有至高无上的权力，而后者似乎是说明君王不仅有权力，也要做该做的事情。

师：从刚才两个同学的回答我们可以看出，宋儒的观点和我们课文的侧重点是不一样的。

生：老师，前者侧重的是君王的权力，后者不仅让君王有了权力，还让君王承担了义务和责任，去做自己可以做和应该做的事。

师：这个同学总结得非常好。那么齐景公理解了孔子的话吗？

（学生讨论。）

生：理解了。正因为君王要有君王的样子，所以当天下丰收的时候，大家都可以丰衣足食，当天下饥荒的时候，君王也不能吃饱。因为君王统治带领百姓，如果百姓都吃不饱、穿不暖，即使粮仓还有储备，君王怎么可以吃饱穿暖，作为君王怎么能没有“先天下之忧而忧，后天下之乐而乐”的精神？

生：我觉得齐景公没有理解孔子的话，因为他只看到了自己的权力。他认为如果君王不能像个君王，又有谁会进贡、纳税呢？即使天下有吃不完的粮食、穿不尽的衣服，哪里还轮得到君王呢？所以说：“虽有粟，吾得而食诸。”

师：孔子的礼具有等级性，这种礼教思想在后世更是变本加厉。我们可以参看课后的相关链接。孔子认为每一种人都有符合自己身份的等级，应该做符合自己身份等级的事情，这就是礼。做符合自己身份等级的事情，那么首先要给自己一个定位，孔子把这个程序叫作什么？

生：正名。

（学生带着问题自由朗读13.3章。）

师：在这一章节里有两个比较特殊的句子，请一个同学起来说说看。

生：“子将奚先？”

师：这是一个比较特殊的句子，是一个宾语前置句。我要求大家找出来的是主谓倒装句。

生：“有是哉，子之迂也！”“野哉，由也！”

师：很好。就是这两句。当子路粗野地评价孔子后，孔子以其人之道，还治其人之身，评价了子路。那么课文为什么要用这样的句式呢？用这样的句式强调了哪一部分内容呢？

生：强调前面倒装部分的内容。

师：是的。主谓倒装往往是强调倒装部分的谓语，为了突出强调某一种情感或者观点。当然这种句式也体现出《论语》的体裁——语录体。那么，课文还有两句主谓倒装句分别表达了什么样的情感或观点呢?

生：“甚矣吾衰也！久矣吾不复梦见周公!”正常语序是，“吾衰甚矣也！吾久不复梦见周公矣!”

生：课文把“甚”和“久”两个程度副词提前，体现了孔子对礼制失落的悲凉心情和对周礼的无限思慕。

师：同学们的回答已经非常准确，我就不再重复了。孔子在这里明确表明礼是有等级性的，首先要给每一个人正名，然后不同的人要根据不同的权利和义务去行事，因此孔子对季氏的评价是“是可忍，孰不可忍”。

（全班学生齐读这两章。）

3. 分析“礼”和“仁”的关系

师：孔子要求大家能够“克己”然后回归到礼，这是学生颜渊问仁的时候，孔子回答学生的。那么礼和仁之间是什么关系呢?

（教师请一个小组齐读 12.1 章，其他学生思考这个问题。）

生：孔子说“克己复礼为仁”，所以说礼的目的是“仁”。

师：很好。那么“仁”对“礼”还有什么作用吗?

（教师要求学生思考 17.11 章和 13.3 章内容。）

生：只有心中有了“仁”，才能做到“礼”。

生：礼不是所谓的“玉帛”“钟鼓”，如果没有仁的话，那么礼和乐都是没有意义的。

生：仁是礼的内在要求。有了“仁”的约束，才会“有礼”。

4. 如何达到“仁”

师：孔子认为如何才能达到“仁”?

生：“为仁由己。”

师：这是什么意思?

生：就是能不能做到“仁”，全凭你自己说了算。

生：仁是发自内心的。

师：那么课文哪些章节说明“仁”是发自内心的？又是怎么加以说明的呢?

（学生自己看书，讨论。）

生：孝敬父母不仅要帮他们做事情，供给他们吃喝，还要做到态度好。

生：课文里面说，“服劳”和“供馔”并不是真正的孝，因为在这里用了一个“曾”字，而孔子认为真正的孝是“色难”。

师：能不能读一下这章呢？

师：刚才这个同学的读音和断句有没有问题呢？

（学生议论纷纷，刚才这个学生把曾读成 céng 了。）

师：什么叫“色难”呢？

生：侍奉父母时保持敬爱和悦的神色态度。

生：老师，这一章其实就是告诉我们有了物质的帮助和供给是不够的，还要有精神上的尊敬，也就是说有发自内心的孝。

生：老师，我觉得在 17.21 这一章里面，孔子也强调了孝要发自内心。如果在守孝期间“食夫稻，衣夫锦”而心安的话，那就不要守了。因为你没有发自内心地为父母而伤心。如果真的是发自内心的，那么时间就不是问题了。

生：我觉得这样理解是不对的。孔子不是叫宰我不要守丧了，而是在说反话。因为宰我出去以后，孔子就评价宰我“不仁”，孔子说“子生三年，然后免于父母之怀。夫三年之丧，天下之通丧也……”孔子认为守孝还是要守三年的，但一定要发自内心。

生：老师，虽然我同意这个的观点，但是你不觉得孔子有点迂腐吗？只要发自内心就够了，何必一定要有时间的约束呢。发自内心的就是最长久的，又何止三年之限？

（学生鼓掌表示赞同。）

……

师：刚才大家的发言都非常精彩，不仅读出了课文的内容，还读出了个人独特的见解。课文通过说明孝要发自内心，说明了做到“仁”也要发自内心，因为“孝悌也者，其为仁之本与”。

“老师，《论语》原文有了，注解有了，翻译有了，你还能教我们什么？”面对学生的质问，陈老师开始思索合适的教学方法，最后她运用串讲将“仁、礼、仁”串联起来。陈老师首先从课文的题目入手，要求学生找出课文注解对“礼”的解释，并思考这样的问题：礼具备怎样的特性？学生已经了解了课文的大意，所以能够很快找出 12.1 章中的注解 2，然后分析出“礼”的特性：等级性和道德规范性。

学生对于“礼”的道德规范性比较熟悉，所以陈老师利用串讲直接分析“礼”的等级性。陈老师让学生快速重读课文，并找出课文中哪些章节是体现“礼”的等级性的。在这个过程中，陈老师侧重于对 12.11 章和 13.3 章字词句的落实和内容的串讲。在这个部分，陈老师突出了“君”“臣”等字的活用情况和 13.3 章中的两个主谓倒装句。另外设计了两大问题：宋儒说“克己复礼”就是“存天理，灭人欲”，“君君，臣臣”就是“君叫臣死，臣不得不死”，这和孔子的原意有什么不同？齐景公理解了孔子的话吗？

学生根据注解基本上能够自己解决字词，但对主谓倒装句的理解还存在一定的难度，于是陈老师利用串讲提示和辅助学生，最终让学生完成了这个知识点的学习，并讨论了运用这种句式的作用。另外，学生通过讨论这两大问题，理解了孔子推崇的“礼”具有等级性。

对于第二个问题，学生产生了不同的意见，对于学生的观点，陈老师在串讲中都对等级性做了正确解释。在学生理解了“礼”的等级性的基础上，陈老师进一步利用串讲要求学生回归 12.1 章，并补充 17.11 章和 13.3 章的内容，分析“礼”和“仁”之间的关系。

学生很容易就找出“仁”是“礼”的目的所在，因为在 12.1 章里就有“克己复礼为仁”。但对于“仁”是“礼”的内在根据学生很难概括出来。对此，陈老师串讲孔子要求“克己”，然后回归到“礼”，这是学生颜渊问“仁”的时候孔子回答学生的。那么“礼”和“仁”之间是什么关系呢？这就为学生的思路打开了通道，于是学生才会回答：孔子说“克己复礼为仁”，所以“礼”的目的是“仁”。

再进一步，陈老师引导学生思考：孔子认为如何才能达到“仁”？学生能够找到 12.1 章中“为仁由己，而由乎人哉”。于是，陈老师顺势利用串讲引导出“仁”是要发自内心的，然后要求学生自由朗读，思考课文是怎样阐明“仁”是要发自内心的。最后，陈老师通过串讲理清了课文的思路：“仁”是发自人的内心的，所以每个人都可以做到“仁”，因为它存在于人的内心。在“仁”的制约下，人做到“克己”然后回归到“礼”，通过“礼”的再一次洗礼，人进一步完善了“仁”，达到一种完美的境界。整个串讲过程体现出“仁、礼、仁”的完善过程。

从案例中可以看出，陈老师的串讲教学有以下几个亮点。

1. *加强朗读力度，丰富朗读方式，根据情况朗读*

古人说：“读书百遍，其义自见。”古人的这条经验非常宝贵，读是学习文言文最重要的方法。"腹有诗书气自华"，有了丰富的语言积累，培养和提高语言能力还是件难事吗？所以，在《〈论语〉选读》教学中，陈老师注重对读这一教学过程的串讲落实，通过朗读串讲帮助学生解决课文的字音问题，辅助学生掌握课文大意，减少学生预习不充分的负面影响。

陈老师的"读"采用了多种方式，如自由朗读、齐声朗读、指名朗读、分角色朗读和读熟背诵等。自由朗读训练适用于新课文的初读阶段和学完课文的品读阶段，有两方面的作用。一是随意性大，想怎么读就怎么读。中学生已经有了自己独立的认识、思辨能力，自主探索作品符合认识新知、独立感知的要求。二是有利于发现朗读难点，如字音、词义、断句等方面的问题。所以在《克己复礼》的教学中，陈老师经常让学生自由朗读并加以串讲指导，使学生在教师引导和充分讨论之前形成自己的认识。

在课堂教学中，陈老师也会指名朗读，这种方法可以督促注意力不集中的学生，更重要的是可以让教师了解学生对文章的熟悉程度，进而有针对性地进行串讲教学。在课文教学过程中，指名朗读相关段落也是探讨答案、解决问题的有效方法，学生在读中悟，在听中悟，心、眼、口、耳并用，加深了对课文的理解。例如，陈老师在分析 2.8 章的时候就用了指名朗读，通过学生的朗读来正音，检查学生能否读对课文中的关键字，如难、曾、馔等，同时也让其他学生在朗读中思考什么是真正的孝。

2. *字词句和文章内容在串讲中形成互动*

《〈论语〉选读》属于文言文教学的一部分，里面有需要落实的字、词、句。字、词、句的落实有两种情况：一是在分析课文内容之前一次性解决，上一堂完全的文言文基础课；二是把字、词、句分散在课文的分析串讲里。陈老师用的就是第二种方法，第一种方法很容易导致学生对知识接受产生疲劳。不对字、词、句进行串讲，可能直接影响学生对课文的理解。例如，12.11 章里面的君、臣、父、子等字，陈老师通过对这几个字的解释和探讨，使学生明白什么叫"行君道"，明白其中有权利和责任的双向要求，进一步推动学生理解礼。

再如，7.5 章里面的两个主谓倒装句，如果教师不进行串讲，不分析这种句式，学生可能很难明白孔子非常推崇周礼。串讲对于理解《〈论语〉选读》中的"待贾而沽"就更有效了，教师可以通过对 9.13 章的"沽"进行探讨——"沽"解释为价格还是商人，不同的解释对内容的理解完全不同，以此来推动对全篇课文的理解。

3. 整合材料，串讲课文，提升感悟

《〈论语〉选读》是由《论语》原著各个篇章的一些选文组成的，章与章之间看似没有什么联系，像模模糊糊的一大片。新课程理念下的语文课堂不应该是“模模糊糊”的，语文课也需要系统性，仔细分析《〈论语〉选读》中的每一篇文章，就会发现其实每一篇文章都有一个切入点，每一篇文章都有隐含的系统性。

《克己复礼》这篇课文看似非常散乱，有讲礼的，有讲仁的，又有讲孝的。学生通篇读下来，没有自己真正的感悟。所以陈老师根据个人对课文的理解，将课文用“仁、礼、仁”的思路串起来，把零散的材料加以整合，挖掘出课文深层内涵，提升了学生对课文的理解层次，让散乱的“珍珠”变成绚丽的思想。

(二) 串讲相关史实，让学生认识更全面

安徽省霍山县的舒老师在给学生上“甲午中日战争”一课时问：“在古代历史上，我们学过哪些英雄的事迹?”

“岳飞!”

“戚继光!”

“于谦!”

“郑成功!”

……

舒老师接着问：“对！那么，在他们当中，大家知道哪些是著名的诗人或词人?”

“岳飞。”

“于谦。”

学生回答。

舒老师问：“是的，是岳飞和于谦。大家学过他们的什么诗词?”

学生回答：“岳飞的《满江红》和于谦的《石灰吟》。”

舒老师点头：“很好！现在请大家看投影。(展示《满江红》的内容，并让学生朗读一遍) 那么，谁能告诉我，这首词主要表现了岳飞怎样的思想

感情?”

一个学生答道：“岳飞当时在外抗金救国，触景生情，写下这首词，以表明自己赶走金兵、收复失地、报仇雪耻、报效朝廷的志向。但同时又对宋高宗和秦桧对自己的猜忌和排挤表示不满。”

舒老师说：“很好。也就是说我们从中可以看到岳飞奋勇杀敌、精忠报国的一腔热血。远在军营的他想起朝廷对自己的猜忌，隐隐之中有一丝难以排除的担忧。尽管他的内心感情很复杂，但还是甘心‘从头收拾旧山河’，实现报国之志。是吗?（学生点头）好，《石灰吟》大家都很熟悉，这里就不详细讲了。现在我们来看一首类似的诗，是抗倭将军戚继光写的。”

舒老师展示戚继光的《望阙台》：“十载驱驰海色寒，孤臣于此望宸銮。繁霜尽是心头血，洒向千峰秋叶丹。”

“这是戚继光在平定浙江倭寇后，转入福建配合俞大猷继续消灭倭寇时写的。

“有一天，作者登上了海边高高的望阙台，心中百感交集。他回想起自己奉命由故乡山东调到浙江一带领兵抗倭以来，在千里海防出生入死，驱驰战斗，已经整整十年了。虽然身在外地，作者心中时常想着朝廷。‘宸銮’就是指代朝廷。深秋，作者在望阙台上面对充满寒意的大海，遥望远方的京城，不禁心潮澎湃。当时的君主明世宗昏庸无道，宠信奸臣，朝政腐败，诬陷有功的大臣和将帅。他的战友俞大猷就曾遭诬陷定死罪而不得不戴罪立功。想到这里作者深感自己处境孤危，但是他为消灭倭寇、保卫国防而流血牺牲甚至战死疆场的决心没有改变。所以他打比喻说，自己满腔的爱国热血，仿佛秋天的浓霜洒落在无数山峰之上，把树叶都染红了!

“好，看完这两首非常悲壮、感人的诗词，我们回到今天的主题——甲午战争。从‘黄海海战’的片段里，我们看到民族英雄邓世昌指挥的‘致远’舰被敌人施放的鱼雷击中，他和士兵都落入水中。他没有接受士兵给他的救生圈，发誓与全体将士共存亡。邓世昌的爱犬叼住了他的发辫，使他不能下沉。

“最后，邓世昌用手将狗按入水中，一起沉没在黄海的浪涛里。假设你是邓世昌，在下沉的那一刻你会想些什么呢?想起自己的报国之志没有实现，想起这时慈禧太后在颐和园祝寿的情景，还是难以形容的复杂情感?请大家结合邓世昌的个人经历和历史背景，课下收集资料，试写一首诗词表达这一情感，古典诗词或现代诗词都可以。”

另外，在课堂小结中舒老师从鲁迅的名言出发，引导学生归纳、感受近代中国漫长屈辱和缓慢觉醒的过程，使学生的情感与认识得到了升华。

舒老师问：“鲁迅先生在《娜拉走后怎样》里说：‘中国太难改变了……不是很大的鞭子打在背上，中国自己是不肯动弹的。’学完了甲午中日战争，我们一起回顾一下，近代中国被打过几大‘鞭子’，又是怎样被迫‘动弹’的呢?”

一个学生回答：“第一次鸦片战争可以说是第一鞭子，战争的失败迫使中国签订丧权辱国的《南京条约》，五口通商，国门洞开，领土失去，主权失落，开始沦为半殖民地半封建社会。”

舒老师接下来问：“1840 年鸦片战争的炮声是近代的第一鞭子，一鞭子打在背上，疼痛难忍，结果中国久闭的大门打开了，中国人被迫睁眼看世界。第二鞭子呢?”

一个学生答道：“是第二次鸦片战争。中国被迫和英、法、美、俄等国签订了《北京条约》和《天津条约》，侵略者增加了，领土和主权完整被破坏得更厉害了，赔款也增加了，中国社会的半殖民地化程度进一步加深。中国人被迫设立总理衙门，并开始‘师夷长技以自强’，引进西方的先进技术，兴起洋务运动。”

舒老师点头：“对，第二次鸦片战争又是给中国的一鞭子，结果清政府真正认识了洋枪洋炮的厉害，被迫兴办洋务，学习西方造船造炮，但只准学这一点，其他的不要。第三鞭子呢?”

“第三鞭子是中法战争，中国不败而败。中国政府的软弱进一步表现出来。”有学生回答。

“那么，中国的‘动弹’表现在哪里呢? 我们书上没有讲到，但促使中国人向西方学习这一点是肯定的。不过这一鞭子不算大，还有一个大‘鞭子’是——”舒老师又问。

“甲午中日战争。”学生齐声答道。

“那么，这一鞭子的结果如何呢?”

“甲午战争进一步暴露了清政府的腐朽无能，北洋水师全军覆没，清政府还被迫签订了《马关条约》，大大加深了中国社会的半殖民地化程度，帝国主义开始加强对中国的经济侵略和瓜分。”学生答道。

舒老师说："是的。甲午海战北洋舰队全军覆没，这是第三鞭子。中国人在'小日本'面前受到了奇耻大辱，迫使人们反思一个问题：'小日本'的优势在哪里？我们为什么连日本也打不过？最后认识到，近代日本真正富强是从明治维新开始的，他们引进了西方的先进科技和制度。因此，别人的武器比我们厉害，但真正厉害的不在武器，而是科学。所以，没有政治、经济的变革是不行的。经过这样一步三回头的挫折后，中国人认识到，要走向近代化，加快发展的速度，必须摆脱狭窄、肤浅、短视，进一步走出'天朝上国'的自大，改革祖宗之法，效法西学。那么，先进的中国人是如何引进西学进行变法的？变法的结果又如何呢？中国是否从此就不挨'鞭子'了呢？请大家回去预习下一节内容。"

舒老师在讲完"甲午中日战争"后问学生："我们知道，在清政府统治的近代，中华民族是被西方列强'拖住辫子''拉进'世界体系的，这实在是中华民族的悲剧。马克思的这段话对我们不无启发：

"'中国皇帝为了制止自己臣民的自杀行为，下令同时禁止外国人输入和中国人吸食这种毒品，而东印度公司却迅速地把在印度种植鸦片和向中国私卖鸦片变成自己财政系统的不可分割的部分。半野蛮人坚持道德原则，而文明人却以自私自利的原则与之对抗。一个人口几乎占人类三分之一的大帝国，不顾时势，安于现状，人为地隔绝于世并因此竭力以天朝尽善尽美的幻想自欺。这样一个帝国注定最后要在一场殊死的决斗中被打垮：在这场决斗中，陈腐世界的代表是基于道义，而最现代的社会的代表却是为了获得贱买贵卖的特权——这真是任何诗人想也不敢想的一种奇异的对联式悲歌。'

"尽管马克思的话写的是鸦片贸易，但这段话的主题思想可以帮助我们了解整个中国近代史。大家想想看，这段话的主要思想是什么？从文中哪句话可以反映出来？"

一个学生回答："'半野蛮人坚持道德原则，而文明人却以自私自利的原则与之对抗。'其主要思想有两层：一是文明先进的西方国家为了实现自己发财致富的梦想和贸易特权，不顾道德原则来侵犯中国；二是闭关自守、落后的清朝政府安于现状，不顾时势，整天在祖宗留下的基业上编织天朝上国的美梦。"

"还有补充吗？"舒老师问。

一个学生举手道："我觉得'半野蛮人坚持道德原则，而文明人却以自私自利的原则与之对抗’这句话还有一个关键词是‘对抗’。近代中国就是在这种对抗中挣扎、变化的。我们用自己的祖宗之法对抗洋枪洋炮，用‘中学’对抗‘西学’。结果是，中国的‘祖宗之法’一点点做出让步，西学一步步推进深入，中国的近代化就是这样一个过程。尽管有道义的支持，有这样那样正义的抗争，但这种局面——落后挨打的局面，一直没有改变。”

“很好。我们再进一步分析一下。天朝竭力用自我欣赏、尽善尽美的幻想来欺骗自己，用正义的搏斗来反抗西方列强的入侵。然而，陈腐是注定了的，挨打也是注定了的，这是由落后的制度、愚昧的思想决定的。尽管有道义的支持，也仍然摆脱不了‘落后就要挨打’的现实。正如马克思所说的：‘这样一个帝国注定最后要在一场殊死的决斗中被打垮’，这的确是一种悲剧——落后、正义、道德被先进、非正义、非道德击败的悲剧，不想接受又不得不接受的悲剧！第一次鸦片战争也好，第二次鸦片战争也好，中法战争也好，甲午中日战争也好，都说明在当时的社会背景下，与许多殖民地、半殖民地国家一样，中国的被动局面最终是不可避免的！”舒老师总结道。

一样的教学内容，教师按照学生的不同需求通过连接不同时空串讲，从不同的材料和视角出发，让不同阶段的学生对甲午中日战争有了全面又深刻的认识。例如，在讲解“甲午中日战争”时，舒老师跨越历史时空，结合“黄海海战”“威海卫战役”等录像，具体、生动、形象地对甲午中日战争进行了串讲，让学生对战争的起因、过程和结果有了全面的了解，最后，为升华学生的爱国主义情感，舒老师抓住了本课的一个典型人物——民族英雄邓世昌，串联岳飞、戚继光的爱国情怀，让学生设身处地地想象邓世昌在黄海海战中的表现。

舒老师的串讲让学生从不同的史实中感受真实的情境和人物的心理，促进学生对历史人物的心灵进行体验、分析、类比，可以迅速激发学生的爱国主义情感，也可以让学生通过初步归纳不同史实感受历史的变化，通过文人的笔墨横向反思历史。这样的教学方法，很容易让学生构建起甲午中日战争的完整认识体系。

（三）利用串讲形成宏观知识体系

湖北省黄冈市的喻老师善于利用串讲联系古今，形成一个宏观的知识体系，从而加深学生对知识的理解。

师：同学们，你们知道现在中国最让世人关注的大事是什么吗？

生：2008 年北京奥运会。

师：你们知道北京奥运会现在进行到什么程度了吗？

生：火炬传递。

师：很好，大家现在看到的就是 2008 年北京奥运会圣火传递境外路线图，谁知道圣火传递的首站设在哪里？

生：阿拉木图。

师：为什么将阿拉木图设为奥运火炬传递的首站？

生：阿拉木图是古代丝绸之路的重要驿站。

师：看来大家很关注奥运会。奥运圣火是和平与友谊的象征，此次奥运圣火传递以丝绸之路为主线，从阿拉木图传向世界，它像一条纽带联系着中国与世界，在古老的丝绸之路上，历史和现实神奇地结合在一起。今天我们这节课复习的专题就是中国的对外交往。

师：我们从三个时期来复习这个专题，首先我们来回顾一下古代中国的对外交往。大家知道，自秦汉以来中国就有了对外交往的历史，汉代是古代中国对外交往比较重要的时期，大家知道的这个时期对外交往史是什么？

生：张骞通西域。

师：哪位同学能说一下张骞两次通西域的时间、目的、影响？

（学生回答。）

师：丝绸之路是一条友谊之路，中国很多先进的技术经它传到了西方，西方也有很多好东西传到了东方，哪位同学说一说都有什么？

（学生回答。）

师：东西方互通有无，所以开辟丝绸之路的作用是什么？

生：促进东西方经济文化交流。

师：唐朝是古代中国最强盛的王朝之一。唐朝的繁荣吸引了世界各地的目光，大唐帝国以博大的胸怀兼容并包外来文化的精华，而灿烂的中国文化也深深影响了自己的友好邻邦。在唐朝对外交往的众多事例中我们学过什么？

生：玄奘西行，鉴真东渡。

师：哪位同学给大家介绍一下概况？

(学生回答。)

师：唐朝不仅与印度和日本有往来。我们来看这样一幅图片——唐朝对外交往图，根据图片你能获得哪些历史信息？

生：唐朝与许多国家有往来，唐朝是当时世界经济文化的中心，是文明的辐射源，唐朝对外交往进入昌盛期。

师：那唐朝对外交往进入昌盛期的原因有哪些？

(学生回答。)

师：隋唐时期经济文化领先世界，唐朝采用开放的政策鼓励对外交往。宋元时期也是我国古代对外交往的重要时期，这个时期对外贸易出口的物品主要是什么？

(学生回答。)

师：中国的四大发明经阿拉伯人传到了欧洲，中国的四大发明是什么？

生：造纸术、指南针、火药、活字印刷术。

师：针对中国的四大发明，英国的思想家培根说过这样一句话，请看材料。

(教师出示材料。)

师：请谈一谈你对中国古代科技成就的认识？

生：中国古代科技成就居于世界领先地位。

生：对世界文明的发展起到了巨大的推动作用。

师：宋元时期的海外贸易为明朝的对外交往奠定了良好的基础，明朝对外交往的典型史实是什么？

生：郑和下西洋。

师：郑和下西洋的意义和影响是什么？

生：是航海史上的壮举，使中国在海外的影响扩大了，中国和西洋各国的贸易发展起来，促进南洋的开发。

生：比西方新航路的开辟早了近半个世纪！

师：我们了解了古代中国的对外交往情况，看看大家掌握得怎么样？

(师问生答，梳理古代中国的对外交往情况。)

师：明朝以前，中国是当时世界经济、科学最发达的国家。但是，到1840年鸦片战争爆发时，中国已经全面落后于西方了。至于中国落后于西方的原因，我们来看这样一则材料。

（教师出示材料。）

师：清朝只准广州一地进行对外贸易。由此我们可以知道清政府执行了彻底的闭关锁国政策。

师：清朝时的闭关锁国状态被打破是在鸦片战争后，从此中国开始了屈辱的历史。哪位同学能用史实来告诉大家，中国是如何一步一步从独立的封建国家沦为半殖民地半封建社会的？

（学生思考并回答。）

师：历史给我们敲响警钟——落后就要挨打！

生：古代中国实行对外开放政策，国家进步繁荣；近代中国实行闭关锁国政策，国家落后挨打。那现代中国对外交往情况如何？

师：虽然新中国的外交逐渐恢复，但此时的中国仍然是一个贫穷、落后的国家，在这个关键的时刻中国出现了伟大的历史转折。伟大的历史转折是什么？哪位同学能回答这一历史转折的时间、重大决定和伟大的意义？

（学生思考并回答。）

师：中国正是以这样的“深圳速度”迅速崛起。中国还有哪些变化呢？

生：20世纪末中国发生了翻天覆地的变化，令世界惊叹。当人类跨入21世纪，我们中国又迎来的“开门红”。

师：21世纪的中国加快了对外开放的脚步。2008年对中国来说是意义非凡的一年，这一年我们在北京举办第29届奥运会，这一年我们迎来改革开放30周年，这一年我们迎来中华民族的伟大复兴。中华民族的伟大复兴靠谁来实现？

生：我们！

在这个案例中，喻老师运用串讲教学法，将中国从古到今的对外交往情况清晰地展现在学生面前，并引导学生分析资料，使学生形成宏观的知识体系：一个国家要想谋求发展和进步，就应该实行积极的对外开放政策，并汲取别国先进的文明成果。同时学生对有关中国的对外交往知识的难点与重点有了清晰的把握。在教学过程中，喻老师步步提问激发学生思考、讨论、探索的兴趣，并通过紧密联系2008年奥运会，使学生了解到知识就在自己身边，从而使松散的知识点通过串讲形成体系。

（四）利用串讲，让学生在比较中学习

江苏省启东市的沈老师在教学中利用串讲，延伸不同物种的知识，使学生在比较中形成科学的研究观，从而达到预期的教学效果。

师：本节课的目标是通过对地层、化石、始祖鸟与现代鸟、各种动物细胞色素C的比较，提高同学们分析问题、解决问题的能力，并通过对化石资料的搜集，培养同学们学习生物的兴趣和热爱科学的态度。本节课的重点是研究生物进化的方法，学习比较法在研究生物进化中的重要作用。希望同学们多注意学习的重点与难点。上节课我们一起学习了地球上生命起源的问题，我们知道这个问题到现在还是一团迷雾，出现了各种不同的说法。我们一起学习了5种，比如——

生：神创论、小水滴、外星球或星际尘埃、热泉喷发、无机小分子……

师：虽然生命还找不到源头，但生物进化的脚步并没有因此而停止。生物按由简单到复杂、由低等到高等、由水生到陆生的进化顺序演变出现在的万物。生物进化的历史是久远的，没有人能在历史的隧道中畅游，所以生命起源和生物进化失去了见证人。那么，科学家怎样研究生物进化的历程呢？这节课我们就来学习"生物进化的历程"。

（教师板书：生物进化的历程。）

师：首先我们一起来学习第一个问题，研究生物进化的方法。

（教师板书：一、研究生物进化的方法。）

师：研究生物进化的方法有很多种，今天我们主要了解以下几种。大家翻开书课本第53页，阅读"资料分析"，仔细观察课本上提供的这两幅图，看能否从中发现一些问题。

（学生阅读，教师出示挂图和标本。）

师：挂图上展示的是课本上两幅图的放大图，以及一些生物化石。大家注意比对，把你发现的问题和得出的结论告诉大家。

生：我曾经看过一个资料，里面介绍了一些化石的问题。有些化石是生物的遗体，如琥珀里的昆虫；有些是遗物，如恐龙蛋、粪便等；还有一些是它们的生活痕迹，如已经发现的恐龙脚印。这些化石都为研究生物的进化提供了非常重要的证据。

师：化石为研究生物进化提供了证据，为什么它能起到这样的作用呢？

生：化石之所以能为研究生物进化提供证据，是因为古生物的遗体、遗物、生活痕迹都是因某种原因被埋藏在地层中，经过若干万年后形成了化石，而且同一地层的化石是同一年代的。

生：在第二幅图中，我观察到这样几个问题：一是地球表面在生物进化中是不断运动的，地层也随之上升、下降、扭曲等；二是通过对地层由下到上的比较，我发现从下到上的地层中生物遗体越来越复杂；三是通过同一地层中的生物化石，可以大致了解生活在同一时代的不同生物。

师：回答得非常好。在刚才的学习中，我们知道了通过对不同地层中的化石或同一地层中的不同化石做比较，可以得出一些生物进化的结论。

（教师板书：1. 化石——生物的遗体、遗物或生活痕迹，由于某种原因被埋藏在地层中，经若干万年的复杂变化形成的。）

师：接下来我们一起来看第二幅挂图——始祖鸟复原图。仔细观察这种始祖鸟更像哪种动物？与其有哪些异同点？

生：我感觉它比较像鸟类。它的身体表面有羽毛，还有翅膀，嘴的外形又比较像鸟的喙。所以我认为它应该归属到鸟类中。

生：我认为它更像爬行类动物。在它的前肢上长有指，指的末端有爪，嘴里还有锋利的牙齿，这些特征都与爬行类动物的主要特征吻合。

师：这位同学，你提到了爬行类动物的主要特征，你能简单向大家介绍一下爬行类动物的主要特征吗？

生：爬行类动物的体表都覆盖着角质的鳞片或甲；用肺呼吸；体内受精，陆上产卵，卵表面有坚韧的卵壳；体温不恒定。

师：刚才两位同学各持一种观点，而且都非常有道理，到底谁的观点正确呢？有些学者认为始祖鸟是由爬行类进化到鸟类的一个过渡类型。那么，鸟类到底是由哪一类爬行动物进化而来的呢？自始祖鸟发现后的 100 多年里，科学家就一直争论不休。

（教师板书：2. 始祖鸟化石。）

师：下面我们来看一个课件。我们通过表中一些生物与人的细胞色素 C 差异的比较，可以发现人和哪种动物的亲缘关系最近？

生：黑猩猩。

师：对，从这些数字可以看出人与黑猩猩的亲缘关系是最近的，其次是猕猴，与马的差异大一些，而与果蝇和向日葵的差异就更大了。

(教师板书：3. 细胞色素C。)

师：在对上述三个资料的学习中，不知道大家有没有注意到，我们始终在进行上、下、左、右的——

生：比较。

师：我们请三位同学分别对三个资料中渗透的比较法做一下总结。

生：在资料1中，科学家采用了比较不同类型动物的化石在地层中出现的顺序，从而判断出生物的进化顺序，如鱼类、两栖类、爬行类和哺乳类的进化顺序为：鱼类—两栖类—爬行类—哺乳类。

生：在资料2中，通过比较动物的形态、特征，对始祖鸟与现代鸟类和爬行动物做比较，说明了鸟类是由始祖鸟进化而来的，始祖鸟是爬行动物向鸟类进化的中间过渡类型。

生：在资料3中，利用人类和生物体的一些重要物质的差异性，如细胞色素C来比较人与各种生物之间的亲缘关系。

师：在生物学研究中常常用到比较的方法，什么是比较呢?

生：比较首先要有一定的标准，把彼此有联系的事物加以对照，确定它们的相同和不同之处。

(教师板书：4. 研究方法——比较。)

师：通过对各种事物特征的比较，可以把握事物之间的内在联系，认识事物的本质。事实上，生物进化问题的研究，建立在对许多科学领域如地质学、遗传学、胚胎学和分类学等进行综合分析的基础上，涉及多种研究方法，其中最重要的方法之一就是比较。

师：对于本节课的知识点，还需要同学们多做题进行练习巩固，下面是两道相关题目，请同学们思考回答。

师：题目1：比较是指根据(　　)，把彼此有某种联系的事物加以(　　)，确定它们的(　　)和(　　)之处。

生：一定的标准。

生：对照。

生：相同、不同。

师：题目2：化石为什么可以作为生物进化研究过程中的重要证据?

生：科学家根据各个地层中的化石，可以推断出某种生物生存的年代，以及当时的自然环境。在越古老的地层里，成为化石的生物越简单、越低等，水生生物的化石越多；在越晚近的地层里，成为化石的生物越复杂、越高等，陆生生物的化石越多。这种现象说明，生物是由简单到复杂、由低等到高等、由水生到陆生逐渐进化而来的。

生：另外，科学家还发现，在最古老的地层中没有生物化石。

在这个案例中，沈老师运用串讲教学法，使学生明了在研究生物进化的过程中，化石是非常重要的证据。科学家通过对不同年代化石的纵向比较，以及对现存生物种类的横向比较等方法，推断出了生物进化的大致历程。在教学过程中，沈老师对科学家大量使用的比较法进行了详细讲解，并串联不同物种知识，使学生对比较法有了一个信服的结论，并学会在生活和学习中用比较的方法解决问题，与时俱进。

在中学教学中，教师首先要认真研读课文，对课文有一定的驾驭能力。用由点到线再到面的办法串联课文，把散乱的知识形成一个系统。另外，教师应该相信学生，并大胆让学生参与到整个教学过程中来，保证学生参与教学活动的时间和空间，丰富课堂教学的形式，扩大学科的外延，让学生在课堂上真正“动”起来。这样，教师才能教得有思想，学生才能学得主动，师生在课堂上“比翼双飞”，从而把提高学生的素养落到实处。

三、如何做“会串讲”的教师

知识都是构成体系的，需要教师归纳总结并相互串联，让学生形成一个整体的印象。在串讲中，中学教师不妨通过连接不同时空，将不同的知识聚集到一起，通过参考和对照让学生从中受到启发，拓展思维，加深理解这些知识的本质。在课堂教学中，如果教师只将知识或事物单个呈现，学生往往会如盲人摸象，很难系统认识问题。教师通过串讲不同知识，向学生展现与问题相关的知识点，不仅可以形成鲜明的对比，还能拓宽学生的知识面，让学生全面认识所学知识。

在教学实践中，中学教师可以采用以下方法实现串讲。

（一）利用不同空间，将知识串联深化

教师只利用课本和黑板是远远不够的，这会导致学生对知识的认识和接受片面化或表面化。知识之间往往是有联系的，所以在教学过程中，教师应该将学生带入相关知识的不同时空，让学生将不同空间的知识融合起来。这样，学生对所学知识的认识才会更加全面、深刻，对知识的整体构建也就更容易。

不同知识空间的建立有两种方式：一是利用学生熟悉的相关知识，加入到当前所学知识中，让学生通过对比获得真切的感受；二是将学生带入另外的知识空间，让学生通过在其他知识空间中的学习自然理解当前所学知识。

（二）串联知识与生活，让学生在真实中构建知识

知识来源于生活，生活中处处有知识。虽然课堂教学多是向学生传授理论知识，但教师也应为学生创设贴近生活的情境，将知识与生活串联起来，让学生把知识放到生活中去学习，通过与自己熟悉的生活相结合，学生的知识体系往往能自主构建起来。

世间万物尽管所处时间与空间不同，但总存在着千丝万缕的联系。教师应借助某种联系，把那些看似无关的知识编织到一个大的知识网中，系统地向学生串讲，拓宽学生的视野，让学生掌握更丰富的知识。这样的教学法，不但可以让学生学得更多，理解得更深刻，而且可以使学生在独立学习时像教师那样进行多角度联想，开拓思考和解决问题的思路。

（三）通过同类对比串讲，让学生抓住知识要点

学习是循序渐进的过程，要以掌握较低层次的知识为前提，才能保证对与此相联系的较高层次知识的理解和掌握。而同类知识要提升到一个新的台阶，需要以一种新的形式进行构建。所以，教师应善于将同类知识放在一起串讲，使学生在类比中加深印象，进而抓住知识要点。

（四）掌控学生的听讲和理解

在串讲教学中，由于不是精讲，知识内容相对广博，个别教师对学生的听讲、记录、记忆、理解等的掌控不太好，无法在教学中保持课堂安静，无法使学生长时间保持良好的纪律并保持倾听状态，从而使学生无法对教师的串讲、分析形成较好的理解。

为此，教师在教学中可以采用提问的方式，引导学生参与互动，使学生有表现的机会，对串讲知识做出自己的小结。在教学过程中，教师的提问可以比较具体，思考难度一般不要太大。在学生做出回答后，教师可以做出评价，讲出明确的答案，紧紧吸引学生的注意力，使学生的听讲、记录、记忆、理解能长时间保持。

（五）串讲应紧跟教学目标

串讲并非天马行空，在串讲教学中教师应该明确串讲的目标。如果教师串讲目标不明确，会使学生无法形成系统的知识体系，不能在现有知识上深挖重点与难点，无法达到以点带面的教学效果。所以，教师在串讲教学中，应该先明确串讲教学的目标是什么，然后借助相关知识的积累、感悟和运用，加深学生对所学知识的理解，并在串讲中形成一个大的知识概念。

在中学教学中，串讲是实现课堂高效的有效方法之一。在教学中使用串讲，教师应努力将相似的知识或问题集合在一起，将知识完整而又系统地呈现在学生面前，让相关知识在学生脑海中形成一个完整的知识体系，这样才有助于学生消化、吸收、理解并掌握知识。

习惯5 抓体系

——梳理经纬，架构体系，让知识条理清晰

一、“抓体系”概述

教学体系是指为了达到一定的教育教学目标、实现一定的教育教学功能而形成的各种教育教学的组织形式。

中学课堂是实施素质教育的主阵地，深化课堂教学改革，打造合理的教学体系，是落实中学素质教育目标的根本途径。中学课堂需要教师在教育教学理论上形成体系，在课堂教学评价、知识的概括与总结等方面形成体系，以便为教育教学梳理出清晰的脉络，为课堂教学质量做出综合评定。

（一）理解和把握中学教材的知识体系

教师对教材知识体系的理解和把握是提高教学质量的关键环节，解决这个问题的根本途径在于深入细致地备课。教材知识体系主要指基础性知识的剖析、重点性知识的拓展、整体性知识的连接和课内外习题的挖掘等。

中学教学“抓体系”就是指教师对中学教材有很好的理解和把握，吃透教材的地位和作用。主要包括以下几个方面。

（1）知识的整体结构和主要线索纵横联系，教师应该把握好知识点，形成知识链，构成知识网。

（2）吃透中学教材的编写意图、知识体系，重组加工教学内容，把握中学教材的重点、难点和训练点。

（3）吃透中学教材中的多层次需求内涵，把握教学的深度、广度和密度。

（4）吃透中学教材中的育人因素，把握知识目标、情感目标、德育目标和能力目标。

（5）吃透中学素质教育对课堂教学的要求，把握知识的停靠点，解决“会学”问题；把握情感激发点，解决“乐学”问题；把握思维展开点，解决“学会”问题。

（二）构建科学的中学课堂评价体系

建立适合新课程理念的中学课堂评价体系，不仅是必要的，而且是十分迫切的，它具有以下三大功能。

1. 导向功能

通过有效的课堂评价，一方面，促使教师不断反思自己的课堂教学，在反思中更新教学观念，树立与新的评价标准相适应的教育理念，提高课堂教学水平，形成积极的课堂教学行为；另一方面，可以确立学生在课堂教学中的主体地位，形成良性的师生互动关系，扭转学生在课堂上被动接受知识和训练的地位。只有这样的课堂氛围，才能使中学生更好地学习，才能发展学生的健康人格，才能培养学生的创新精神和实践能力。这也是课程改革的根本目的和特点所在。

2. 考核鉴定功能

教育心理学表明，建立正确、公平、合理的课堂教学评价体系，可以调动教师课堂教学的积极性，激发学生学习的内部动因，使学生在教学过程中维持适度的紧张状态，可以使教师和学生把注意力集中到教学任务的某些重要部分。同时，通过科学的课堂评价，可以考核鉴定教师课堂教学的质量和水平、优点和缺点等，以便对教师考查、鉴别，同时也对学生的学业、能力和发展水平做出评价。

3. 反馈功能

反思型教师教育模式正成为国际教师教育的主流。通过反思型教师教育模式培养出来的教师是研究者，他们不仅具有课堂教学所要求的知识、技能与技巧，还具有对自己的教学方法、教育内容进行反思、研究和改进的能力，以及对教育的理论基础、教育的社会价值和个人价值等问题进行探究和处理的能力。

教师的知识体系包括两个方面：一是关于理论的知识，即学科专业知识和教育理论知识；二是关于实践的知识，即教师在实现有目的的行为中所具有的课堂情境知识及与之相关的知识。构建一个科学完整的中学课堂评价体系，也就意味着给教师一面反思的镜子，教师可以通过对照这个课堂评价体系，关注自己在课堂上的具体表现，从而在教学实践中不断反思，在反思中不断积累教学经验，提高教学能力。构建中学教育教学体系不是一件容易事，而是一个复杂而系统的工程，需要充分调动中学教师的积极性，群策群力，在科学理论的支撑下共同构建适合本校教学实际的中学教育教学体系，为实现中学教育教学科学化做出自己的贡献。

二、名师与“抓体系”

(一) 通过一题多解，构建扇形知识体系

江苏省南通市的钱老师给学生出了这样一道题：

将170克硫化氢与标准状况下的氧气100.8升在一容积固定的密闭容器中混合并点燃，反应完毕后冷却至原温度，无反应物存在，测得压强为起始时刻的21.05%，则氧化产物的总质量为(　　)。

A. 320克　　B. 224克　　C. 160克　　D. 128克

经过分析计算，学生1回答说选B，钱老师请他讲解一下解题思路。学生1说首先设硫化氢完全燃烧，根据$2H_2S+3O_2 \xlongequal{点燃} 2SO_2+2H_2O$计算得知硫化氢过量。生成的二氧化硫再与过量的硫化氢反应，$2H_2S+SO_2 = 3S+2H_2O$，将剩余二氧化硫与生成硫的质量求出，即求得硫化氢氧化物的总质量为224克，即答案为B。

学生1刚讲完，学生2就认为这样的假设不合理，于是钱老师请学生2发言。学生2认为硫化氢燃烧首先生成硫，硫再和过量的氧气反应生成二氧化硫。双方为此展开了争论而且都有支持者，最后钱老师进行了讲评，指出这只是两种不同的思维方式，并不影响解题的结果。谁知钱老师刚讲完，学生3发言：“能不能假设硫化氢在足量的氧气中燃烧，同时生成硫和二氧化硫?”

看到学生的学习兴趣如此浓厚，钱老师觉得应该趁机开拓学生的思维，让他们充分发表自己的见解，引导学生从不同角度、不同方向探索和思考，使知识更具发散性。于是钱老师请学生3到讲台板演。

设不完全燃烧的硫化氢x克，消耗的氧气为y升，再算出质量。

$$2H_2S+O_2 \xlongequal{点燃} 2S+2H_2O$$

$$2H_2S+3O_2 \xlongequal{点燃} 2SO_2+2H_2O$$

$$\begin{cases} \dfrac{2\times 34}{x}=\dfrac{22.4}{y} \\ \dfrac{2\times 34}{170-x}=\dfrac{3\times 22.4}{100.8-y} \end{cases}$$

可以看出，学生3在解题中应用了整体思维。钱老师积极肯定了学生3的正确解法，然后问学生还有没有更简便的方法。认真思考后，学生4站起来说可以改为以摩尔为单位计算，并将所设的未知数做了调整，就可以使解题过程大为简化。学生4做了如下板演。

设不完全燃烧的硫化氢 x mol，完全燃烧的硫化氢为 y mol。

$$\begin{cases} x+y=\dfrac{170}{34}=5 \\ \dfrac{x}{2}+\dfrac{3}{2}y=\dfrac{100.8}{22.4}=4.5 \end{cases} \Rightarrow \begin{cases} x=3 \\ y=2 \end{cases}$$

“嗯，不错，大家再想想，还有没有其他方法?”钱老师再次引导学生。学生沉默了，教室里非常安静。钱老师没有催促，而是给学生足够的时间思考。学生5说道：“老师，我觉得可以用交叉法求解。”“来，到讲台上把你的想法向大家做一下介绍。”钱老师心中一喜。

学生5走到讲台，说：“我是这样想的，先求每摩尔硫化氢不完全燃烧和完全燃烧的耗氧气量以及本题中每摩尔二硫化氢燃烧的平均耗氧气量，然后进行十字交叉。”

$$\begin{array}{ccc} 0.5 & & 0.6 \\ & 0.9 & \\ 1.5 & & 0.4 \end{array} \Rightarrow \begin{cases} 3 \\ 2 \end{cases}$$

不完全燃烧的硫化氢为3 mol，完全燃烧的硫化氢为5－3＝2 mol，然后再算出质量。

钱老师本以为这道题的解法讨论就此结束了，没想到一个学生受到平均耗氧气量的启发，提出能否将两个反应合并成一个反应。钱老师没有阻止学生的思考，而是高兴地请他把想法板演出来。

$$H_2S+0.9O_2 \xlongequal{点燃} H_2O+0.4SO_2+0.6S$$

即 $10H_2S+9O_2 \xlongequal{点燃} 10H_2O+4SO_2+6S$

钱老师高度评价了这个学生的解法，并就这几种解法进行了比较式讲解，同时表扬了大胆发表自己见解的几个学生。在讲解过程中，钱老师发现仍有几个学生在下面窃窃私语，仿佛意犹未尽，于是钱老师笑着说："你们是不是还有好方法?"

"老师，这道题目中的21.05%这个数据一直都没用到，我觉得有点遗憾。"

"那么，大家看看怎么把这个数据用进去。"

于是学生再一起分析：生成物中只有二氧化硫是气体，可求出其物质的量（5＋4.5）×21.05%＝2 mol，再根据硫原子守恒，求出生成的硫为3 mol。

钱老师在另一节课上出了这样一道题：50 mol H_2S 在 60 mol O_2 中燃烧后，恢复到标准状况，可得 SO_2 的物质的量为多少?（不考虑 SO_2 在水中的溶解）学生对这道题进行了解析。

H_2S 燃烧的化学方程式如下：

$2H_2S+O_2 \xlongequal{点燃} 2S+2H_2O$

$2H_2S+3O_2 \xlongequal{点燃} 2SO_2+2H_2O$

所以生成物中既有S，又有 SO_2。在钱老师的积极引导下，学生思维的火花在课堂上碰撞，写出了十种解法。

解法1：平行反应分析法

设 H_2S 与一定量 O_2 反应生成S和 H_2O。

$2H_2S+O_2 \xlongequal{点燃} 2S+2H_2O$

生成的S又与 O_2 反应：

$S+O_2 \xlongequal{点燃} SO_2$

S过量，用 O_2 的量计算，得出 SO_2 的物质的量为35 mol。

解法2：方程组法

设两个反应中分别消耗的 H_2S 为 x mol和 y mol。

$2H_2S+3O_2 \xlongequal{点燃} 2SO_2+2H_2O$

$$2H_2S+O_2 \xlongequal{点燃} 2S+2H_2O$$

$$\begin{cases} x+y=50 \\ \frac{3}{2}x+\frac{1}{2}y=60 \end{cases}$$

计算得出 $x=35$，$y=15$。

解法 3：待定系数法

$$50H_2S+60O_2 \xlongequal{点燃} mSO_2+nS+50H_2O$$

$$\begin{cases} m+n=50 \\ 2m+50=60\times 2 \end{cases}$$

计算得出 $m=35$，$n=15$。

解法 4：逆向推导法

假设先发生第 2 个化学反应。

$$2H_2S+3O_2 \xlongequal{点燃} 2SO_2+2H_2O$$

60 mol O_2 耗尽时可生成 40 mol SO_2，消耗 40 mol H_2S。剩余的 10 mol H_2S 再与部分 SO_2 发生反应。

$$2H_2S+SO_2 \xlongequal{} 3S+2H_2O$$

该反应又消耗 5 mol SO_2，故最终剩余的 SO_2 为 40－5＝35 mol。

解法 5：分解组合法

设想将 H_2S 完全分解成 S 和 H_2 两部分，因为 H_2S 燃烧，无论 O_2 是否过量，均有 H_2O 生成，故可看成 O_2 先与 H_2 结合成 H_2O，若 O_2 还有剩余，再将 S 氧化成 SO_2。

$$H_2S \xlongequal{\triangle} H_2+S$$

50 mol H_2 消耗了 25 mol O_2，生成 H_2O。O_2 还剩余 60－25＝35 mol，继续与 S 反应生成 35 mol SO_2。

解法 6：总方程式法

$$aH_2S+bO_2 \xlongequal{点燃} aH_2O+(1.5a-b)S+(b-0.5a)SO_2$$

将 $a=50$，$b=60$ 代入总方程式，

$$50H_2S+60O_2 \xlongequal{点燃} 50H_2O+15S+35SO_2$$

所以 SO_2 的物质的量为 35 mol。

解法 7：元素守恒法

设 H_2S 的物质的量为 a mol，O_2 为 b mol，所以 SO_2 的物质的量为

$b-0.5a=60-0.5\times50=35$ mol。

解法 8：电子守恒法

设生成 SO_2 需 H_2S 的物质的量为 a mol，则生成 S 需 H_2S 为 $(50-a)$ mol，由得失电子数相等可得，

$6a+2(50-a)=60\times4$

计算得出 $a=35$，即生成 SO_2 35 mol。

解法 9：差量法

$$2H_2S+O_2 \xlongequal{点燃} 2S+2H_2O$$

$$2H_2S+3O_2 \xlongequal{点燃} 2SO_2+2H_2O$$

2 mol H_2S 参与反应，气体总物质的量减少了 3 mol，所以 SO_2 的物质的量为

$60+50-50\times\frac{3}{2}=35$ mol。

解法 10：十字交叉法

若全部按反应 1 进行需 25 mol O_2，若全部按反应 2 进行需 75 mol O_2，现有 60 mol O_2，

$$\begin{matrix} 25 & & 15 \\ & 60 & \\ 75 & & 35 \end{matrix} \Rightarrow \left\{ \frac{15}{35}=\frac{3}{7} \right.$$

说明有$\frac{7}{10}$的 H_2S 反应生成 SO_2，所以 SO_2 的物质的量为

$50\times\frac{7}{10}=35$ mol。

以上解法可谓千变万化，各具特色，而且形成了一个知识体系。钱老师再一次对学生出色的解题能力和水平感到震惊。

当今社会需要的是能力型、创新型人才，中学教师要为学生创造条件，

创设情境，像钱老师那样引导学生从不同的角度对习题进行思考、分析，寻找更多的解题方法，开拓思路，完善知识体系，培养学生的思维能力和创新精神。此外，在寻求不同的解题方法时，教师还要引导学生通过比较分析找出最简便的解法。这一过程既是对应用题的各种解法的再认识过程，也是梳理知识点的过程。

某教师给学生出了这样一道题：幸福小学原计划买12个篮球，每个72元，从买篮球的钱中先拿出432元买足球，剩下的钱还可以买几个篮球？该教师深层次挖掘学生的思维，最后总结出了以下几种解题方法。

解法1：(72×12－432)÷72

=432÷72

=6（个）

答：剩下的钱还可以买6个篮球。

解法2：12－432÷72

=12－6

=6（个）

答：剩下的钱还可以买6个篮球。

解法3：设剩下的钱还可以买x个篮球，

$72x=12\times72-432$

$72x=432$

$x=6$（个）

答：剩下的钱还可以买6个篮球。

解法4：设剩下的钱还可以买x个篮球，

$72x+432=72\times12$

$72x+432=864$

$72x=864-432$

$72x=432$

$x=6$（个）

答：剩下的钱还可以买6个篮球。

在这个案例中，思维分析过程不同，解题方法和运算过程也不同。教师引导学生分析讨论后，认为解法1是一般的思维和算术解法；解法3和解法4是列方程的解法。

一个学生说出了解法 2 的解题思路："把拿出 432 元买足球的钱看作少买了几个篮球的钱，再用计划买的 12 个篮球数减掉少买的篮球数所得的差，就是所求的答案。"并列出 12－432÷72 这个式子，全班学生连连点头，教师也称赞他的解题思路独特又有新意，方法简便，过程简单，知识点用得既少又清晰。这样进行教学就构建起了一个完整的解题体系，让学生的思维更加活跃。

一题多解，就是启发和引导学生从不同角度、不同思路，运用不同的方法或不同的运算过程，解答同一问题的思维活动，以多样化的解题方法为特征。中学教师可以通过纵横对比、知识串联、综合沟通，由一题引出多种方法，引导学生构建扇形知识体系。

在引导学生探讨多种解题方法之后，教师还要让学生对这些解题方法进行分析比较，可以相互讨论，允许相互争论，让学生在分析比较、相互讨论、相互争论的过程中找出最简便的解题方法。这一过程是学生思维延续的过程，也是学生对各种解题方法再认识的过程。通过比较分析，学生可以进一步认清哪些是一般的解题方法，哪些是自己的创新，哪种解题方法更简便，使思路更加开阔清晰，从而灵活掌握知识的纵横联系，提高解决问题的能力，培养和发挥创造能力。

可见，一题多解可以帮助学生构建扇形知识体系，通过让学生比较、讨论、争论这些解题方法，找出最简便的解题方法和独特的富有新意的解题思路，有利于学生在众多知识点中去繁就简，更熟练地掌握应用题的分析解题方法。

（二）利用错题集，完善学生查漏补缺体系

错题集可以让学生学会归纳、分析、梳理，抓住问题的关键，条理、系统地解决问题，并通过错题集解决零散、疏漏等问题，使学生的查漏补缺形成体系，有规律可循。以下是教师利用错题集为学生建立查漏补缺体系的两个案例。

江苏省特级教师朱亚军的班里有一个叫小彬的学生，各科学习成绩都很出色，只有物理成绩不太理想，处于中下等水平。如果长此下去，必定会影响他的高考成绩，朱老师觉得应该想办法帮小彬提高物理成绩。

朱老师把小彬的作业本和考卷仔细对比查看了一下，发现不少考题都是他平常做过的习题，有的只是略作引申，相差无几。然而就是这些似曾相识的题，小彬考试时却屡屡出错。于是，一天放学后朱老师把小彬叫到办公室，语重心长地对他说："小彬，你做题出现错误，反映了你知识有欠缺和理解有错误。一个'×'就是一个知识漏洞，若不及时修补，日积月累就补不胜补。水壶底出现了一个洞，水就会漏出来，要是漏洞太多，成了一把'漏壶'，水还能存多少？"

"老师，我也想补好漏洞，但一直都补不好。"小彬沮丧地回答。

"老师向你推荐一个方法，建立错题集。"

"什么是错题集？"小彬好奇地问。

"错题集就是把错误的习题汇总到一个本子上，进行整理分类，找出错误原因，这是查漏补缺的一个好方法。"朱老师做出解释，并向小彬介绍了活页型错题集。

第一步，做好分类整理。将所有的错题分类整理，分清错误的原因属于概念模糊类、粗心大意类、顾此失彼类、图型类，还是技巧类、新概念类、物理思想类等，并注明各题属于哪一章节。这样做的优点在于条理清晰、比较系统，既能按错因查找，又能按各章节易错知识点查找，另外也简化了错题集。整理时只需记录典型的问题，不必每个错题都记。

第二步，做好解题方法的记录。课堂上教师评讲试卷时，要注意教师对错题的分析讲解，包括该题的引入语、解题的切入口、思路突破方法、解题的技巧、规范步骤及小结等。还要在错题旁边做注释，写出自己解题的思维过程，自己思维障碍产生的原因及分析。做这一步开始时会比较困难，但坚持下来总结多了，收获会很大。这种做法能帮助自己逐渐认清做题时存在的问题，并比较深入地掌握正确的解题方法。

第三步，练习与错题相同或相关的题型。如果练习没有困难，说明这一知识点掌握得不错；如果不能解决，说明对这一问题还要进一步琢磨和分析。

听了朱老师的介绍后小彬很高兴，之后便针对物理学科编写错题集。他把自己作业或考试中做错的题都收集在一个本子上，先按类型分类，再把错误的解答原封不动地抄下来，用铅笔标出错的地方，然后再认真做一遍，把正确的解答写在下面，最后用简明的语言归纳出错误的类型和失败的原因。

小彬这样坚持了几个月，物理成绩有了很大提高，在学校举行的一次模拟考试中物理考了全年级第一名。朱老师见这个方法有效，又向全班学生推广，并严格检查督促，取得了很好的教学效果。

山东省泰安市的潘老师在多年教学实践中发现，每次考试学生都有不少题目做错，而且很多都是平时做过的习题。在这些错题的背后，往往隐藏的是学生学习过程中产生的一些漏洞。如何让学生弥补这些漏洞，从失败中吸取经验教训呢？潘老师想到了建立错题集。

学生一入校，潘老师就要求学生建立英语错题集，用于整理、积累英语学习过程中出现的错题。英语学科的特殊性决定了其内容纷繁复杂，需要一个系统的分类以便于学生学习。有些单词、短语的固定搭配等，确实需要死记硬背，而在考试过程中往往检测的是学生的应用能力。于是潘老师将英语题型划分为基础的知识型题目和综合运用的能力型题目两大类，以便于学生能够更加系统地归纳总结错题。

对于知识型题目，潘老师除了要求学生把错误更正，并在今后的复习中注意外，还要求学生通过查找资料或咨询教师，把相关知识点整理在一起。例如，He read an English novel at home.（他在家里读一本英语小说。）很多学生忽视了 read（阅读）在此应该是过去式，因而在时态判断上出错。此类单词还有 cut（切）、put（放）等，在整理时教师应该要求学生注明。

能力型题目重在总结做题的方法和技巧。例如，做选择题时常用的排除法，只要运用得当，就能收到相当不错的效果，关键在于熟能生巧。像做写作这一类主观性题目，潘老师总结为“不选难的，只写对的”，只要不出错误，简单就是美文。

在错题的收集方面，潘老师建议学生不要把错题一股脑记入错题集，不会做的题目在请教同学、教师后会做了，就不要再收入错题集。如果错题集容量太大，就不容易进行归纳分类，而且费时费力，起不到什么作用。

还有，一些比较有代表性、能够举一反三的好题也要收入错题集。例如，在比较 lonely（孤独的）和 alone（独自的）的用法时，就有一句经典例句：He lives alone, but he doesn't feel lonely.（他独自一人生活，但并不感到孤独。）另外，还可以收入一些正确的题目，尤其是那些学生误打误撞、侥幸做对的题目，知其然更要知其所以然。

错题集中的题目不应该是偏题、怪题，而应该是新课标要求的题目，中考重点考查的题目和学生易错、易混淆的问题。

当然，仅仅建立错题集还不够，关键还要会用。潘老师将错题集的使用总结为“五多”。

(1) 多复习。之所以出错，大多是因为学生对知识的掌握不扎实，所以要经常复习，利用早自习时间大声朗读正确的句子，这样既能熟悉句子结构，又能培养语感。

(2) 多筛选。在复习浏览时对于那些自己认为还会做错，或者重要考试极有可能会考的试题，要做出记号。下次再看时，那些没有记号的试题就可以跳过去了。以后还可以进行二轮、三轮、四轮甚至更多筛选，直到这些题目完全掌握了。考试前再把错题集看一遍。

(3) 多交流。同学交换错题集，互相借鉴，互有启发，在错题中“淘金”，共同提高。

(4) 多总结。有些题目要记下做题后的心得、错误分析和注意事项，亡羊补牢。

(5) 多变形。一段时间后要将错误率较高的试题变形，然后进行练习，以达到强化训练的目的。这一点通常由潘老师帮助学生完成。

这样，在错题集的帮助下，潘老师所教班级的英语成绩一直在年级中领先。

这两个案例中，两位教师通过正确建立和使用错题集，实现了以下几个目标。

(1) 错题集是错误的系统汇总。当学生把错误汇总在一起的时候，就很容易看出其中的规律。这样做便于学生找出自己学习中的薄弱环节，突出学习重点，使学习更加有针对性，进而提高学习效率和学习成绩。

(2) 错题集改变了学生对待错题的态度，而正确对待错题是减少错题的关键。错题能使学生知道自己的不足，不因为错题少或错误的原因简单而忽视它们。一道错题实际就是一个知识盲点，如果学生对待错题的态度不积极，或者缺乏合理的解决错误的方式，错误就可能再次发生，甚至重复发生。所以，对待错题一定要善待、严逮、根除。

(3) 错题集改掉了学生马马虎虎的坏习惯。学生学会了认真地做作业，做题不再马马虎虎了，成绩自然会得到提高。

印度诗人泰戈尔有句名言：“当你把所有的错误都关在门外，真理也就被拒绝了。”这句话意味深长且发人深省，它告诉世人错误也有不菲的价值。学生在学习时出错是很正常的事情，关键是怎样对待错误，如何将错误建成一个体系，使查漏补缺有规律可循。很多学生在作业和测验时只关心分数，做对了，得了高分，就高兴；做错了，得了低分，就垂头丧气地把作业或试卷往书包里一塞了事。如果学生不善于归纳总结错误，成绩就难以得到提高，也难以取得大的进步。有些教师虽然知道错题集的好处，也要求学生建立了错题集，但由于方法不当，没有将错误进行系统分类，最终也没有发挥出错题集的作用。因此，中学教师要重视错题集的作用，并认真教会学生正确使用错题集。

（三）精选综合性作业题，充分整合知识体系

山东省龙口市的封老师设计的化学题目具有很强的综合性，能促进学生素质的全面提高。在教学“硫化氢的性质”时，封老师设计了以下习题。

1. 盛硫化氢饱和溶液的试剂瓶的瓶壁上有一层固体，它是________，产生固体的原因是（用化学方程式表示）________，该固体可用________洗涤。

2. 将硫化氢气体通过下列各物质，将发生的现象及化学方程式填入空格内。

（1）石蕊试液中________；

（2）硫酸铜溶液中________；

（3）浓硫酸中________；

（4）溴水中________；

（5）酸化的高锰酸钾溶液中________。

3. 将5毫升硫化氢和5毫升氧气混合，在一定条件下充分反应，生成二氧化硫的体积是多少毫升？

这三道题目把硫化氢的还原性、可燃性、水溶性、弱酸性和盐溶液反应的规律全部总结出来，并适当拓展课本知识，新旧知识有机结合，起到引渡和桥梁的作用，为综合复习打下了基础。

教学“乙醇的化学性质”时，为了巩固乙醇在铜做催化剂的条件下氧化为乙醛的知识，封老师边演示边提出这样几个问题：将铜丝在空气中灼烧后

变________色，反应方程式是________；将灼热的铜丝伸到酒精灯的焰心中，拿出后变________色，反应方程式是________。

如果只让学生写出乙醇催化氧化的化学方程式，那是机械记忆的习题，不能激发学生的学习兴趣，起不到较好地巩固知识的作用。把灼热的铜丝放到酒精灯的焰心中，这个习题就灵活多了。学生只有知道焰心是蒸发的酒精蒸气，才能圆满解答这道题。

这道题不仅使学生巩固了乙醇的氧化反应的知识，而且使学生对酒精灯的火焰也有了充分了解，全面实现了对学生所学知识的巩固和技能的培养。

教学“电化学基础知识”后，封老师设计了这样一道题：

将铁棒插到硫酸铜溶液中，

(1) 可以观察到什么现象？

(2) 铁棒的质量有什么变化？

(3) 如何使铁棒的质量减少，而铁棒上有铜析出？

(4) 如何使铁棒上析出铜，而铁棒本身质量不变？

(5) 为什么铁棒上析出铜，铁棒不溶解，且电解质溶液的浓度不变？

(6) 如何将 $CuSO_4$ 溶液换成 NaCl 溶液，使铁棒上析出 H_2，而铁棒本身质量不变？

(7) 电极材料是铁棒和碳棒，电解质溶液自选，要使铁棒上析出 H_2 且使① 使电解质溶液的 pH 增大；② 电解质溶液 pH 减少；③ 电解质溶液的 pH 不变。分别画出装置图。

这道题经过多次变化，内容几乎包括了原电池、电解池、电镀及电解过程中 pH 的变化等电化学基础知识，从思想方法上突出了正向思维向逆向思维、形象思维向抽象思维的转化，从认识的程序上体现了由浅入深、由易到难、由感性到理性的变化规律，是培养学生能力的典型题。

江苏省如皋市的杨老师不失时机地运用综合性作业题，引导学生学会分析、筛选、思考、整合。

教学“长方形和正方形的面积”后，杨老师出示了这样一道练习题：

一间房长 4 米，宽 3 米，现在有 20 厘米×20 厘米（每块 2 元）、30 厘米×20 厘米（每块 2.5 元）、30 厘米×30 厘米（每块 3 元）、40 厘米×40 厘米（每块 8 元）、50 厘米×50 厘米（每块 12 元）五种地砖可供选择，设计铺设方案。你设计的方案需要多少钱的地砖？并说说为什么这样设计。

学生的思维马上被激活了，不少学生用五种地砖设计了多种不同的方案。有的学生设计了最省钱的方案；有的学生根据房间大小，设计了最不浪费材料的方案；有的学生根据地砖的质量确定方案；还有学生根据各人爱好不同，设计出不同颜色搭配、具有个性化的方案。

教学“数的整除”后，杨老师发现这一部分内容的概念特别多，学生不能完全理解。为了让学生更好地掌握这部分内容，杨老师出了一道猜谜题。

请同学们猜一个密码，它的每一个数字分别是：2 和 3 的最小公倍数；8 和 12 的最大公约数；最小的奇数和最小的素数的和；最小合数加 1；10 以内最大的素数；最小的自然数；最小的正整数。

学生积极思考，积极探索，利用已学的知识得出这个密码是 6435701。然后，杨老师趁热打铁，让学生把教师的手机号码编一个题目，再把自己家里的电话号码或者自己的生日编一个题目，让自己的同桌猜谜。这样一来，学生热情高涨，用自家的电话号码或自己的生日设计谜题，让自己的题目更具挑战性。

通过这样的设计，学生既理解掌握了这一单元的相关概念，又能充分利用本单元学过的概念——约数、倍数、素数、合数、自然数等知识来设计问题。

杨老师在设计作业题时还注重跨学科的练习，强调课程与课程之间的整合同构。教学乘法时，杨老师先出示了一首完整的唐诗《春晓》，然后提出问题：这首唐诗一共有多少个字，怎样列式计算？通过这首诗引出乘法算式。

杨老师不仅将数学与语文学科整合，还将数学与其他学科整合。例如，与音乐学科整合，用节奏的重复和旋律的循环帮助学生认识循环小数；与体育学科整合，测算 50 米的跑步速度，以此认识时间单位；与美术学科整合，呈现名画佳作，引导学生欣赏后打分，以此计算平均分数。

综合性作业题是在学生基本掌握所学内容的基础上，让学生联系所学知识，通过分析、综合、抽象、概括、判断、推理，融会贯通，培养学生思维的敏捷性和灵活性。综合性作业题是学生较好地掌握了基本原理和一般规律之后，与原有知识横向沟通、有机结合的练习，使学生主动参与，积极探索，自主构建知识网络，从而形成完整的知识体系。

综合性作业题是对各种知识与能力的全面考查与深化提高，是练习课中不可缺少的环节。它要求中学教师要吃透教材，深挖底蕴，把章节甚至全册教材的知识有条理地归纳概括，精选综合性习题，让学生整合知识，构建知识体系。综合性作业题的编排设计要注意新旧知识综合运用，通过练习开拓学生的思路，加深学生对知识的理解，沟通知识间的横向、纵向联系，帮助学生将各个知识点穿成珠，结成网，取得以一题带一串、以少胜多的练习效果。

（四）层层深入，形成难点突破体系

认识滑动变阻器的结构和原理，理解滑动变阻器怎样改变电阻从而改变电流的，是初中物理“变阻器”一节的教学难点。为了攻克这一难点，湖北省特级教师朱道荣首先让学生仔细观察台灯的明暗变化和收音机音量大小的变化，说明引起这个变化的因素是变阻器，从而引入课文题目。然后，朱老师进行演示实验：用一根合金电阻线与小灯泡串联，用导线夹代替金属滑片，可明显地看到，灯泡的明暗变化是靠改变连入电路的电阻线的长度来改变电阻，从而改变电路中的电流大小实现的。通过这一实验，学生对变阻器结构有了初步认识。

学生对变阻器结构有了初步认识后，朱老师巧妙设置了一系列启发诱导、层层深入的思考题。

（1）如何把较长的电阻线安装在收音机或台灯里以便于操作？

（2）滑动变阻器由哪几个部分组成？

（3）电流是如何通过变阻器的各个部分的？

（4）滑片和线圈是如何导电的？

（5）金属杆有无电阻？

（6）线圈的每匝之间是如何绝缘的？

这些思考题给出了探索滑动变阻器结构的一条思路，朱老师按照思考题的顺序引导学生分析，然后各个击破。

变阻器共有四个接线柱，如何连接到电路中？这又是教学的一个难点。朱老师发给每个学生一张纸，纸上画有六个简易变阻器，要求学生画出连接电路的方式，并说明每种连接方式使用哪一段电阻，滑片滑动时变阻器的阻值如何变化。在朱老师的指导下，学生总结出了六种连接方式。

朱老师指出，连接C、D会引起变阻器短路，这种接法绝对不允许出现；连接A、B时，不能起到改变电阻的作用。另外，从形式上看有四种接法，实质上只有两种接法：一种是连接A、C或A、D；一种是连接B、C或B、D。这两种接法体现出选择两个接线柱的原则，即一上一下。这样，学生通过逐步分析，对变阻器的连接方式理解得更深了，记忆得更牢固了。

中学的许多知识或问题思维层次高、思维跨度大，学生理解或解决有一定的难度。面对这种错综复杂、层次繁多地教学内容，教师可以围绕教学目标紧扣教学内容，采用由浅入深、层层深入的阶梯式教学体系，把难点分散到各个教学板块中，然后再启发引导学生层层推进、逐步深入地学习，从而突破难点。

突破难点知识时切忌一步到位，囫囵吞枣，心急求快，以免造成“夹生”，留下后患。教师应该坚持由浅入深、循序渐进、逐步提高的原则，合理分散难点，把各个难点分散到教学环节中加以解决，最后再把这些解决了的难点内容进行整合，实现单元整体功能目标。

教师要针对难点内容用心剖析，进行巧妙地导入和机智的呈现，让学生思路清晰、印象深刻，易于理解和记忆；还要合理分解难点，然后步步为营，各个击破；更要组织开展扎实有效的操练活动，确保每一层次的教学内容都能得到内化，每一步教学涉及的难点都能得到突破。

（五）分步骤走，让学生在假设中构建知识体系

广东省广州市的苏老师在教学“基因在染色体上”时，巧妙地运用假设法，帮助学生构建知识体系。

1. 提出假说

“基因和染色体是我们前面学习的两个重要概念。现在我们已经知道，基因和染色体都跟生物的遗传有关，两者之间可能存在着什么关系呢？这节课我要和大家一起来探讨这个问题。”苏老师接着说，“一个基因型是AaBb的个体，在进行减数分裂时有可能产生多少种配子？”

“4种。”学生回答。

“一个体细胞内有两对同源染色体的个体，在减数分裂时产生的配子最多有多少种？”苏老师问。

“也是4种。”学生回答。

苏老师点点头说：“大家来看一下这两幅图。对比减数分裂中染色体和基因的行为，两者有没有共同的地方？谁来说说看？”

“两者产生配子的种类是一样的。”

“两者产生配子时，非等位基因、非同源染色体都是自由组合。”

“这两位同学讲到了两点，一个是配子的种类，另一个是配子中基因或染色体的组合。除此之外还有没有相似的地方？”苏老师问。

学生积极思考。

苏老师笑了笑说：“讲不出来也没关系，在我们课本中有一段文字很详细地描述了两者的关系，大家可以看看教材列举了哪几点。”

学生阅读教材。

苏老师说：“我们做一个小结，完成表格。”

“通过比较可以知道，基因和染色体有着非常相似的关系，教材中用了一个什么词来描述这种相似性？”苏老师引导着学生的思维。

“平行关系。”

“一百多年前，美国的生物学家萨顿对两者进行了类比推理，提出了一个大胆的假说，认为基因在染色体上。这就很好地解释了两者的相似关系。”苏老师说。

2. 师生互动，分析实验

“假说仅仅只是一种推理，并不等于事实，假说要成为事实必须经过什么环节？”苏老师问。

“实验的验证。”学生回答。

“萨顿假说的证明是由另一个科学家摩尔根，通过一个著名的实验实现的。我想请大家先阅读教材，了解实验的过程，我们再来进行分析。”苏老师说。

学生阅读教材，苏老师引导学生进行分析。

“摩尔根为什么用果蝇进行实验？”苏老师问。

“果蝇容易饲养和繁殖。”学生说。

“这有什么好处？”苏老师问。

“便于观察和统计。”学生回答。

“摩尔根的果蝇杂交实验与孟德尔的豌豆杂交实验有没有共同的地方？

谁来说说?”苏老师问。

“他们实验的对象都有明显的相对性状。”

“亲本都是纯合子。”

“在 F_2 代中，两者（表现型）的比值都是3:1。”

“F_1 的性状都只有一种。”

……

“既然如此，用孟德尔的方法去分析摩尔根的实验，还有哪些现象是解释不了的?”苏老师进一步问道。

“孟德尔的方法不能解释性状与性别有关的现象。”学生说。

“好。正是这个用孟德尔方法不能解释的现象，才使得摩尔根的实验变得有意义。当时他提出了什么观点?”苏老师问。

“控制白眼的基因在X染色体上。”学生回答。

“X染色体跟什么有关?”

“性别。”

苏老师出示果蝇染色体示意图，说：“从图中可以看出果蝇共有4对同源染色体，哪一对与性别有关?”

“下面一对。”学生说。

“与性别有关的染色体我们称之为性染色体。另外三对与性别无关的染色体，则称为常染色体。”苏老师边板书边说，“明确这两个概念后，怎么来表示亲本中的‘红眼雌果蝇’和‘白眼雄果蝇’呢?”

苏老师引导学生写出基因型：X^BX^B、X^bY 后，问：“根据假设，请大家用图解分析 F_1 和 F_2 的情况，看能否解释实验现象。”

学生写图解，苏老师请两个学生在黑板上写出一个图解，然后引导学生进行点评。

“大家可以将自己的图解与这两个同学的图解对照，看有没有需要改正的地方。”苏老师说。

“他们的图解没有标出每个个体的表现型。”

“F_2 除了要写出基因型和表现型外，还要列出比例。”

“大家分析得很对，”苏老师边改正图解边说，“从图解的分析来看，与实验现象符不符合?”

“符合。”学生回答。

3. 设计实验，验证假设

“摩尔根的假设能够很好地解释实验现象，但单凭一个实验就说某个假设是正确的，似乎说服力不够。我们通常还要设计其他实验进行验证，如果让大家完成这个任务，你最多能设计出多少种方案来？你们可以两个人或四个人一起来完成设计。”苏老师说。

学生讨论并设计方案，苏老师巡回指导，同时请已经设计好实验的学生将方案写在黑板上。

苏老师指着黑板说：“我们一起来看看同学们的设计方案。在这些方案中，哪些是可行的？哪些不太适合？大家在点评的时候，应该有一定的依据，我这里给大家提供一个参考：不重复教材的实验；推理过程没有错误；F_1 性状应与性别有关。谁先来做点评？”

“第一组不适合，因为它们的后代中雌雄都是红眼，看不出性别与性状有关。”学生说。

“大家认不认同？”

“认同。”

“其他方案呢？”苏老师继续提问。

“第二组符合要求。”

“第三组不行，后代全为白眼，不符合要求。”

“最后一组重复了教材的实验。”

苏老师点点头，说：“大家观察得很仔细。看来只有第二组的设计符合要求。如果还有其他设计方案，同学们可以在课后交流。摩尔根在当时也设计了一些实验来验证自己的假说，结果发现都能得到很好的解释和验证，这说明他的假说是正确的。他的实验也因此为‘基因在染色体上’这个假说的论证提供了有力的证据。”

4. 分析方法，回顾科学史

苏老师说：“摩尔根的成功不是偶然的。谁能说说是哪些因素使摩尔根取得了成功？”

“他选用了果蝇来做实验。”学生说。

“材料的选择很关键。”苏老师补充道。

“摩尔根发现了白眼与性别有关。”学生说。

“发现果蝇的眼睛颜色与性别相关，说明他有非常敏锐的观察能力。为了解释这个现象，摩尔根还做了大胆的假设，进行了严密的推理和严谨的验证，最后得出了科学的结论。可以说，在整个研究过程中，科学的方法是值得大家好好思考和借鉴的。”苏老师边出示课件边说，“在分析摩尔根实验的基础上，我们一起来回顾一下其他科学家在基因研究上取得的成就。首先提出‘性状由遗传因子决定’观点的科学家是谁?”

“孟德尔。”学生说。

“把遗传因子改为基因，并且提出了等位基因概念的是谁?”苏老师继续提问。

“约翰逊。”学生说。

“提出‘基因在染色体上’假说的科学家呢?”

“萨顿。”

“摩尔根一开始是抱着质疑的态度来对待这些科学家的理论的，知道个中原因吗?”苏老师问。

“他们的理论只是假说，没有实验证据。”学生说。

“很好。摩尔根后来通过自己的实验，验证了这些科学家的假说，他也由原来的怀疑者变成了坚定的支持者。”苏老师肯定了学生的回答。

5. 自主学习，了解新进展

“摩尔根实验之后，科学家对基因与染色体之间的关系的研究又取得了哪些新的进展？大家可以看看教材的介绍。”苏老师说。

学生阅读教材。

“哪个同学来介绍一下?”

“基因在染色体上呈线性排列。”

“线性排列是什么意思?”苏老师问。

“一个接一个的意思。”学生说。

“简单来说，就是指基因在染色体上一个接一个地排列，没有分支或分叉的现象。你继续说。”苏老师补充道。

“没有了。”

苏老师笑了笑，说：“其他同学还有没有补充的?”

“染色体上的基因有多个。”学生说。

“这是从数量上阐述两者的关系，很好。教材还介绍了科学家运用标记法在染色体上看到了基因真实存在的情况，有兴趣的同学可以课后看看。”

苏老师说。

6. 补充并完善孟德尔定律

苏老师说："现在我们已经知道了基因在染色体上，如果要求你把左边的基因写到右边的染色体上，你怎么写？"

学生填写。

"A和a、B和b是什么关系？"苏老师问。

"等位基因。"学生说。

"它们分别位于什么染色体上？"

"同源染色体上。"

"在形成配子的时候，等位基因为什么会发生分离？"

"等位基因会随同源染色体的分开而分开。"

苏老师满意地点点头，接着说："现在把问题综合起来，看能不能完成下面的问题。"

苏老师出示填空题。

(1) 在杂合子的体细胞中，控制同一性状的等位基因成对存在于(　　)，具有一定的独立性，不相融合。

(2) 在减数分裂形成配子时，等位基因会随(　　)而分离，分离后的基因分别进入配子中，随配子遗传给后代。

学生完成填写。

"这个表述把染色体与基因联系起来，是对孟德尔分离定律的补充和完善，被称为'分离定律的现代解释'。"苏老师说，"依照这种分析方法，大家能不能也对孟德尔的自由组合定律进行补充？"

学生说："非等位基因位于非同源染色体上，它们分离或组合互不干扰。"

"大家认同这个表述吗？"苏老师问。

"非等位基因不一定位于非同源染色体上，同源染色体上也有非等位基因。"有学生提出异议。

"那应该怎么改？"

"非同源染色体上的非等位基因的分离和组合互不干扰。"学生说。

"好，请继续说。"

"在减数分裂过程中，同源染色体上的等位基因彼此分离的同时，非同源染色体上的非等位基因自由组合。”学生说。

“非常好！”苏老师带头鼓起了掌。

7. 总结提升，问题探讨

“在这节课的最后，谁还有问题需要提出来和大家一起讨论？”苏老师问。

沉思片刻后，有个学生起来提问：“刚才在设计实验时为什么要强调性状与性别有关？”

“哪个同学能回答这个问题？”苏老师把机会留给其他学生。

“就是这种性状在雌雄个体中的分布情况不一样，如白眼雄果蝇的数目多于白眼雌果蝇。”学生说。

苏老师问提问的学生：“你满意这个解释吗？”

学生点点头，表示满意。

“还有没有其他疑问？”苏老师问。

“摩尔根的实验中只有雄果蝇出现白眼，为什么会有白眼雌果蝇出现呢？”学生问道。

“这个问题谁来回答？”

“摩尔根的实验并没有说‘只有雄果蝇出现白眼’，它只是说白眼与雄性有关。”学生解释道。

“那有没有可能得到白眼雌果蝇？”苏老师问。

“只要把 F_2 中的杂合的红眼雌果蝇（X^BX^b）与白眼雄果蝇（X^bY）杂交，它们的后代就会出现白眼的雌果蝇。”学生回答。

“分析得很好。”苏老师说，“由于时间关系，我们的讨论到此为止。如果还有疑问，大家可以在课后讨论。”

假设对学生来说并不陌生，但教师在引导学生运用假设解决实际问题时，要根据不同题目有所选择，不能生搬硬套。教师首先要看题目是否适用假设法，不要把较为容易的题目复杂化。如果采用假设法思考问题，一定要使假设的条件得当，有助于分析和推理，与题目中的条件有联系，不能有矛盾。假设条件确定以后要充分利用，与客观条件建立联系，这样才能有效解决问题。

在这个案例中，“基因在染色体上”一课的重点和难点是对摩尔根实验的分析，苏老师在教学中就注意了这些问题，多角度、分步骤引导学生总结摩尔根取得成功的几个因素：合适的材料、敏锐的观察、大胆的假设、严谨的推理和严格的验证。在这个过程中，学生不仅把前面的知识联系起来，而且对整个基因的研究过程有了一个全面而整体的认识，对科学家所做的贡献和取得的成果有了一个系统的了解。

最为关键的是，学生从中学会了怎样合理运用假设。例如，在设计方案环节，苏老师让学生讨论并写出设计方案，自己则进行指导，发现不同的设计方案就让学生写在黑板上，最后学生一共写出了四种实验方案。然后，苏老师引导学生对黑板上列举的几种实验方案进行比较，从中确定一个最好的设计方案。

（六）构建一个让学生终生受益的评价体系

小熙曾是邓老师班上的一个学生，他有着非凡的绘画才能，但理科试卷上的分数常常是可怜的个位数。这样的成绩，在学校几千名学生中很少见。小熙上数学课就是按一个套路走，先是认真听，跟着教师的思路走，听着听着，教师越讲越深，他就似懂非懂了，等到教师再往深处拓展，他就如同听天书。在小熙听不懂的课上，画画就成了他的寄托和整理思绪的方式。

一次，邓老师讲到几何中的圆，学生都在仔细听，小熙却不知不觉走了神。他拿起笔在笔记本上画了一个非常漂亮的圆，抬头看了看窗外，又在圆形旁边画了几朵云彩，一个圆变成了一轮太阳。接着，小熙继续丰富自己的画作，在太阳下方画上一池湖水，湖水被风吹出一道道涟漪，湖边几棵柳树被风吹得倾斜着……不一会儿，大雨将至的场景跃然纸上。

下课后，邓老师走过来问："小熙，上课发什么呆呢？"

小熙没有躲藏，低下头说："我在看窗外的太阳怎样从云层里一点一点透出光来，于是画下了这幅《日出图》。"小熙心想邓老师对自己一定很无奈、很失望。

邓老师似乎感受到了他的情绪，停了片刻说："乌云怎么能挡住太阳呢？乌云总是暂时的，太阳迟早会从乌云背后走出来。"

小熙低着头说："每次我看到那些几何图形或公式时，都会感到头疼。"

小熙的文科成绩很不错，只是到了考试的时候，他的理科试卷经常"一片红"。邓老师并没有责怪他，而是用鼓励、启发的方式培养小熙的数学兴趣。"真正的大画家不是偏才，是全才，艺术大师达·芬奇的数学就非常好，所以他画起画来比例十分精确，而且还设计发明了许多精妙的东西。雕塑家米开朗琪罗擅长绘画和建筑设计，而建筑设计必须精通数学。他在西斯廷教堂800平方米的天花板上完成《创世纪》巨型天顶画，如果数学不好，是无法创作出这一传世名作的。"

小熙认真听着邓老师的教导，连连点头。

邓老师没有降低对小熙文化课的要求："你是特长生，你在特长生中应该是非常优秀的，你也应该以优秀的文化考试成绩进入艺术院校。"

小熙很懂事地说："是，老师，我会尽全力的！"

对于这个对数学不开窍的学生，邓老师想尽了办法。遇到比较简单的典型题，邓老师便叫小熙起来回答。几乎每一节数学课后，邓老师都要专门走到小熙身边，问他哪里没听懂，哪道题不会解答。有时，邓老师会在小熙的数学作业本上留下这样的评价："虽然错误不少，但看得出你做得很认真。加油！"

正是这些激励的评价，让小熙始终没有放弃努力。尽管学得艰难，但他相信，只要不放弃，他的数学成绩一定能有所提高。小熙在邓老师的激励与赞扬下敞开心扉，把教师当成知己和朋友，和教师一起探索新知，分享成功的快乐。

在这样宽松与备受尊重的学习环境中，小熙的绘画技巧越来越娴熟，创作兴趣也越来越浓厚。在邓老师充满真情的评价和激励下，小熙快乐而自信地成长着，他的个性得到了充分尊重和正确引导，他没有因数学成绩不好而被教师和同学歧视。这怎能不让小熙终生铭记？

小熙清晰地记得一句话："数学不好我们可以教，只要他是个可塑之才，我们就要培养。"后来，他回学校时说："学校给我最宝贵的东西，就是营造了一个宽松的学习环境，教师和同学的鼓励、支持，不断增强了我在绘画方面的自信，在我求知的领域里竖了一把梯子，真正做到了发挥学生的特长。在这样的环境里成长，我对自己充满了信心，我会把这种信心放在该放的地方，而不把它当作一种骄傲。"小熙没有像其他学生那样有优异的学科成绩，但他凭借自己的绘画才能考上了国内著名的电影学院。

不仅邓老师，几乎所有教师都应该把学生的特长与学习结合在一起，相互促进，并以欣赏和重视学生的才能为前提，为特长学生营造宽松、愉快的学习环境。如果学生总是受到负面评价，就会产生自我的“负驱动”，甚至自暴自弃。学生就像没倒满的一杯水，在有的教师眼里“一半是空的”，而在有的教师眼里“一半是满的”。前者否定，后者肯定，哪一种能对学生产生激励作用呢？当然是后者，这早已被心理学上著名的“罗森塔尔效应”所证明。

构建合理的评价体系要求教师给学生的评价是针对“这一个”学生，是与众不同、个性化的描述，是丰富多彩、生动亲切的语言。具体来讲，合理的评价体系应该具备以下要求。

（1）评价学生要以鼓励为主。

（2）语言要生动、形象，用学生喜欢的形式。

（3）不能一味夸奖，缺点要用含蓄的语言提出来，但只能提一两条缺点，以免打击学生。

事实证明，人性化的评价体系可以使师生间的情感更加密切，学生更能感受到教师的“多情”，在教师的评价中真正获得自信。好的评价，能让学生树立正确的做人处世的观念，影响学生的一生，激励学生的成长，这应该是构建评价体系最理想的境界。构建让学生终生受益的评价体系，教师应该倾注无私的爱心，让学生感受到教师的真诚。具体来说，构建评价体系应该遵循以下原则。

1. 摒弃公式化

让学生终生受益的评价体系切忌公式化。在教育教学过程中，评价公式化现象普遍存在，先德后智再体美、先优点后缺点再加希望似乎成了评价的固定格式。有的教师把全班学生的优缺点罗列出来，并在罗列的条目中勾选几条作为一个学生的操行评价发给学生。如此种种，千篇一律，平淡无味，缺乏情感交流，拉开了师生之间的情感距离，何谈使学生终生受益。

2. 避免用语缺少变化

某些中学教师对学生的评价语言总是差不多，今年和去年差不多，甲学生与乙学生差不多，看不出差异、变化、发展，评价词汇贫乏，用语流于俗套，缺乏激励性语句，更缺乏时代气息，不足以打动学生。

3. 反对脸谱化

能让学生铭记一生的评价一定是可以体现学生的个性特征的。一些教师对学生做的评价千人一面，如“该生热爱祖国，尊敬师长，热爱集体，团结同学，礼貌待人，但上课听讲尚欠专心，希望今后改正缺点，更上一层楼”。此类评价偏重于学生的行为，忽视了对学生个性的评价，往往不符合学生实际，不同学生之间的评价差别很小。

4. 采用第二人称，拉近距离

好的评价应以“你”代替“该生”，使学生充分体验教师的关爱和尊重。改变人称能让学生感觉到教师正在同“我”面对面讲话，教师是重视“我”的，教师对“我”的情况了解得很全面。学生发现自己被重视时，就能树立自尊心和自信心，向上的动力就产生了。事实证明，采用第二人称，师生之间的距离更近了，学生更愿意向教师吐露心声。

5. 语言多样化，凸显沟通功能和激励功能

（1）鼓励应该成为评价体系的基调。

教育教学的目的是培养合格的人才，教师面对的学生将来是国家的建设者，所以教师将目光放在学生过去的错误或缺点上毫无意义，重要的是不要让这些缺点在学生的身上继续存在，一定要将期望放到学生未来的发展中。教师要运用发展的眼光，以热情而充满鼓励性的语言评定学生，通过鼓励的方式与学生交流，对学生的发展和取得的成绩表示认同。这样学生也能更易接受教师的评价，形成健康的自我认识，更好地把握自己的未来。

（2）运用语言艺术淡化缺点。

教师可以把对学生的表扬或批评隐含在字里行间，以褒的口吻写出贬的意思，以贬的笔调反映褒的因素，以幽默诙谐的语言巧妙反映学生的不足，尽量减轻学生的挫折感，保护学生的自尊心。

（3）语言形式多样化。

评价学生的某一方面，教师不可以一言以蔽之，而要运用多种语言形式将学生不同表现层次的差别细致地区分开来。例如，“能否按时完成作业”可写为“你的作业存在许多缺漏”“你的作业答案正确，但因你的书写而大打折扣”“你的书写漂亮，但作业准确率不高”“我很欣赏你对一些问题的独特见解”“从你的作业可以看出，你是一个阅读面广、思维清晰的人”。评价结尾可以附上富有哲理、耐人寻味的格言警句，蕴含教育期望。

（七）自评与他评结合，让评价更客观

教师对学生进行评价时，要把教师评语与学生自评、小组评议、班委评

议和其他教师的评议结合起来，全员参与，发挥集体的教育力量。学生自评能使学生在评价中进行自我教育，他人评价能使学生了解同学的看法，让学生知道自己在集体中的位置，然后进行自我调整。教师应该兼听各方意见，尽量使评价趋于完整、全面和中肯。

构建合理的中学评价体系是一件有意义又繁重复杂的工作，需要中学教师在现代教育思想、教育观念的指导下，不断进行改革、创新，才能使评价体系产生最佳效果，最终达到使学生在评价中受益的目的。

三、如何做会“抓体系”的教师

中学是学生学习成长的重要时期，中学教师比小学教师肩上的担子更重，如果在教育教学中没有一个完整的体系，会使中学教育教学面临重重困难。所以，中学教师要善于抓体系，不仅要在知识教学中形成一套完整的体系，也要在德育中形成一套完善的体系。只有会抓体系，教师才能为建设特色中学开辟有效途径。

（一）构建体系，德育为先

抓体系，不管是知识体系还是评价体系，首先要抓好德育。一个人的行为、态度和价值观环环相扣，价值观是指导所有态度和行为的根本因素。中学教育教学的目标不仅仅是让学生获得知识，更重要的是提升学生的境界，丰富学生的精神世界。所以，中学教育教学体系要德育为先，首先让学生建立基本的道德标准，使中学素质教育以价值观为中心。

在体系建设中，教师要发挥德育课的主渠道作用，并把中国特色社会主义理论的基本内容、社会主义核心价值体系的基本要求融入各门课程，充分体现“贴近实际，贴近生活，贴近未成年人”的原则，发挥课程的思想道德教育功能。

此外，教师还可以在德育体系中引入以“经典诵读”为主题的人文教育，利用早晚自习让学生背诵《弟子规》《论语》等，并组织全校学生进行《弟子规》经典诵读比赛。这些活动对于学生品德养成、修身养性、情操陶治，对于学生在家、外出、待人、接物与学习，都能起到不可替代的作用。抓德育体系，应该让学生从起心动念、举手投足等细微处做起，“少成若天性，习惯如自然”，日积月累，奠定学生优雅人格的基础，积极推动和谐平安校园的建设。

（二）完善体系，知识为本

中学生获取知识应该与发展能力相结合，中学知识体系的构建要注重对学生技能的培养，面向生活、面向社会，使知识与生活相结合。例如，让学生参加技能兴趣小组，组织各种学科知识竞赛。构建中学知识体系可以从以下几方面入手。

1. 教学大纲、教学计划、教材一体化

为适应新的教学模式，中学教师可以对教学大纲、教学计划甚至教材做出大幅度调整，为学生量身打造教材。这样有利于教师组织教学，引导学生小组讨论，变以教师的教为主为以学生的学为主，转变角色，让学习不再枯燥。

2. 理论与实践教学一体化

中学教师可以从课程设置安排上实现边理论边实践的教学模式，让学生在“理论先行—实践检验—生活应用”的过程中将所学知识和技能及时讨论、反馈、纠正，从而提高学生处理学习和生活中的各种复杂关系与矛盾的能力。

3. 多门功课的综合化体系

中学生已经具备一定的分析问题、处理问题的能力。所以，教师不应局限于本学科构建知识体系，而应综合各学科拓展学生的知识体系。

（三）爱心体系，激励评价

评价体系是教师爱心传递的最佳方式。一个优秀的中学教师一定会用心给每个学生正确的评价，因为教师深知自己不经意间的一句评价，可能影响学生的一生。良好的评价体系应该真诚、中肯，让学生感受到喜悦、感动和激励，让学生不仅能从中看到自己的影子，而且能感受到教师的爱心。

1. 评价应针对学生的个性特点

有针对性的评价能真正触及学生的心灵，使评价成为学生人生航行的灯塔，为学生点亮前方的路，让学生找到正确的航线，使学生铭记一生，受益一生。

2. 评价应充满爱心

中学时代是学生人生的关键时刻，中学教师充满爱心的评价往往可以纠正一个学生的人生坐标，让学生踏上人生的正途，让学生内心充满感激。所以，在构建中学评价体系时教师应该以爱心为基础。

3. 指出缺点要讲究艺术

用评价指出学生的缺点，既要使学生认识到自己的不足，又要使学生心悦诚服地接受，中学教师可以从以下几个方面入手。

(1) 肯定优点在前，指出缺点在后。例如，“你文静但不够开朗，勤学但欠缺学习方法。”“你有学习上进的美好愿望，只是行动上缺乏一点恒心、毅力，不能彻底改变贪玩的毛病。”“你体育成绩好，如果在学习上也能全面发展就好了。”

(2) 以希望的语气提出批评。例如，“你的学习成绩不够好，但是只要努力，希望还是很大的!”“如果你能端正学习态度，以后做作业时认真书写，你的字能写得很不错。”“你现在已经有了改正上课思想溜号的迹象，再进一步就更好了。”

(3) 委婉含蓄地指出缺点。例如，“你能在老师的督促下学习。”“你有时把学习当成完成任务，但在老师的开导下能及时改正错误。”

(4) 逐步指出缺点。对个别缺点较多的学生，评价时不能一次指出太多问题，应挑选突出的问题先进行评价。如果一次讲得太多，可能使学生丧失信心，背上思想包袱。

构建合理的中学评价体系，中学教师除了在表现形式上下功夫外，还要考虑学生的年龄特征，以及心理发展水平、学习能力、性格等方面的差异，或直言不讳，或委婉含蓄，或严肃庄重，或热情洋溢，这样有的放矢地评价才会对学生产生深远的影响。中学教育教学体系应该是一个开放的教学系统，这个系统应该对中学教育教学的方方面面都有影响。为此，中学教师不仅要善于抓体系，还要强化各学科教师之间的协调、协作，对体系中的薄弱环节查漏补缺，使中学教育教学体系真正为素质教育服务。

习惯6

会评价

——以评价为杠杆，撬动高效教学

一、“会评价”概述

评价是主体在事实基础上对客体的价值所做的观念性判断活动。中学教师对学生的评价，是中学教师对学生的言行、举止、学习等方面的活动所做的观念性判断活动。

中学教师在学生的学习活动中起主导作用，中学教师的一切活动都是为了帮助学生掌握更多的知识和技能，激发学生的学习兴趣，增强学生学习的信心。中学教师对学生的评价，目的是帮助学生提高学习兴趣，增强学习信心。会评价的教师都懂得，评价的目的要体现素质教育的精神实质，以促进发展为最终目的。

（一）“会评价”是中学教师的基本功

基本功的“基本”是基础性的意思，是教师完成其职业职责最基础的要求，或者说是教师完成其天职的底线。会评价，是中学教师应该具备的基本功之一。

1. 由中学教师的职业性质和任务规定

中学教师的工作对象是学生，中学教师通过自己的教育教学活动，帮助、引导和教育学生完成国家规定的教育教学内容，实现教育目标，这是中学教师的根本任务。中学教师任务完成与否，完成得好与不好，最基本的评价标准是学生的成长状况。

所以，每一个中学教师都要时刻关注学生实现目标与背离目标的一切行为，时刻关注学生是否达到目标以及达到目标的程度。中学教师在教育教学活动中，都会或自觉或不自觉、或显或隐、或定期或不定期对学生的言行做出判断。要保证这种判断的客观性、准确性和实效性，中学教师就要学会对学生进行评价，掌握评价学生的技术和方法，提高评价学生的能力和水平。

2. 实现评价教育功能的需要

中学教师对学生的评价具有管理作用，是一种教育活动，是中学教师教育教学活动的基本环节，是中学教师开展教育教学活动的途径之一。中学教师对学生的评价是对学生的教育，而且这种教育有时给学生留下的印象，比一次教学和一次教育活动更为深刻、更为长久、更有意义。

调查显示，中学教师对学生的每一次中肯的、恰如其分的评价，都会给学生一种满足、自信、觉醒和前进的方向。有一位被调查者说："我在中学时，我的班主任与我的一次谈话使我终身难忘，因为从那时起我清楚地认识了自己，正视了自己的不足，改掉了自己的毛病，发挥了自己的潜能和特长，取得了今天的成绩，实现了自我飞跃。"所以，中学教师只有学会对学生评价，中学教育的意义才能凸现出来。

3. 中学教师职业专业化的基本要求

教师是人类灵魂的工程师，这个称谓形象地表现了教师职业的特点，表达了人们对教师职业的要求，同时也包含着人们对教师职业精神的赞许。从事不同职业的人在社会上担当不同的角色，而担当不同角色的人必须符合相应的专业化要求，中学教师也要符合职业专业化的要求。

中学教师职业角色的基本要求，不仅包括思想品德、专业技能和身心的素质等，也包括对学生进行科学、客观、有效的评价。事实表明，没有符合教师职业要求的专业知识、思想品德素质，就不能担当教师职业角色；不会对学生评价，也不能担当教师职业角色。

通过教育评价实践活动，人们认识到教师对学生进行评价是中学教师职业专业化的基本内容之一。有的中学教师职业培训已把评价列为重要内容，也有些师范院校开始把评价作为教师基本功进行培养和训练。

4. 学生对中学教师的期望和学生发展的需要

中学生对教师抱有许多期望，如期望教师对自己关心、尊重，期望教师对自己的评价中肯、恰如其分。这些期望源于学生自身发展的需要。

中学生有强烈的自我表现、自我发展、自我完善的愿望，在实现这一愿望的过程中需要教师的关怀。中学教师对学生的评价则是教师帮助、激励和引导学生自我发展、自我完善的有效手段之一。当然，学生期望教师的评价是一种善意、恰当、具有积极意义的评价，而教师要对学生做出这样的评价，就需要具有正确的评价理念，掌握评价的方法、艺术，提高评价水平。

(二)"会评价"应具备两个理论支点

理论支点是中学教师对学生评价的观念前提。教师只有把握理论支点，才能使评价有理论的支持，才能掌握和运用具体的评价方法和艺术。教师对学生评价的理论支点有两个，即正确的学生观和科学的评价观。

1. 正确的学生观

正确的学生观不是把学生视为被教育者、被改造者、被塑造者，而是把学生视为行为的发动者、主动者、自我生成者、自我塑造者、自我推进者，一个充满生机和活力、具有主观能动性的主体。学生是学习的主体，这里说的学习不仅指学习科学文化知识，也包括学习做人。

中学教师的行为要服从学生的需要，为学生的学习服务。离开为学生的学习服务，教师的内在规定也就失去了，教师也就不能成为教师。这种服务主要是启发、引导和调动学生的自觉性、积极性和主动性，使学生的潜能得到充分发挥。学生充分发挥自觉性、积极性、主动性和潜能，是学生学习行为的内在动力源泉，离开这一点将一事无成。

每一个中学生都是作为生命个体存在的，每个生命个体之间都有共性的东西，但是，由于每个生命个体的先天因素和后天环境存在差异，每个生命个体都有其特殊性，即个性。个性是基础，共性只有通过个性才能表现出来。中学生的个性既表现为思想品德、身心素质，也表现在智力等方面。以智力为例，美国心理学家加德纳的多元智能理论认为，每一个头脑正常的人都存在八种相对独立的智能：语言智能、数理逻辑智能、音乐智能、身体运动智能、空间智能、人际关系智能、自我认知智能和认识自然的智能。由于这八种智能在不同个体身上的结合方式不同，从而导致了个体间的智能差异和发展不平衡。所以，中学教师不仅要承认学生个体间的差异性和不平衡性，而且要尊重这种差异性和不平衡性。总之，教师要尊重学生的个性，促进学生健康发展。

学生作为生命个体，和成年人一样有自己的需要。概括来说，中学生的需要就是身心健康发展。所以，学生特别期望得到教师的关心、爱护和尊重。中学教师要成为学生的知心朋友，有义务关心、爱护全体学生，尊重学生的人格，促进学生在德、智、体等方面全面发展。

2. 科学的评价观

评价目的是评价观的首要问题，也是会评价的首要问题。中学教师科学的评价观应该把发展作为评价的出发点和归宿，以学生的发展为出发点，促进学生发展，实现学生的发展目标。

以发展为目的的评价观之所以科学，是因为这种评价观符合中学生动态发展的客观规律。中学生是生长、成长中的个体，是由不完善走向完善的个体，是由理想目标到理想目标现实化的个体。以发展为目的的评价观同中学生动态发展的实际一致。只有这样的评价观，才能给中学生发展以自信和自强，才能给中学生发展以激励和动力。

少数中学教师的评价观以分级、奖惩为目的，关注的是学生的过去，而不是面向学生的未来和发展。实践证明，以这种目的为指导的评价，会造成学生不安、焦虑和恐惧，甚至产生逆反心理、抵抗情绪和虚假行为。

中学生是德、智、体等多种素质的统一整体，因此，教师对学生的评价要坚持全面性，绝不能只用智力评价代替、取消对其他素质的评价。当然，也不能用其他素质的评价代替智力评价。同时，中学教师要坚持评价标准多元化。学生的素质和智力发展是不平衡的，因此教师不能用一个标准评价所有学生，要求所有学生。中学教师要了解学生的差异，有针对性地对学生进行评价，切忌“一刀切”、模式化。

中学教师对学生的评价要坚持共性评价和个性评价相结合，突出个性评价。共性评价是对学生达到统一的教育目标、基本素质的程度和结果的评价，个性评价是对学生个体的个体特征和特长做出的价值判断。学生共性目标的实现是通过个性化特征和特长表现出来的。例如，一个学生完成了共同目标，实现了共同要求，都是通过学习态度、意志力、能力等个性化特征表现出来的。离开了这些个性化特征，共性的东西只是一种抽象的存在。

共性评价是判断一个学生完成共同目标和要求的程度与结果，个性评价在一定程度上揭示了一个学生完成共同目标和要求的程度与结果的动因。所以，在共性评价和个性评价结合中突出个性评价，通过个性评价引导激励学生改正那些群体和社会不容纳、不接受的个性，发展个体潜能、智慧和创造力，充分发挥个性特长，促进学生个性自由而健康地发展。

(三) 中学教师对学生评价的内容

由于中学教师在学生的学习中占主导地位，所以，中学教师对学生的评价应该涵盖多个方面，包括知识、能力和情感态度与价值观等方面。

1. 对知识的评价

对学生的知识的评价包括学生对知识内容的理解与应用是否是单纯记忆，是否从整体上认识和领会，而不是仅仅停留在具体知识上。在中学教育中还要关注知识在生产、生活和社会发展中的实际应用及拓展。

2. 对能力的评价

对学生的能力的评价主要是评价学生的探究能力，包括观察、归纳、发现问题的能力。在中学教育中还包括设计实验、调查研究、动手实验能力等。

3. 对情感态度与价值观的评价

对学生的情感态度与价值观的评价，主要包括学生在教育教学活动中是否积极参与、是否热情关注等。在中学教育中还包括记录实验结果是否实事求是、是否有学习教材的兴趣等。

评价是中学教师的基本功，也是教师职业的基本要求，是教师完成工作职责的基本条件。所以，中学教师应该熟练掌握教材的基本内容以及重点、难点，善于组织和引导教育教学活动，并在此基础上学会对学生进行有效评价，在学情调查、作业设计等方面对学生做出积极评价，从而让评价为提高中学教育教学效率服务。

二、名师与“会评价”

(一) 利用多元平台，实施多元评价

湖南省长沙市的蒋老师的班上有两个男生——小超和小军，这两个学生平时对自己要求不高，纪律观念淡薄，上课爱“接话茬”，有时教师不得不把课停下来，重新整顿课堂纪律。

蒋老师每天上课都会特别留意他们，经过一段时间的批评教育，他们上课不再“接话茬”了，但是状态依然很不好，其他科任教师还是不喜欢他们。如果教师不喜欢学生，学生也不会喜欢教师，就不会好好上课。蒋老师深知这一点，于是决定找机会了解他们。

通过接触，蒋老师发现两个学生比较活泼，观察事物的能力都比较强，在学生中也有很高的威望。根据他们的这些特点，蒋老师安排他们检查学生课上记笔记的情况，以及数学概念、公式和定理的掌握情况，并及时对他们的工作做出积极的评价。

有了积极评价的激励，小超和小军对蒋老师交给的工作更加尽心尽责，积极完成。发放课内测试的成绩时他俩都特别紧张，生怕本组组员考得不理想，或没有认真完成教师布置的作业。看到两个学生认真负责的样子，蒋老师非常感动，就把他们的事写到了自己的教学博客上。

蒋老师在博客中写道：

“小超，我发现你不仅勤学好问，还富有同情心；你总是很努力、很认真地完成作业，你在数学和解决难题方面有特长；你经常以创新的方法解决难题、完成数学证明……瞧，你是个多么优秀的学生。继续努力吧，你能做得更好。”

“小军，你常常帮助身边的同学解答一些较难的题；你为了得到问题答案，通常比别人回家晚，有时候还会因为在学校里帮助其他同学而晚回家。老师为有你这样的学生感到骄傲，我希望大家都能像你一样……”

两个不受教师欢迎的学生，得到蒋老师这么多欣赏性评价，内心都惊喜不已，更暗下决心要好好学习，让自己有更大的进步。

蒋老师的博客全班学生都看了，一些家长也看了，并且留了言。有的家长说：“一直听我们家孩子说这俩学生挺闹腾的，我都不想叫我家孩子跟他们玩。没想到他们俩优点那么多。老师，我们想错了，以后要让孩子跟他们一起玩，一起学习，一起进步。”

蒋老师平时不断在小超和小军的作业、课堂表现上做出积极评价，在网络上也时不时做出一些激励性评价，终于使小超和小军树立信心不断赶超。经过不断的努力，他们俩取得了意想不到的好成绩。小超，这个最淘气的男生获得了区级数学竞赛三等奖，小军的成绩也排在了年级前列。

蒋老师班上还有个父母离异的男生。他的父母离婚后，把他甩给了爷爷奶奶，这个学生染了很多“恶习”，在学校“名气”颇大。为了让他好好学习，蒋老师动了不少脑筋，可是效果不大。后来，蒋老师与他以网络日记的形式进行沟通，让他发生了很大变化。

一天，蒋老师在他的网络日记中留言：“一直以来，你都尊敬师长，热爱劳动，在上进心的驱使下终于能悬崖勒马，认真学习，使成绩有进步，这让老师非常高兴。如果你能认真书写，改正上课注意力不集中的问题，做个诚实的孩子，那么老师和同学们会更加喜欢你的。老师期望你有更好的表现，努力吧！有困难请告诉老师，老师一定会帮你。”

缺少家庭温暖的学生，突然得到了老师的称赞与期待，在内心深处迅速而强烈地感受到一种温暖，于是做出积极的回应。第二天，这个学生就在网络日记上回复说：“蒋老师，您好。说实话，上学这么多年没有一个老师同我说这么多话，只有您，所以我想把最好的一面展现给您。我向您坦白，我也对您说过谎话。我是一个活泼过头的孩子，除了数学、政治课我不说话，其他课上的表现您都想象不到，数学课上我之所以很听话是因为我喜欢您。”

看到这个学生真诚地与自己交流，蒋老师很感动。于是就在网络日记上回复：“看到你这么真诚地跟老师说话，老师很感动。老师知道你是个好孩子，老师也相信以后你会做得更好，别的老师的课你也应该认真听讲。”蒋老师的积极评价，又一次让学生感受到了来自老师的信任与鼓励，也再一次看到了希望。这次，他没有回复，但在以后的学习中他再没有出现上课捣乱的现象。

有段时间蒋老师去参加培训，听其他教师的公开课，没给学生上课，也没有机会去看网络日记。但是，他无时无刻不挂念这个学生。蒋老师担心自己不在的这段时间，这个学生会回到从前的状态。回来后，蒋老师就急忙去看这个学生的网络日记，发现他又在上面留言了。他说：“蒋老师，您好！我知道您去开会了，可我还是想上数学课，这几天没有您的课，我特别无聊。没有数学课的日子真不好过呀！我希望您快点回来。我想您。”

蒋老师看完后急忙回复道：“看到你那么喜欢数学，老师很高兴。老师也很惦记你，但是老师知道你会做得很好的，对吧？因为说了那么多知心话后，我们已经是朋友了，不是吗？听说你最近表现一直很好，也没有上课捣乱的事情发生。很好，以后继续保持哦！”

有了好的转变，蒋老师就及时予以积极的评价，让这个学生坚定信心和决心，巩固和强化学生的良好转变。当天晚上，这个学生回复道：“蒋老师，谢谢您的信任。我在努力做，因为我想成为您喜欢的学生。又一个星期过去了，每次写‘日记’‘周记’，我都感到既简单又困难。简单是因为大概说一下学到的知识就可以了，困难是因为我想说说我的事儿，可是又不知道怎么说。……蒋老师，每次看您在日记上给我的评价，我都特别惭愧，因为我不像您说的那样好。我想把我的心事讲给您听，可又不知道讲哪一件，又害怕告诉您以后您不再关注我。因为我实在不是个好学生、好孩子。”

“他要说出心里话了。这对于他的教育，对于帮他把兴趣引到学习上，是一个非常好的机会。”蒋老师高兴地想。于是，蒋老师在日记中回复：“别这样说，老师一直都觉得你是个好学生，哪怕曾经犯过错误。你现在承认了，想跟老师说明白，老师欢迎。而且，这更说明你是个好学生!”

犯错还能被宽容、原谅，这样的评价是许多学生都希望得到的。蒋老师不仅原谅了这个学生犯的错，还表扬了他，这让他进一步认定，蒋老师是个好老师。果然，这个学生在以后的学习中改变了许多，不仅在数学课上认真听讲，其他课上也能主动提问、举手答题了，他还不断认真反省自己，努力做一个真正的好学生。

中学教师的评价不应该局限在课堂、测试和作业中，而应该利用多元平台实现多元评价。蒋老师利用网络平台进行评价，就是中学教师实现多元评价的重要手段之一。

网络评价具有主观性，大多是评价者的感受，而除了一些教学评价外，网络评价没有统一标准，尤其是对学生个人进行评价。在评价过程中，教师对学生或学生的作业进行评价要言之有物，或提出肯定与改进意见，或给学生以启示和鼓舞。

案例中，蒋老师的三个学生都属于平时很少被夸奖的。虽然他们很少被夸奖，但如果教师评价时把一些他们没有的优点硬加在他们头上，他们也不会进行反省，反而会认为教师虚伪。法国作家雨果说过：“一个孩子的头上无论有什么样的天花板或者穹隆，在他的眼睛里反映出来的总是天堂。”学生的心灵最需要呵护，学生的个性最需要宽容与矫治。所以，对于学生的过错，蒋老师选择了宽容，选择了搁置，而把目光放在了学生的优势与优点上。

每个人生来都有自省之心。蒋老师一次又一次地称赞与表扬，激起了三个学生的自省之心，让他们觉得自己有必要改变。心态的改变会带来学习面貌的改变，当网络上的积极评价改变了学生对学习、对教师、对同学、对生活甚至对家长的消极想法时，他们就会对一切充满积极的想法，愿意做出积极的行动。所以，通过网络等多元平台对学生进行评价时，中学教师可以扩展评价的范围，通过对学生言行的评价，引导、激发学生的学习兴趣和学习热情。

(二) 在作业评价中多些激励，让学生自觉上进

甘肃省兰州市的王老师的班上有一个叫小婧的女生，她特别不喜欢写作业，这让教她的教师都头疼不已。因为小婧不写作业，课堂上学到的知识得不到巩固，学习成绩一直很差。班主任王老师通过作业评价，改变了小婧不爱写作业的坏习惯。

小婧不写作业在班上是出了名的，即便有时写了作业，也是字迹潦草让人看不清楚。王老师接手这个班级后，小婧像变了个人似的，不仅作业能按时完成，就连字也写得整齐、工整了。这让教师、同学和小婧的父母都感到非常奇怪。到底是什么原因让她有了这样的改变呢?

原来是王老师给她批改作业时写了一些与众不同的评价，而小婧以前从来没有收到过教师这样的评价。教师以前都是按照优、良、差的标准来批改作业的。但王老师没有以简单的优、良、差标准来衡量学生的作业，而是换了一种方式，给学生写鼓励性评价。虽然每批一份作业都要花很多时间，但是王老师从中收获了很多。王老师觉得，学生的进步是对自己最大的鼓励。

王老师对小婧的作业评价是从书写入手的。翻开小婧的作业本，王老师发现上面的字写得东倒西歪，一个清楚的字都找不到。如果如实评价，小婧可能有挫折感，就更不想好好写了。于是，王老师为了不影响小婧写作业的积极性，在一些稍微看得过去的字上圈了一些红圈，然后认认真真地写了这样的评价："虽然你的字比不上那些写得好的同学，但是老师觉得你的字也不像他们说得那么差。你看，老师给你找出这么多写得好的笔画。如果你把每个字的笔画都写得这么漂亮，老师相信下次作业一定会有更多的圈。"

王老师在评价中避实就虚，有批评，但更多是对小婧的鼓励、期待和信任。前者可以让小婧认识到自身的不足，后者则给她以精神力量，激励她去

反省，去努力，去改进。就是这样几句简单的评价让小婧有了很大改变。第二天的作业中，她的字比以前工整多了，王老师的评价已经让小婧开始认真写作业了。

王老师十分高兴，她知道自己的方法见效了，于是就更加认真地研究起如何给小婧在作业本上写评价了。这次她写道："你的作业进步了，看来你是一个进步很快的学生，并且还有很大潜力可挖。如果你一直这样努力，成功非你莫属！"

小婧没想到自己只是认真了一点点，王老师就给予这么高的评价，给自己这么多期待与鼓励，这让她有了更多自信。她在心里暗下决心，要以实际行动向王老师证明自己，不辜负老师的期待。就这样，王老师在小婧的作业本上写了几次鼓励性评价后，小婧不仅字写得越来越好了，作业错误率也下降了，各科成绩都取得了不同程度的进步。

作业评价在整个中学教学环节中始终处于举足轻重的地位。从学生每日的作业中，教师能够得到很多信息反馈，可以了解每个学生的知识掌握情况。中学教师如果在作业中恰到好处地进行反馈评估，做出一两句激趣释疑的评价，不仅能促进师生间信息互动，为学生释疑解惑，还能使师生感情融洽，激发和调动学生的学习积极性和学习兴趣，有效提高教学质量。

但是，少数中学教师没有认识到这个问题，在批改作业时只是对学生的作业进行是非评价或等级区分。这样的评价对于中学教师来讲确实能减轻工作量，但难以与学生进行深层次的沟通，难以找出学生的不足之处，难以对学生的作业提出建设性指导。这在根本上不利于学生学习，也很难让学生巩固所学知识，提高学习质量，甚至还会因等级评价太低而给学生造成心理压力，导致学生因此厌恶学习。在这个案例中，王老师换一种评价作业的方法，用充满鼓励与温馨的评价，帮助小婧树立了写作业的信心，让她觉得自己有希望、有能力写好作业，也愿意去试一试。结果，几次小心的"试探"之后，真如王老师预想的那样，小婧开始往好的方向发展了。

由此可见，作业评价完全可以成为中学教师督促、教育、转化、引导学生好好学习的一种教育方法。为了实现作业评价的实效性，中学教师在作业的布置和评价上应该注意以下几个方面。

1. 改进作业设计，降低作业门槛

（1）少而精。作业练习要紧扣重点、加强探究、注重选择、把握难度。

教学中，中学教师要改善基础性训练，强化作业题目的典型性和示范性，拓展“双基”功效，做到训练一道题就让学生掌握一类题型的解题技巧，并能举一反三。

（2）有层次。这是因材施教原则的具体表现，中学生的素质和水平参差不齐，对所学内容的掌握也存在差异。在布置作业时，教师可以根据学生的不同层次布置不同内容和难度的作业，把解决的问题落在中学生的“最近发展区”内，让不同学生都有所收获。否则就容易出现“吃不饱”或“吃不了”的现象，出现缺交作业或抄袭作业的情况，从而导致作业的反馈作用大大降低。

2. 让学生自主学习，从独立完成作业开始

一个学生的学习成绩如何，很大程度上取决于学生是否具备良好的自主学习习惯。有些学生作业做得慢、做得不好，甚至抄袭，表面看来是学生的顽劣个性造成的，但实际上这体现的是学生的学习态度问题。学生学习态度不端正，久而久之就会形成不良的学习习惯，进而直接影响到学生各项能力的发展，甚至使学生丧失学习信心。在指导学生作业的过程中，中学教师要做到以下几点。

（1）中学教师应该关注那些作业只完成了一部分的学生。这些学生多数是把不会做的作业暂时空着，如果受到教师的责备，那么他们极有可能为了避免再次受批评而去抄袭作业。实际上，学生只完成一部分作业，已经给了教师一个反馈，教师可以根据这一反馈信息修正教学方向。教师应该在班上大力表扬这样的学生，鼓励更多学生通过作业向教师展示自己真实的学习状态。

（2）中学教师应该关注不交作业的学生。教师可以布置较简单的作业给这些学生，让他们完成当天的作业再离校。开始实施时可以将作业的要求降低，只要字迹清楚，作业本清洁，能够写出与正确答案相关的知识点就可以。然后，教师再逐步提高作业要求。

3. 尝试多种作业批改方式，让学生掌握评价标准

（1）作业评语。传统的作业批改是给学生打分，这样会给学生带来一定的心理压力。如何评价才能让每个学生都获得成就感？这就要求中学教师改进作业评语，如“很好”“有进步”等积极的评价对于中学生来说具有一定的鼓励作用，应该多采用。

(2) 面批面改。为什么有的学生轻轻松松学得好，有的学生辛辛苦苦、勤勤恳恳反而学不好？问题出在学生的学习方法上。学习方法没有好坏之别，但有适合与否的问题。学生掌握科学的学习方法可以让学习事半功倍，如风行水上。所以，中学教师要下大力气对学生进行学法指导。其中，作业面批面改可以使中学教师准确了解学生学习方法中存在的问题，在此基础上，教师再针对学生的个体差异，运用谈话法或讨论法，有目的地进行辅导，来帮助学生克服概念理解或解题方法上的障碍。

(3)"小老师"批改。作业的面批面改很难长时间关注每个学生的每一次作业。中学教师可以将学生分成若干个互助小组，做到"组内异质，组间同质"。小组成员各有不同的任务，其中一个担任"小老师"角色。中学教师可以通过对"小老师"进行面批面改，帮助他们理解本次作业的目的，了解评分标准，掌握解决问题的方法。然后，再由"小老师"对互助小组的成员进行面批面改。

提高作业评价的有效性不再是传统意义上的布置作业、完成作业、批改作业，而是改变学生的学习方式，让学生主动参与、获得知识、习得问题解决的科学方法的认知过程，使学生明确评价标准，学会总结知识和归纳规律。

教师进行有效教学除了要关注课堂上的教，还要注重课后学生的学。不论采用哪种教学方式，聪明的中学教师都应该将重点放在指导学生掌握学习方法和提高学习兴趣上。因为如果学生不肯学或不会学，那么不管教师花多少精力与体力也是徒劳的。

(三) 在评价中巧设疑问，以评价引发探究

在"义和团运动和八国联军侵华"的课堂教学中，北京市的闵老师善于在评价中巧设疑问，激发学生的探究思维，积极有效地打造属于自己的探究课堂。

闵老师先后出示帝国主义列强瓜分中国和八国联军侵华的幻灯片，这两张幻灯片展示的是列强在国内通信用的明信片。

师：请看下面德国和法国在 19 世纪末 20 世纪初邮局发行的两张明信片，指出这两张明信片描述的是什么历史事件。

（学生观看幻灯片，小声议论。）

生：第一幅是帝国主义瓜分中国。第二幅是列强从海上发动侵略中国的战争。

师：仔细看看有多少军舰，想一想是哪次战争。

生：八艘，是八国联军侵华战争。

师：对，是八国联军侵华战争。大家想一想，八国联军侵华的直接原因和根本原因是什么？

闵老师在评价中设置疑问，引发学生思考，在肯定结论后又在评价中抛出关键问题，指出学生思维探究的方向。

生：根本原因是使中国成为他们的殖民地。直接原因是——

（学生七嘴八舌，议论纷纷，部分学生答出义和团运动。）

师：对，是义和团运动。今天我们探究的就是“义和团运动和八国联军侵华”。

师：谁去过山东青岛？你对青岛印象最深的是什么？

（学生纷纷回答青岛的名胜古迹，有些学生回答青岛的建筑最美。教师注意观察学生，请答出建筑的学生回答。）

师：你认为青岛的建筑最美，美在哪里？

生：世界各国的建筑形式在青岛都有。

师：青岛被称为世界近代建筑的博物馆。（展示青岛建筑风景的幻灯片）在这些美丽的建筑背后，是一部青岛人民甚至山东人民的血泪史。大家回忆一下，以前我们讲过哪些列强侵略山东的史实？

生：第二次鸦片战争中开放的通商口岸有山东的烟台，中日甲午战争中威海卫战役就是在山东进行的，然后德国强占胶州湾掀起列强瓜分中国的狂潮，整个山东成为德国的势力范围。

生：还有英国强租威海卫军港。

师：这么多列强侵略山东，为什么列强都把侵略重点放在山东？

（闵老师对学生的回答做出总结性评价，并提出关键性问题“列强侵略山东”，引发学生深入探究山东为什么这么重要。）

师：大家可以从山东的地理位置上想一想。

（学生顿时活跃起来。）

生：山东临海，有利于列强入侵，另外山东地处京津附近，京津地区是中国的政治中心，列强占领山东可以较好地控制清政府。

生：山东的南面是长江流域，是中国的经济中心，所以山东在中国的战略位置非常重要。

师：大家答得很好！正是由于山东的战略位置重要，所以列强把侵略目标集中在山东。山东人民深受帝国主义的压迫，民族矛盾激烈，所以义和团运动首先在山东爆发，这是义和团运动爆发的根本原因。那么，义和团运动爆发的直接原因是什么？请大家看书回答问题。

从一个问题进入另一个问题，闵老师的评价和疑问设置环环相扣，使学生思维探究的脉络十分清晰，这正是闵老师在评价中巧设疑问引发学生探究的智慧所在。

生：反洋教斗争。

师：大家回忆一下列强在宗教文化上侵略中国的史实。

生：第一次鸦片战争后签订的《中美望厦条约》《中法黄埔条约》中有建教堂、传教的规定，第二次鸦片战争后签订的《天津条约》中有传教士可以到内地传教等内容。

师：这些传教士到内地一边进行文化侵略，一边充当列强的间谍，搜集中国的情报，为列强进一步侵华创造条件。

（教师展示义和团的告示的相关资料。）

(1) 保护中原，驱逐洋寇。

(2) 扶清灭洋，替天行道，出力于国家而安于社稷，佑民于农夫而护村坊。

(3) 上能保国，下能安民。

(4) 神助拳，义和团，只因鬼子闹中原。……升黄表，焚香烟，请来各等众神仙。……挑铁道，把线砍，旋再毁坏大轮船。……一概鬼子全杀尽，大清一统庆升平。

师：请大家结合上述资料小组讨论回答以下两个问题。

(1) 义和团眼中“扶清灭洋”的含义是什么？

(2) 如何评价“扶清灭洋”？

（学生分组讨论教师提出的问题，然后派代表回答问题。）

小组1：我们组认为“扶清”的含义是保卫国家，保卫清政府。这是从材料2中“出力于国家而安于社稷”和材料3中的“上能保国，下能安民”

得出的。“灭洋”的含义是反对帝国主义，包括列强的先进技术，可以说一切和洋人有关的事务都反对。这是从材料4中得出的。

师：归纳得不错，并且能够论从史出，非常好！哪组能够评价一下这个口号？

小组2：从这个口号中我们可以看出，首先，中华民族与帝国主义的矛盾十分突出，这个口号抓住了那个时代的主题，说明义和团运动是反帝爱国运动。其次，义和团把清政府当成了国家，国家就是清政府，没有分清楚二者的概念，放松了对清政府的警惕。另外，在“灭洋”时连先进的技术都要拒绝，说明义和团对外国侵略者的憎恨之深，这些技术给当地人民带来深重的灾难，所以毁坏它们是应该的。

师：答得很好！其他组还有没有补充？

小组3：我们认为拒绝先进技术，反映了农民阶级的落后与愚昧，太盲目了。另外，义和团还带有宗教迷信色彩，这在材料4中有表述。

小组2：我们不认为农民阶级盲目，列强拿这些先进技术到中国干什么来了？是剥削、侵略中国的工具。难道人们不该憎恨它们么？毁坏它们是应该的。

师：在当时的历史条件下，要求长期处在封建统治下的农民阶级正确区别清政府和国家是两个不同的概念是不可能的。同样，要求他们区别先进技术和列强也过高地估计了农民的水平。可以说，农民阶级朴素的爱国主义精神和当时农民阶级所处的时代水平相一致。也正是这些局限性，最后导致义和团运动失败。义和团提出“扶清灭洋”的口号，不与清政府为敌，是否就能顺利开展反帝斗争呢？请大家阅读课本，写出义和团运动中心的转移和清政府对义和团运动态度的变化。

（阅老师在肯定的评价中使问题设置层层深入，评价的导向作用十分明确：对每个问题的探究都指向一个目的——课程的中心点，即学习的重点。）

（学生阅读课本，思考教师提出的问题。）

教师板书：

义和团运动发展

1. 中心的转移。

2. 清政府对义和团运动态度的变化。

师：下面请同学上讲台来把上述问题写在我的标题下面。

学生走上讲台分别在板书的下面写出：

山东—直隶—京津

剿灭—招抚—镇压

师：答得非常好！义和团为什么由山东转到直隶？

生：由于袁世凯的镇压、剿灭。

师：所以山东人民非常痛恨袁世凯。面对越演越烈的义和团运动，清政府采取了招抚政策。大家阅读课本67页上面的两段黑体字，思考清政府对待义和团态度变化的原因和实质。

（学生阅读课本资料，思考问题。）

生：从这两段材料可以看出，清政府对义和团态度变化的原因是维护其自身的统治，实质是利用、控制，最后剿灭。

师：你从哪里看出来的？

生：从“剿之，则即刻祸起肘腋……只可因而用之，徐图挽救”和材料“不如抚而用之”的表述中可以看出来。

师：清政府的招抚政策，一方面使义和团势力在短时间内迅速壮大起来，控制了京津地区。另一方面也麻痹了义和团民众，使他们未能认清清政府借刀杀人之计，即借帝国主义之手消灭义和团，以挽救清政府的统治。对于义和团，当时清政府内部也存在争议。大家思考一下，如果你是当时清政府的一名官员，站在清政府的立场上，你应该如何对待义和团？

（学生讨论，绝大多数学生主张招抚，只有少数学生主张剿灭。）

师：现在请主张剿灭的学生发言。

生：我们认为义和团最初是反清的，由于洋教问题才使他们转而反帝，帝国主义肯定会镇压义和团，如果清政府也进行剿灭，可以将义和团迅速镇压下去。所以应该立刻剿灭。

师：但是清政府最终选择了招抚，是由于什么呢？

生：由于慈禧太后误信谣传。

师：可以看出，慈禧太后为了一人的权力，置一个国家于不顾，对于人民更是如此。清政府已经腐败到了极点，也正是由于这一点，列强才继续扩大侵华战争。下面我们看一看列强是如何发动侵华战争，义和团又是如何和清军抗击八国联军的。

师：小明同学课下制作了“八国联军侵华及义和团抗击八国联军”的课

件，现在请他为我们讲解这段历史。

（学生小明走上讲台，一边演示课件一边讲解，教师根据他的讲解板书。）

师：小明同学讲解得非常到位，使我们受到了一次爱国主义教育。义和团运动最后在中外反动势力的联合绞杀下失败了。大家讨论一下义和团运动失败的原因。

（学生讨论。）

生：义和团运动失败的原因是中外反动势力的联合绞杀。另外，农民阶级自身的不足，如利用宗教形式，提出“扶清灭洋”口号，对清政府放松警惕，没有一个巩固的根据地，缺乏一个坚强的领导核心等也是运动失败的原因。

师：除中外反动势力的联合绞杀外，你说的这些都是由农民阶级的局限性造成的。好！我们把以上论述归纳一下，从主观、客观两个方面进行概括，就是农民阶级的局限性和中外反动势力的联合绞杀。

师：以前我们学过的农民阶级反封建反侵略的运动是什么，大家还记得吗？

生：太平天国运动。

师：太平天国运动与义和团运动都是农民运动，二者有哪些异同？

（学生讨论，但很难展开。）

师：比较两个事件的异同可以从事件的背景，事件的性质、经过、纲领和事件的结果等方面进行比较。

（课堂顿时活跃起来，学生纷纷举手发言。）

生：我先说相同点，他们的领导阶级相同，都利用宗教形式，革命的结果相同或相似。不同点有四个方面。一是背景不同：一个是中国刚刚沦为双半社会，一个是双半社会即将形成。二是斗争目标不同：一个是反封建反侵略，一个是单纯反帝爱国运动。三是纲领不同：一个有纲领，一个只有口号，没有纲领。四是对外的态度不同：一个学习西方，提出救国方案，一个盲目排外。

师：还有吗？

生：我认为相同点还有他们都反对外国侵略，都面临着中外势力的联合绞杀。不同点可以从地理位置上来区分，一个发生在中国的经济中心南方，另一个发生在中国的政治中心京津地区。

师：总结得很好，二者确实有很多异同点。义和团运动虽然失败了，但历史作用巨大，它粉碎了列强瓜分中国的计划。八国联军司令瓦德西在《拳乱笔记》中写道："无论欧美、日本各国，皆无此脑力与兵力，可以统治此天下生灵四分之一……故瓜分一事，实为下策。"这段话的意思是什么？

生：义和团运动让列强看到了中国人民的伟大力量，迫使他们改变侵华策略，不得不放弃瓜分中国的计划。

师：非常正确。那么，我们怎样认识义和团运动和八国联军侵华这两个历史事件？

（学生议论纷纷，提出自己的认识。教师展示幻灯片，引导学生深层思考。）

师：长期把持中国海关的英国人赫德目睹义和团运动之后认为："当前这个事件并非毫无意义——今后一百年是一个变革的世纪，而义和团运动就是这个世纪变革的序幕，也是远东未来历史的主旋律：中国到公元 2000 年的时候，必将是非常之不同于 1900 年的中国。"我们亲历了 21 世纪祖国的变化，回眸百年前的这段历史，你有哪些感想？

在这个案例中，闵老师的评价以引发学生的探究为目的。探究教学对课堂即时生成的评价要求较高，如评价每个学生理解了哪些概念，哪些还模糊不清或不知道，能否灵活运用知识解决问题，能否提出问题，能否设计并实施探究计划，能否分析处理收集的证据，能否判断证据与自己提出的假设的关系等。

教师要弄清楚这一切，单靠终结性评价是难以奏效的。用评价引发学生探究的教学在重视并改进终结性评价的同时，更重视即时生成的评价。案例中，闵老师不断巧设疑问，促进学生不断探究，并及时与学生面对面交流，针对某个问题做出解释。这样做可以了解学生对知识理解的深度和广度，以及进行科学推理的能力。

重视学生对自己的学习过程进行评价，也是用评价引发学生探究的一个特点。学生不断对自己的探究学习进行评价，如采用的方法是否合适、解释是否合理、对知识的理解是否深入等，可以提高学习效率，有利于达成学习目标。此时，教师应该对学生积极主动参与探究给予充分肯定，为学生解决类似问题或相关问题指出方向。

这是探究式课堂教学活动中重要的一步，其作用是进一步让学生牢记探究方法，养成探究习惯，把学习探究变成自己学习的一大乐趣。通过评价进行激励可由教师进行，也可以让学生自评、互评，学生总结，教师补充。

（四）学情评价为学生的终身学习和全面发展铺路搭桥

黑龙江省牡丹江市的李老师的班里转来一个学生，这个学生成绩一般，有一次考了88分，李老师在评卷时表扬了她的进步，但她并不开心，而且流下了眼泪。

李老师找她到办公室谈话，她对李老师说："明天就是我的生日了，爸爸妈妈说如果我这次考试达到90分，会给我买很多很多生日礼物。"她的话深深地触动了李老师，就给她加了2分，并对她说："老师借2分给你，记住下次考试还给我，算是老师送给你的生日礼物。"

没想到从此以后这个学生学习非常刻苦，奇迹般地跻身于优秀生的行列，毕业时考了班级总分第六名的好成绩。

在这个案例中，李老师一次简单的学情评价给了学生如此巨大的动力，值得每个中学教师深思。新课程改革催生了学情理论的发展，也改变了学生的学习方式。教师不再只研究如何教，还要教会学生如何学。教师密切关注每个学生的学情动态，并把对学情的关注落实到备课、上课和教学评价的全过程，从而以学定教，顺学而导。课前研究学情、课中关注学情、课后反思学情构成了学情关注的"三部曲"，中学教师应该共同奏响这首与新课程改革相伴而生的和谐乐章。

中学教师学情评价应该注意以下几个方面。

1. 课前研究学情，优化教学预案

（1）课前了解学情，做到目中有人。

中学教师在备课时应该研究学生的情况，充分了解学生。例如，通过与学生对话了解学生的需要；通过与学生接触、与家长沟通研究了解学生的兴趣、爱好；从学生的课堂表现、作业反馈以及评价检测中分析学生的基础和差异。总之，教师在备课时要做到心中有学生，要根据学生的实际设计教学。

（2）课前调研学情，优化教学程序。

中学教师可以利用课前三分钟随机调查，了解学生的预习情况，为知识迁移做好准备，为课堂教学预设思路；可以让学生参与备课，师生在合作备课中相互启发，为课堂教学做好准备。

（3）课前预测学情，注重教学实效。

中学教学设计要科学合理，要适合学生的年龄特征和认知水平，要充分考虑教学环节的可操作性，拒绝华而不实。教师要在学生的学上下功夫，让每个学生在课堂上都能扎实有效地学习，让不同层次的学生在课堂上有不同的收获。

2. 课中关注学情，落实以学定教

关注学情既要兼顾两头，又要照顾中间，体现教育的终极关怀。中学教师要用热情宽容的心去转化学习困难的学生，展现教师的教育美德。

（1）让学困生乐中求学，让学生在课堂上“吃得了”。

学生在课堂上回答出错的时候，教师不要忽略他们的回答，要尊重他们独特的体验和感受并及时纠正，加以评价，不要错失提升他们的机会。当学生在课堂上开小差或不知所云的时候，教师要迅速调整思路，采用学生喜闻乐见的形式让他们回到课堂教学活动中，并设法降低难度和要求，让学生能够接受，乐于接受。

（2）为中等生铺设台阶，让他们在课堂上“吃得饱”。

对于某一问题，当发现很多学生都在举手的时候，教师要尽量给中等生表现的机会，因为他们答对了就会有满足感和成就感，能够对学习产生兴趣。如果教师只让优秀生回答问题，那么中等生就只有“陪读”的份了。当学生回答问题时未能深入思索而人云亦云时，教师要随机应变，设法耕耘那片“荒芜之地”，抓住这个师生互动的好机会，走近学生，俯下身子，侧耳倾听，看学生需要哪些帮助，并参与其中，帮助学生化解疑惑。

（3）为优秀生搭建平台，让他们在课堂上“吃得好”。

如果教师发现优秀生在课堂上无所事事，就要及时为他们创设富有挑战性的提问或发言的机会，为他们提供展示的平台，让他们向更高、更深的层次发展，并把他们的学习经验加以推广。

总之，在课堂上中学教师要从学生的表情、质疑、朗读、答问以及精神状态等方面关注每个学生，实施分层教学，因学施教。教师对特殊学生要心中有数，视线要触及课堂的每个角落，对学生全面关注，确保学生全面提升。

3. 课后反思学情，讲究评价策略

课后反思学情是一个容易忽略但又不能忽视的环节。由于课堂教学时间短、教学任务重、学生人数多等，教师只停留在关注学生的课堂表现是远远不够的，还要在课后认真反思学情，总结学情。教师要用善解人意的心去读懂学生，理解学生。教师给学生一个机会，学生会还教师一个奇迹。

中学教师要有发展的眼光，要更新自己的学生观和评价观，讲究评价策略，为学生的终身学习和全面发展铺路搭桥，帮助学生创造辉煌灿烂的明天。

三、如何做“会评价”的教师

中学教师对学生的评价会对学生产生非常大的影响，教师通常会给予学生积极的评价以起到鼓励的作用，但有时也会做出不恰当的评价，打击了学生的信心。对于有些比较敏感的学生来说，一次不恰当的评价甚至会让他们产生消极反应，这类例子并不少见。所以，中学教师对学生做出评价一定要慎之又慎，不妨采取以下技巧进行评价。

（一）把握学生心理，学会心理调控

中学生的心理有共性特点，但个体之间也存在着很大的差异，教师对学生进行评价时不但不能绕开中学生的心理，而且必须了解、掌握中学生的心理特点和差异。初一时，学生尊重教师，对教师怀有特殊的感情，教师和学生的关系比较好；到了初二、初三阶段，学生自我意识增强，不再盲目接受教师的观点，开始对教师评头品足，把喜欢的教师和不喜欢的教师分开，对教师的态度甚至影响到他们对课程的学习；到了高中阶段，学生自我意识高速发展，自我评价不断深入，更渴望得到教师客观公正的评价。

中学生的性格一般分为内倾型和外倾型两类，不同性格类型的学生对评价的态度和心理承受力不同。在评价过程中，学生作为被评价者往往会产生

不同程度的心理障碍现象，如被审心理、应付心理、防卫心理等，结果反馈时也会产生心理障碍现象，如敏感心理、文饰心理等，这些都需要教师在评价前有所了解并做出调控。只有这样，教师才能实施正确、有效的评价，发挥评价的功能。

（二）选择恰当的评价时机，坚持评价具体化

中学教师对学生的评价有定期的和不定期的两种。定期的评价，一般来说学校有统一的要求，评价次数有限；不定期的评价是指中学教师随时对学生进行评价，这种评价量比较大。可以说，中学教师在日常生活中对学生的一言一行是肯定或否定、赞许或批评等，都具有评价的意义。

从自主意识上说，中学教师对学生不定期的评价有时是自觉的，有时是不自觉的，但在学生眼里都是自觉的，都是教师对学生的一种态度、一种看法。所以，中学教师要增强评价的自觉性，减少盲目性和随意性。

中学教师对学生的评价要具体，切忌抽象，切忌演绎。就是说，中学教师对学生的评价要就事论事，不要由此及彼，不要由现在追及历史，不要由此人波及他人或群体，更不要就抽象和演绎的结果做出综合的结论。调查结果显示，这是学生十分厌恶的事情，通常会产生消极的结果，没有任何积极意义。

另外，中学教师对学生的评价还要掌握时机。通常可以在学生需要或师生处于最佳的心理状态时进行评价。中学生在发展过程中需要外界的激励，包括教师的激励和家长的激励。学生产生这种需要的时候，会在教师面前表现出相应的行为，中学教师要抓住这个时机激励学生。一般来说，这时的评价会表现为一种评价正效应。

无论学生还是教师，心理状态都是不稳定的，有时好些，有时差些。当学生或教师遇到某些不快而心理不稳定时，教师就要暂缓评价行为，实行放一放、冷一冷策略，否则很难产生积极效果。相反，当师生处于最佳心理状态时，师生情绪平稳，教师在这时对学生进行评价，就会推动学生的发展。

（三）掌握评价的语言艺术，实现教育真、善、美统一

中学教师要掌握评价的语言艺术，做到对学生的评价真、善、美统一。

真就是教师的求实之心，使评价准确、客观；善就是教师的期望之情，使评价成为激励学生的动力，帮助学生自我完善；美就是教师的真挚之爱，通过评价促进学生整体、和谐发展。

中学教师对学生的评价是通过两种语言形式表现出来的，一种是有声语言，可以通过文字记录下来；另一种是无声语言或肢体语言。掌握这两种语言的评价艺术，对于一个中学教师来说是不可或缺的。在有声语言中，有些语言是准确的，有些语言是模糊的，该用准确语言的就必须用准确的语言，该用模糊语言的就要用模糊的语言。

中学教师运用评价语言时，一定要选用那些激励性的语言、催人上进的语言、善的语言、美的语言，切忌使用挖苦的语言、伤人的语言。有声语言评价与声调相关，有声语言可以有不同的声调，含义大相径庭。中学教师运用有声语言评价时，含义和声调要一致，以免评价失实，造成不必要的误解。

中学教师对学生的评价有时用肢体语言，这就要求教师的肢体语言准确、得体，有美感。要遵守肢体语言的通行含义和规则，动作要落落大方、优美动人，要做到动作活泼而严肃，幽默而真诚。同时，也要注意运用肢体语言评价的时间、条件和环境，不能随意而为。

（四）灵活运用各种评价类型，做到评价有度、有利

中学教师对学生的评价类型很多，如单项评价和综合评价、相对评价和绝对评价等。就评价类型而言，没有好坏之分，每一种评价类型都有自己的特点和独特的功能。中学教师要根据评价目的、评价对象和评价环境灵活运用各种评价类型。

不管运用哪一种评价类型，都要做到评价有度、有利。所谓有度，一是不管对哪一类学生，评价都不要过于频繁，次数不宜过多；二是不管运用哪一类型的评价都要适度，不要一味追求某一类型的评价；三是不管进行哪一类评价都要掌握分寸。所谓有利，就是评价要有利于学生接受，有利于学生认同，有利于学生自我发展。有时会出现这种情况：教师一片苦心，学生就是不接受。学生不接受的评价是无效的评价，甚至会成为负面评价。中学教师的评价要让学生接受，就要做到评价的内容和语言表达准确，并教会中学

生自我评价。

随着年龄的增长和自我意识的不断强化，中学生越来越重视自我评价。事实证明，只有中学教师对学生的评价被学生接纳，成为学生自我评价的一部分，中学教师的评价才能真正发挥作用。培养学生的自我评价能力，是中学教师对学生评价的重要内容。教师评价和学生自我评价有机结合，评价的价值才能完整地体现出来。

可见，中学教师对学生的评价非常重要。中学教师要注意自己的一言一行，为人师表，对学生多鼓励；要注意自己的评价方式和内容，关注学生的个体差异；要尊重学生，以人为本；要用发展的眼光看待学生，有效使用评价，为学生的成长指引方向，为学生成人成才扫除障碍。

天道酬勤。中学教师应该认真勤奋地学习评价理论，不断总结实践经验，增长才干，掌握技巧，通过评价实现教育教学高效率。

习惯 7

会提升

——画龙点睛，让学生的认知上台阶

一、“会提升”概述

中学阶段是学生学习和发展的重要阶段，是学生逻辑思维能力和抽象思维能力发展的重要时期。所以，提升中学生的各项能力有着非同寻常的意义，是教师义不容辞的责任。在教学过程中，由于学习的连贯性、逻辑性、抽象性发展不均衡，学生的提升存在一定难度，中学教师需要做出不懈的努力。

中学是学生学习的黄金时期，学生能否正确评价自己的学习能力，决定了他们能否找到适合自己的学习方法，养成良好的学习习惯，并顺利完成学业，铸就辉煌的人生。会提升，就是提升学生在学习过程中对各学科知识的接受能力，以及运用该学科知识解决实际问题的能力。

（一）中学生应该提升的四个要素

1. 学习的动力

学生的学习动力主要是学习的动机和需要。学习的动力取决于学习的动机，学习的动机取决于学习的需要。所以，要解决学习的动力问题，首先要解决学生对学习的内在需要，只有学习成为学生的内在需要，学生才能成为学习的主体，才能主动积极地学习。研究学习的动力要着重解决为什么学习的问题，学生明白了为什么学习，自然就提升了学习的自觉性。

2. 学习的能力

学习能力主要是学习的方法和策略问题。学生学习的方法正确，策略有效，并且能够准确、熟练、有效地使用，就能提升学生的学习能力。学生的学习能力具有关键性和时代性，学习能力是一种关键能力。同时，学习能力还是一种符合现代学习特点的能力，包括记忆力、观察力、理解力、分析力、综合力、转化力等。

3. 学习的毅力

学习的毅力主要指行为强度和持久性。学习的毅力与学习的动力、学习的能力有很大的关系，与学生的个性特征和行为习惯有着密切的联系。“会提升”的教师都特别关注学生的意志、耐力、勇气和乐观进取精神。在提升学生的过程中，特别是学生遇到困难和挫折的时候，教师可以让学生知难而进，不断克服困难，勇往直前。学习毅力能够提升学生持续学习的能力。

4. 学习的创造力

学习的创造力主要指学习的改造、运用与创造问题。学习并不是机械地接受，不是简单地模仿，不是“死读书，读死书”，也不只是积极地消化吸收和融会贯通，纠正和改造旧知识，而是举一反三，灵活运用，甚至根据已学知识，结合自己的经验与想象进行新的创造。这才是提升最有价值的内容，是“会提升”的最高境界。认识世界的目的是改造世界，只有提升学生的学习创造力，才能解决学生创新学习的问题。

教师“会提升”，就要提升学生学习的动力、能力、毅力和创造力四个要素。这四个要素有一个从低级到高级的逻辑顺序，它们相互联系，相互依赖，相互促进，相得益彰，决定了学生学习能力的水平。“会提升”的教师应该举重若轻，根据这四个要素画龙点睛，让学生各方面能力都上一个台阶。

（二）教师“会提升”的四个要素

1. 培养学生的学习兴趣

兴趣通常是与生俱来的，也可以通过后天的努力来培养。检验学生的学习兴趣，主要看在正常的学习时间之外学生是否积极探寻该学科的外延问题，并通过独立思考或寻求帮助加以解决。教师应该培养学生的学习兴趣。学生只有对学习有兴趣，才能积极主动地探索，学生的主体性才能得到充分发挥。

2. 营造良好的班级氛围

学习是一种长期、独立、艰苦的个体劳动，学生的学习兴趣会随环境的变化而变化。班级授课制加深了学习过程中集体活动对学生个体行为的影响。因此，教师还应该打造一个团结向上、积极进取、具有浓厚学习氛围的班集体，这无疑会对每个学生的学习产生积极的影响。反之，一个纪律松散、不求上进的班级会对学生的学习产生不良影响。

3. 端正学生的学习态度

学习态度是学生成长的重要因素，学生只有具备正确的学习态度，才能养成专注的习惯，从失败中振奋精神，养成良好的学习习惯。在学习方面所谓的天才人物，指的是那些有毅力的人、勤奋的人、忘我的人和充满热情的人。提升学生的学习能力从来没有秘诀，只能培养学生坚持到底、永不放弃的精神。

学生智力因素的作用在学习中不可缺少，但非智力因素的作用更大。一个智力一般但很勤奋的学生往往可以取得较大的成就，一个智商高却害怕吃苦受累的学生很难在学业上有所收获。所以，端正学生的学习态度，提升学生坚持、坚持、再坚持的精神就显得尤为重要。

4. 教学生做一个会学习的人

中学教师应该懂得让学生选择最适合的学习方式，使学生完全融入学习中。多听、多读、多观察是学生必须具备的学习能力。中学最有价值的知识是关于学习方法的知识。会学习是学生在学习中最具科学含量、最讲技术操作的品质，决定了一个学生学习的成败。

21 世纪的文盲不是那些没有知识的人，而是那些不会学习的人。所以，提升学生的学习能力，让学生成为会学习的人非常重要。学习之所以令一些学生望而生畏、感到厌烦，就是因为这些学生忽视了学习的方法，只知道埋头苦学，久而久之自然会感到厌倦。提升学生，重要的不是让学生掌握多少知识，而是让学生掌握获取知识的途径与方法。虽然艰难的学习过程不可或缺，但是掌握学习方法可以使学习的过程变得更简单、更快捷、更有趣。

提升学生的最好方法，是给学生带来最大学习效益的方法，这种方法需要在具体的学习实践中灵活运用。学生感觉最舒适、最有兴趣的方法，才能让学生真正“解放”，才能极大地提升学生的学习效率，使学生进入最佳学习状态。中学教师应该针对学生的具体情况，灵活实施提升策略。

二、名师与“会提升”

（一）建立学科坐标系，让学生掌握学习规律

李佳是北京市特级教师。在李老师的班上有一些化学成绩不好的学生，他们在学习时根本找不到学习规律，而且还受初中知识的束缚，思维打不开。为此，李老师特意找到他们，并传授他们掌握学习规律的方法。

李老师对他们说：“虽然高中化学的内容比较多，但并不是没有规律可循。比如说，‘物质的量’就是一个很重要的概念。刚上高中的同学总是喜欢用以前学习的‘质量’去解题，而难以接受‘摩尔’这个单位。其实，用‘摩尔’去计算化学题要比用‘质量’简便得多。你们要学会发现其中的规律。”这些学习中找不到规律的学生试着打开思路，并通过练习逐渐掌握了解题规律，进而奠定了高中化学计算的基础。

元素以及化合物中有大量反应，这更让那些找不到学习规律的学生感到头疼。他们觉得把这些都记下来太难、太复杂了，其中似乎没有什么规律可循。但这些知识又是化学的基础，是必须熟记的。那该怎么办呢？

李老师帮助他们找规律，教他们把这些散乱的知识系统化。例如，在学习卤族元素时首先学习的是氯气。根据氯原子的结构就能推断出氯气的性质：易得电子，有较强的非金属性等。物理性质也不能忽视，有时物理性质就是解题的重要线索。了解了氯气的性质后，氯气的用途也就容易理解了。氯气主要用来消毒、制造漂白粉等。

在学习实验室制法以及发生和收集装置、尾气吸收、除杂等内容时，学生从中理出“结构—性质—存在及用途—制法”的线索，这就加强了学生对这一节知识的理解。在学会了氯气的知识后，学生就很容易从一个典型的代表物推广到其他单质，从而掌握它们的共性与个性。这样，学生在学习这一类知识时就明白了其中的道理，这就是在学习中找到了学习规律。

在李老师的帮助下，这些以前找不到学习规律的学生逐渐改变了自己的处境，学会了按照学习规律进行学习。

学生成绩不好的原因之一是找不到学习的规律，所以他们才会在学习时

找不到方向。学生如果没有找到知识的关键点，摸不清学习的规律，当然就会觉得无从下手，即使着手解决也得不到理想的结果。

对于这种情况，教师应该帮助学生找到学习的规律，这对于提升学生的学习能起到巨大的作用。在上述案例中，李老师向学生传授了用新思路找到解题规律的方法，指导学生运用发散思维逐渐发现规律，提高学习效率。例如，对卤族元素的学习，只要抓住了其中一个元素的性质，在学习其他同类元素时就会觉得容易多了。这也说明了化学学习的规律性特点。

不管是什么学科，学习中都有规律可循。知识就像链条一样，新知识是在旧知识的基础上发展起来的，与旧知识紧密联系。无论知识链中的哪一个环节出了问题，都会像链环松动或脱落一样，影响知识链正常运转，甚至使整个链条断裂。掌握学习规律，能使学生的知识链环环相扣，确保学生学习起来轻松、顺畅。中学教师要努力帮助学生掌握学习规律，为他们建立起学科学习的坐标系，从而提高学生的学习成绩，同时提高教学效率。

（二）连接知识点，提升系统知识

云南省昆明市的刘老师是学校的优秀教师。怎样使学生高效、轻松学好英语，是刘老师一直关注的问题。

课外活动时，刘老师在操场上总看不到学生小王的身影，他知道小王一定在教室里上自习。小王的学习成绩在班里处于中等偏下水平，英语是最薄弱的，但她是大家公认的学习最努力的学生。每天早上小王总比其他学生早来一个小时，在学校的操场上背英语，晚上她总是要学习到一点多，但她的成绩怎么也上不去。这次月考她又退步了几名。

为了帮助小王提高学习成绩，刘老师细心观察，寻找小王学习成绩无法提高的原因。观察一段时间后刘老师发现，小王在学习过程中不注重知识的系统性和知识点之间的联系，很多知识只靠死记硬背，大部分单词都是靠机械记忆记住的。这样学习无疑加重了小王的学习负担，而且机械记忆不会起到很好的记忆效果，影响了小王提高学习成绩。同时，刘老师发现这种情况在学生中普遍存在。

为了帮助小王提高学习成绩，刘老师指导她改进学习方法。提高英语成绩，积累词汇是关键，刘老师决定从词汇入手，教小王用辐射式思维法掌握词汇。在学习新单词 sparrow（麻雀）时，刘老师让小王思考：以前学过的词语中，哪些词是以“ow”结尾，发音又为［əʊ］的？小王开始思考，然后与刘老师共同例举：snow（雪）、follow（跟随）、window（窗户）、swallow（燕子）、shallow（浅滩）、fellow（同事）、arrow（箭头）等词。再看 sparrow 时，小王在轻松的回想中一下子就记住了这个单词，同时又巩固了以前学过的单词。刘老师又以 sign（标签）为例，让小王找哪个字母没发音，能不能举几个以“-gn”结尾而“g”没发音的词。在刘老师的指导下，小王列举了 design（设计）、campaign（运动）和 foreign（外国的）等词。

同时，刘老师在教学过程中也开始进行系统教学。刘老师将一些知识进行总结归纳。例如，弄清元音字母与辅音字母、元音与辅音、音节与重音；the 在元音开头的单词前的发音；a 与 an 是根据后面的单词词首发音字母的发音而不是拼写选定等。讲到每一个关键的知识点，刘老师都会举一个有代表性的例子，让小王思考后举出两个例子。小王自己归纳一遍，马上记在笔记本上。

在期中考试前，刘老师还带领学生做了动词的专题复习训练。刘老师让小王思考从初中到高中学了哪几种动词，动词有什么句法功能，动词有什么变化，并让小王在黑板上写出来，进行归纳整理。通过从初中到高中纵向回顾，小王很快归纳出动词的变化特点：有人称、数的变化，有否定句、疑问句、倒装句的句型变化，有时态的变化，有语态的变化，有语气的变化，还有非谓语动词的选择与变化。与此同时，刘老师还让小王分类型做了大量练习，针对练习中出现的问题进行系统整理。

在刘老师的指导下，小王的英语成绩提高了。更重要的是，小王学会了如何学习。

学生学习成绩不好的原因很多，有些学生对学习不感兴趣，有些学生学习态度不端正，但有些学生是想学习但不会学。上述案例中的小王就是这样的学生，她每天用功学习，但学习成绩总提不上去，事倍功半。

在学习过程中，像小王这样的学生往往只是在和学习打“时间战”，希望可以通过加倍努力获得好的成绩。他们将书本中的知识作为一个个孤立的点，对知识进行机械记忆，从来没有想过如何巧学、巧记。所以，在教学过程中教师不但要传授知识，还要关注学生的学法，并帮助学生改进学法。

在中学阶段，有大量的基础知识需要学生记忆，这些基础知识之间几乎没有什么联系，但它们恰恰是学习中最重要的部分。例如，英语词汇在学生眼里似乎是孤立的，彼此间没有联系。面对大量英语词汇，很多学生采取简单重复、机械记忆的方法。对此，教师在教学中可以探索一些有效方法，提升学生的记忆能力。刘老师就是通过指导小王用辐射式思维法记忆单词，提升了小王的单词记忆能力。

知识之间大多是有联系的，在教学过程中，教师要寻找知识之间的联系，并进行总结、整理，让学生综合把握。知识体系都有一定的规律，但由于有些知识是学生在不同阶段学习的，所以他们难以找到彼此间的联系，进行系统学习。在教学过程中，教师可以进行专题复习训练，让学生将高中的知识与初中的知识联系在一起，形成一个系统，进行整体把握。案例中的刘老师进行了动词的专题训练，通过这样的训练，将初中和高中的动词知识从纵的方向进行回顾、分类、整理，找出其内在规律，使知识系统化、规律化，从而有效地提高了学生的学习效率。

（三）强化训练，提升重难点学习能力

北京市的金老师在教学过程中特别关注学生对重难点知识的掌握情况，注意帮助那些抓不住重点知识的学生提升学习能力。

《杜鹃枝上杜鹃啼》是一篇以小品文形式进行记叙的课文，由于这种文体很独特，学生经常在理解文章的中心思想时因找不到重点而理解错误。为了加深学生对重点知识的理解，金老师在学生预习后并没有直接进行重点知识讲解，而是让学生找出表达中心内容的句子。

经过反复阅读，学生开始提出自己认为是重点的句子，但有很多学生没有说到点子上。针对这一现象，为了更好地帮助学生掌握重点知识，金老师说道："作者在创作一篇文章的时候，如果没有一定的中心思想，那么文章就没有了主题。我认为这应该是我们今天学习的重点。你们说呢？"

学生异口同声地回答："是重点。"

金老师又问："那么大家觉得这个重点在哪里呢？现在，大家再仔细阅读一遍课文，然后说出自己的想法。"

教室里又响起了琅琅的读书声……

过了一会儿，金老师让经常抓不住学习重点的小宇谈谈看法。小宇说：

“金老师，我在阅读课文时看到提示上说，本文表达了一种‘愉悦的感情’，我认为这种“愉悦的情感”可以作为本文的一个重点知识。可是，文本中多是‘啼血’‘啼瘦’‘其悲哀可知’这样的字眼，能传达愉悦情感的词语很少。所以，我不太理解这两者之间是怎么统一起来的。”

金老师笑了笑，说道：“要想从内心深处抓住文章的重点，就一定不要迷信。不迷信课本，不迷信注解，同样也不要迷信教师。要大胆怀疑，小心求证。”

“那么，您认为‘愉悦的情感’是不合适的了？”小宇好奇地问。

金老师点点头，说道：“我是这样认为的，你看呢？”

听了老师的话，小宇也赶紧点点头，说道：“我现在也觉得是这样。”

“那么到底是不是呢？我想我们还是让文章自己来说话吧。现在请同学们重新阅读一下第一段，一定要仔细阅读，并且进行重点分析。然后，请大家说出自己的理解。”

学生更加仔细地读了起来。过了一会儿，金老师请学生小健回答。小健答道：“行文伊始，作者交代了自己的名号‘瘦鹃’的来历。接着就讲杜鹃惯作悲啼，甚至啼出血来，从前诗人词客称之为‘天地间愁种子’。鹃而啼瘦，其悲哀可知。”

金老师点点头，说道：“注意了，在这里作者有意无意地在自己和杜鹃之间建立了一种联系。你可以联系作者写‘哀情小说’的主张和现实背景来思考。”

小健继续说：“作者自名为瘦鹃，而且以写‘哀情小说’为己任，这和杜鹃‘惯作悲啼’‘啼血’‘啼瘦’是多么相似啊！这是不是在暗示，我周瘦鹃何尝不是一只‘啼瘦的鹃’呢？”

“我想应该是吧。这种手法其实很常见，叫作托物言志。你注意到没有，文章在叙述了中国杜鹃的悲哀之后，也有两处提到西方人对杜鹃叫声完全不同的感受。”

“是的。一处是‘波兰有支名民歌《小杜鹃》，我虽不知它的词儿，料想它定然是一片欢愉之声，悦耳动听’。另一处是行文快结束时，作者说西欧各国还有一种杜鹃钟，每到整点有一只杜鹃跳出来报时，作‘克谷’之声，这正与杜鹃的英文名称‘cuckoo’相同，十分有趣。”小健说道。

金老师又问：“你觉得这两处内容和对中国杜鹃的叙写有什么不同？”

小健仔细想了想，说："我看这里的用意是说明西方人对杜鹃的感受和我们是不一样的。我们眼中的杜鹃是悲哀的，西方人眼中的杜鹃是欢愉的、有趣的。老师，我有一个问题，'波兰有支名民歌《小杜鹃》，我虽不知它的词儿，料想它定然是一片欢愉之声，悦耳动听。'这一句好像不通，作者自己说不知道《小杜鹃》的词，却'料想它定然是一片欢愉之声'，是不是太主观了？"

为了加深学生对重点知识的理解，金老师解释道："这里的关键是一个'小'字。'小'总是能给人一种活泼欢快的感觉。很多词语加上'小'字，整个词的感情色彩就变了。如'姑娘'二字，给人的感觉是娇羞端庄，而'小姑娘'给人的感觉是欢快活泼。同样，'鸟'给人的印象是抽象呆板，而'小鸟'给人的印象是活泼生动。'小鸟'这两个字会让人想到雏鸟新飞，想到欢乐、轻快的飞翔，想到清脆、悦耳、欢愉的鸣叫。所以，'小杜鹃'三个字，就使作者'料想它定然是一片欢愉之声，悦耳动听'。"

小健恍然大悟，点点头说："明白了，老师。杜鹃在西方是惹人喜爱的，在中国是引人愁思的。是不是西方的杜鹃和中国的杜鹃叫声本来就不一样呢？"

为了加深小健对重点知识的理解，金老师反问道："你说是不是呢？"

小健想了想后回答："应该一样。西方的杜鹃完全有可能飞到中国，中国的杜鹃也完全有可能飞到西方，它们的叫声应该是相同的。"看到小健已经将知识不断细化，金老师最后总结道：

"是的。在文章末尾，作者直接说明'我以为杜鹃声并不悲哀，为什么古人听了要心酸，要断肠，多半是一种心理作用吧？'看来，作者也认为对杜鹃声有不同感受的原因主要在于中西方人的心态不同。

"在这里，作者已经说得很明白了。古人听了杜鹃声觉得悲哀，并不是因为杜鹃声怎样悲哀，而是因为内心悲凉，所以听了杜鹃声才倍感悲凉。明白了这一点，我们就可以讨论本文的情感基调是不是'愉悦的'这一问题了。"

"同时，我们有一连串问题：周瘦鹃，你说古人听了杜鹃声觉得悲哀，那么你呢？你又为什么自称周瘦鹃呢，而且这个笔名一用就是几十年？时代改变了，你这笔名为什么一直没变呢？今人和古人有什么不同吗？你和别人有什么不同吗？你是不是想说我们中国充满'悲情''哀情'？这些问题在今天不算什么。可是，在需要粉饰的时代、在愚妄者当权的时代不是想说就能说的。

“周瘦鹃想说却不敢说，不说又不甘心，所以曲曲折折、隐隐晦晦、遮遮掩掩地表达真意。杜鹃就是周瘦鹃自身的隐喻。”

“怪不得曹雪芹要在《红楼梦》中感叹：‘满纸荒唐言，一把辛酸泪。都云作者痴，谁解其中味?’看来抓住一篇文章的重点不是一件简单的事。”另一个学生恍然大悟。

听了他的话，全班学生都哈哈大笑起来。在笑声中，大家都感到自己有了进步。

看到学生通过对重点知识的反复阅读和不断分析，已经深刻地理解、记住了相关知识，金老师感到欣喜。那些不善于抓住学习重点的学生，在金老师一连串的提问、讲解、分析、理解、记忆的训练中，不仅找到了知识的重点，还在这一系列强化训练中学会了如何抓住重点，极大提高了学习效率。

《杜鹃枝上杜鹃啼》是一篇典型的小品文，这种文体一般没有一个先行的主题。这种文章不矫情，不做作，而是自然地把天地间的虫鱼鸟兽、花草树木，纳入作者的写作视野，从作者的笔下流出。小品文能够充分表现作者的才情，但是在教学时这种文体容易给学生带来一个大难题：不容易抓住文章的中心思想和重难点。这就需要教师帮助那些抓不住学习重点的学生提升学习能力，对他们进行强化训练，使他们达到最佳学习效果。

在《杜鹃枝上杜娟啼》这篇课文中，作者一直围绕杜鹃“东拉西扯”。学生预习课文后，一方面感叹作者展现出来的渊博知识和娴熟的文字表达技巧，另一方面被这貌似知识介绍的文字搞得找不到重点，露出一脸“问号”。要想使学生获得更好的学习效果，教师不仅要强化学生对重点和难点知识的理解、记忆，更要教给他们找到、抓住学习重点的方法。

案例中，金老师首先通过提问的方式引导学生主动寻找重点知识，指出知识难点。金老师没有直接要求学生归纳文章的中心思想，而是引导学生通过整体感知找出表达重点的句子，然后揣摩语言，抓住知识的重点。在学生阅读、找寻的过程中，这些知识也就在学生的大脑中留下了极为深刻的印象。然后，学生进行反复阅读，这个过程有助于他们对课文的整体理解，更好地把握主题。对于没有抓住知识重点的学生，金老师及时做了提醒。最后，为了加深学生的印象，金老师又不断以问答的方式，提升学生掌握知识重点和难点的能力。学生在这种不断解答的过程中，在金老师的引领下，一步一步找到了文章的重点，理解了作者真正的写作意图，他们的记忆效果也更加牢固。

“天下无难事，有志者成之；天下无易事，有恒者得之。”无论难与易，成功的前提是选对方向，知识重点就是学生学习的重要方向之一。在学习过程中，很多学生上课时都很认真，下课后花费的工夫也很多，但是往往没有取得良好的成绩。虽然刻苦用功有利于学生提高学习成绩，但更重要的是能否抓住学习重点，找到正确的学习方向。

学生成绩不好一般有三个原因：一是不想学，二是不会学，三是学不会。在这三个原因中，前两个是主观的，后一个是客观的。只要学生在学习中抓住重点，对症下药，就不难解决问题，学习成绩自然会有很大的提高。所以，中学教师要关注那些抓不住学习重点的学生，对他们重点指导，加深学生对重难点知识的理解，以帮助他们更快、更准确地掌握知识。

1. 正确理解教师的主导地位，突出学生的主体地位

提升学生抓住学习重难点的能力，目的不仅是让学生找到学习的重难点，更重要的是让学生体会抓住重难点的过程，让学生掌握一种更快速、更有效的学习方法，变得更会学习。

中学教师在教学过程中切忌越俎代庖，从提出问题、分析论证到得出结论、抓住重点，不要都按照自己的思路展开，然后直接告诉学生结果。要突出学生的主体地位，让学生参与并完成整个抓重点的过程。只有亲身经历过，学生才能记忆深刻，才能达到强化训练的目的。

2. 对重点的探究切莫过度“开放自由”

随着新课改不断深入，教师在教学工作中更加注重对学生自主性的培养。在引导学生抓学习重难点的过程中，一定不要任由学生的思路过度“开放自由”，使所有知识都成为重点、难点。

知识固然都很重要，但是也有主次之分和重中之重。如果所有知识都成为重点、难点，那么学生就无法抓住真正的重点，学习自然也就失去了重点。对于抓不住学习重难点的学生，教师一定要给他们指出明确的方向，指明什么知识一定要牢记，什么知识应该灵活运用。教师在使用教学用语的时候也要简练、明了，避免学生由于不明白教师的教学意图而抓不住学习的重难点。

（四）开拓视角，提升学生的发散性思维

浙江省平湖市的顾老师，在教学中发现学生不懂变通，就及时引导、帮助学生开拓视角，提升发散思维能力，进而解决了一系列问题。在教学“不等式的证明”时，顾老师在黑板上出示了这样一道题目。

求证：$\sqrt{a^2+b^2}+\sqrt{a^2+(1+b)^2}+\sqrt{(1-a)^2+b^2}+\sqrt{(1-a)^2+(1-b)^2}\geqslant 2\sqrt{2}$，其中 $b\in(0,1)$。

顾老师要求一个学习成绩不太好的学生到黑板上做题。这个学生从题型出发，但受到证明含根式不等式思维的影响，一直尝试用根式不等式的方法去做，没有思考更简便的解题方法。其分析证明如下：

考虑到不等式左边的结构特点，只要证明 $\sqrt{a^2+b^2}+\sqrt{(1-a)^2+b^2}\geqslant\sqrt{2}$。通过继续分析，只要证明 $4a^2+8b^2-4a-1\geqslant 0$，即 $4(a-\frac{1}{2})^2+8b\geqslant 2$，此不等式对 $a=\frac{1}{2}$，$b=\frac{1}{3}$ 不成立。

接着继续证明：

$\sqrt{a^2+b^2}+\sqrt{(1-a)^2+b^2}\geqslant\sqrt{2}$ 和 $\sqrt{a^2+(1-b)^2}+\sqrt{(1-a)^2+b^2}\geqslant\sqrt{2}$ 同时成立。

若使 $\sqrt{a^2+b^2}+\sqrt{(1-a)^2+(1-b)^2}\geqslant\sqrt{2}$ 成立，只需要 $(1-a^2)+(1-b^2)\geqslant 2-2\sqrt{2}\sqrt{a^2+b^2}+a^2+b^2$，即 $a+b\leqslant\sqrt{2a^2+2b^2}$。

也就是 $2ab\leqslant a^2+b^2$，这显然成立。

若使 $\sqrt{a^2+(1-b^2)}+\sqrt{(1-a)^2+b^2}\geqslant\sqrt{2}$ 成立，只需要

$(1-a^2)+b^2\geqslant 2-2\sqrt{2}\sqrt{a^2+(1-b)^2}+a^2+(1-b)^2$，即 $\sqrt{2a^2+2(1-b)^2}\geqslant(1-b)+a$ 也就是 $a^2+(1-b)^2\geqslant 2a(1-b)$，这显然也成立。

所以原不等式成立。

顾老师认为，这个学生解题的结论是正确的，但是过程太烦琐，在考试中这样做的话非常浪费时间，这也是部分学生因考试时间不够而成绩不理想的原因之一。如果学生能够灵活地思考问题，打破原来的思维定式，大胆去

联想，这道题可以解得更巧妙、更省时间。

随后，顾老师展示了以下方法。

证明：不等式左边是两点间距离的形式，不等式右边是单位正方形两条对角线长的和，因此可将单位正方形 $OABC$ 放在直角坐标系里进行研究。

设 P 为单位正方形内任一点，则

$|OP|=\sqrt{a^2+b^2}$，$|PA|=\sqrt{(1-a)+b^2}$，$|PC|=\sqrt{a^2+(1-b)^2}$，$|PB|=\sqrt{(1-a)^2+(1-b)^2}$，因为 $|OP|+|PB|\geqslant|OB|=\sqrt{2}$，$|PA|+|PC|\geqslant|AC|=\sqrt{2}$，所以，$|OP|+|PB|+|PA|+|PC|\geqslant 2\sqrt{2}$，即 $\sqrt{a^2+b^2}+\sqrt{a^2+(1+b)^2}+\sqrt{(1-a)^2+b^2}+\sqrt{(1-a)^2+(1-b)^2}\geqslant 2\sqrt{2}$，当且仅当点 $P(a, b)$ 在正方形中心 $(\frac{1}{2}, \frac{1}{2})$ 时取等号。

这样，这个问题就轻松解决了。

在教学排列的问题时，顾老师也教育学生要发散思维，不要用定式思维思考问题。

顾老师展示了这样一道有关排列的题目：3 个女生和 5 个男生站成一排，如果两端都不能站女生，有多少种不同的排法？

有些学生面对这类题时不知道如何下手，于是就在草稿纸上一个个画起来。看到这种情况，顾老师并没有立即制止，而是让他们继续画。当学生难以做出正确解答时，顾老师开始讲解如何解决这一问题，在黑板上列出了三种不同的解法。

解法一：从位置方面来考虑。

因为两端不能站女生，所以两端的位置只能排 5 个男生中的两个，这样就有 A_5^2 种不同的排法，而对于其中的任何一种排法，其余 6 个同学都有 A_6^6 种排法。因此，按照分布原理，总共有 $A_5^2\times A_6^6=14400$ 种不同的排法。

解法二：从元素方面来考虑。

因为 3 个女生不能排两端，那么只能从中间的 6 个位置中挑 3 个来排，这样就有 A_6^3 种不同的排法，而对于其中的任何一种排法，其余 5 人都有 A_5^5 种不同的排法。因此，按照分布原理，总共有 $A_6^3\times A_5^5=14400$ 种不同的排法。

解法三：从问题的反面来考虑。

可以将问题转化为 8 个人的不同排法中除去两端是女生的排法。那么，8 个人有 A_8^8 种排法，而两端是女生有 $A_3^2 \times A_6^6$ 种，所以两端不是女生的排法就有 $A_8^8 - A_3^2 A_6^6 = 14400$ 种。

这三种不同解题方法向学生展示了这样一个道理：思维是可以发散的，思考问题时不能拘泥于一种思维，要开拓自己的视角。

思维定式对问题的解决具有较大的负面影响。如果问题的条件发生变化，学生还墨守成规，不能运用新思维做出新判断，就不能有效提高学习成绩。就如心理学家所说："规则经过程序化后，人的行为会变得相当刻板。"如果学生总是习惯于用一种方式来处理问题，那么他们处理这种问题的程序就会被大脑编辑并逐渐程序化。一旦程序化，学生就很难有意识地进行检验和评价，即使一些可用程序已经保存在记忆中，学生也很少甚至不去启用这些程序。教学实践中同样存在这样的问题，学生解题中的许多失误都是由思维定式造成的。要突破这些思维定式，就得从思维上寻求方法，也就是提升学生的发散思维能力。

发散性思维就是求异思维，是一种不受常规束缚、寻求变异、寻找多种解题途径的思维方式。发散性思维具有思路广阔、流畅、新颖等特点。这种不满足于现状的思维模式，用"以变应变"的策略来处理不同的问题，对提高学生的解题能力十分重要，可以启迪学生的心灵，使学生的思维活动更加活跃。

案例中，顾老师通过求异求变的解题方法，让学生认识到应该开拓视角，发散思维。在解答第一道题时，顾老师采用了新的解题方法，既准确又节省时间。学生要敢于打破原有的思维模式，大胆创新，从而提高解题效率，提高学习成绩。顾老师的这种方法也告诉学生，在平时的学习与练习中，对一个问题应该从不同角度去思考，尝试不同的解法。我们所说的一题多解，就是发散思维的一种表现。

在解答第二道题时，顾老师让学生从问题的正反面进行思考，使学生发散思维，从而寻求不同的解决方法，突破思维的定式。顾老师后来介绍的几种方法很好地证明了通过不同角度的思考可以获得意外的答案。角度不同就是思维的发散性强，而发散性思维就是从已知信息中产生大量变化、独特的新信息的思维方式，是一种多方面、多角度、多层次的思维方式。

运用发散性思维可以在从某个角度不能解决问题时迅速变换思维角度，从而解决难题。它要求学生能够从不同的角度或不同的侧面去观察、分析、思考问题。这也是顾老师练习这道题的目的所在。发散性思维对学生的学习有很大帮助，提升学生的发散性思维应该注意以下三个问题。

（1）流畅性。发散思维的第一层次是培养学生的思维速度，使其在短时间内表达较多的概念，提出较多解决问题的办法，考虑更多的可能性。

（2）变通性。培养学生从不同的角度灵活考虑问题的良好品质。

（3）独特性。发散思维的最高层次，也是求异的本质所在，即培养学生大胆突破常规、敢于创新的创造精神。

（五）补习旧知识，提升学生的学习基础

海南省海口市的聂老师帮助过无数基础差、没有自信的学生提升学习能力，让这些学生一个个都有了很大程度的转变。小华就是其中一个。

小华是一个高三学生，父母对他的期望非常高，希望他能考入一所好的大学。但是由于基础较差，小华的成绩怎么也提不上来。他也曾努力过，但因为没有找对方向，没有取得明显的效果。于是小华就天天玩，不学习。其实，他的心里有一种很强的失落感，他还是想好好学习考上大学的。

后来，小华的母亲多次打电话与聂老师联系，探讨小华的问题。和小华见面后，聂老师详细询问了小华的情况，问他想不想上大学。小华使劲点点头，说："想！谁不想上大学啊？我只是担心成绩太差考不上。"

聂老师又问他："如果努力了就能考上的话，你是否真的愿意努力？"

小华说："愿意！"

聂老师对小华说："只要你确实愿意努力，我就教你怎样努力。你肯定能考上一所好大学。"小华一下子被聂老师打动了。

接下来，聂老师就帮小华分析他的不足：基础不好。针对这种情况，聂老师提出补习以前学过的知识。例如，小华的数学基础很差，聂老师要他从初中的数学开始补习，每天的上午、下午和晚上三个时间段都要学习，不能偷懒。

小华按照聂老师的要求去做了，学了一个星期后就觉得自己有了很大的进步，做题速度快了，正确率也上升了。小华觉得原来怎么也学不会的东

西，现在一下子都变得简单了，他的学习信心增加了不少，觉得自己考上大学也不是什么不可能的事。同时，小华觉得学习不再枯燥乏味，而是很有乐趣，并把学习当成一种享受。

虽然现实中的问题是客观存在的，但是人们可以采用灵活的方法去解决。学习基础差一点不是大问题，只要能够找到提升基础差学生的方法，就可以扭转乾坤。案例中，小华从一个学习基础差、对学习没有自信的学生转变成了一个充满自信的学生。在这个转变过程中，聂老师抓住了小华学习成绩上不去的根本原因，给小华制定了一系列学习策略，其中就包括要求小华加强对旧知识的学习。

小华以前基础比较差，尽管也非常刻苦地学习，可是他自己付出的努力与获得的成绩不成正比，于是渐渐失去了自信心，感觉看不到希望，从而觉得学习是件痛苦的事情。后来聂老师和小华进行谈话，真正了解了小华的困难所在，正确判断出小华学习链中断的环节，然后让小华从基础知识开始进行系统的补习。这样一来，由于找到了学习基础差的关键点，小华的学习道路就顺畅了，面临的难度也降低了，学习时自然觉得简单多了。

小华转变的关键在于找到了问题的实质，并恰当地进行了学习上的补救，也就是加强对旧知识的补习。提升基础差的学生，教师要从多个方面着手，补习旧知识就是一种比较好的手段。补习旧知识的意义包括以下几个方面。

1. 帮助学生弄懂以前没有理解的问题

学校教学的基本组织形式是班级授课制，有的学生学习基础比较差，接受能力也不是很好，他们在上课过程中可能跟不上教学的步伐，也就会有或多或少的问题在课堂上没有弄清楚，这就需要通过课后补习来弥补。

学习是一个循序渐进的过程，前一阶段学习的知识都是后一阶段学习的基础。如果以前没有弄懂的问题得不到及时解决，就会给以后的学习造成很大的阻碍。如果这一部分知识理解不透彻的话，就会影响到学习新的知识和形成新的技能，也就会使问题越来越多，学生学习起来就会越来越吃力。一旦形成恶性循环，就会使学生的基础越来越差。

通过补习旧知识，学生就会对自己学过的但又没有学好的知识理解得更透彻，掌握得更牢固。这样，学生在学习新知识时就容易多了，也不会觉得自己的基础差，就会出现越学越好的良性循环。

2. 促进学生的能力发展

补习旧知识的过程，不仅是一个巩固知识和技能的过程，也是一个进一步提升学生能力的过程。通过补习旧知识，不仅可以使基础差的学生深入理解和巩固知识，形成熟练的技巧，还有助于知识和技能的广泛迁移。

知识和技能的迁移是衡量学生能力的一个重要标志。补习旧知识既要求学生集中注意力，积极思考，又要求学生努力记住这些补习的知识内容，有利于提高学生的注意力、记忆力以及思维能力，增强学生的理解力。补习旧知识的过程，也能让学生逐渐掌握有效记忆和复习的方法，引导学生科学复习，从而提升学生的学习能力。

3. 巩固知识

学习基础比较差的学生，有的没有很好地理解以前学习过的知识，有的当时理解了，但是过了一段时间又忘了。通过不断补习旧知识，学生的知识基础能在一定程度上得到提升和巩固，甚至记忆能力也会有很大的提升，对某一知识的记忆可能终生不忘。

当然，这里所说的补习旧知识并不是死记硬背，而是在理解的基础上有目的地补习。在学习中，有许多知识必须牢牢掌握，如果学生没能把这些知识记忆牢固，就会学一点丢一点，对学习基础差的学生来说更是雪上加霜。通过补习旧知识，学生的基础知识变得扎实了，就为以后的学习奠定了坚实的基础。

4. 补习旧知识也是重新学习的过程

教师在课堂上讲解知识，可能受时间限制而使知识内容较为零散、杂乱。学生在补习这些知识的时候，可以把零散的知识系统化、完整化。这样补习知识，其实也是对旧知识的重新认识。从这个角度来说，补习也是重新学习的过程。可见，补习旧知识的意义重大，教师和学生都应该认识到这一点，并在这一方面加强努力，一起改变学习的不利局面，提高学习效率。

（六）以点带面，提升智商低的学生

智商低的学生一般学习成绩不是很好，面对紧张的学习生活，他们不仅要承受来自外界的压力，更要付出比其他学生更多的努力。所以，这些学生更需要教师的特殊照顾。

海南省特级教师谢维琼遇到这样一名智商较低的学生。刚入学的时候，大家就知道小海是一名比较特殊的学生。小时候由于一次高烧没有得到及时医治，小海的大脑受到了一些影响。他在学习的时候要比其他学生付出更多努力，承受更多艰辛。刚进入学校开始新的学习生活时，小海非常内向，很少与同学和教师交流。个别调皮的学生给小海起外号，他也“敬而远之”，从不和他们争吵。渐渐地，小海变得更加孤僻，学习成绩也越来越差。看着小海一天比一天消沉，谢老师心里非常着急。

为了帮助小海走出低谷，得到更好的发展，谢老师决定通过发扬小海的长处，以点带面使他建立自信。

小海喜欢画画，谢老师就充分发挥小海的这一优点，让他当课代表，和其他几个学生共同为班级出一期主题板报，名字就叫作“勤奋成就天才”。宣布消息时，学生都发出了惊讶的声音，就连小海也以为自己听错了，怀疑地看着谢老师。谢老师对着小海微笑着点了点头，于是小海便什么也没有说。但是，当天下午小海非常沮丧地找到了谢老师。他对谢老师说：“老师，你还是让别的同学来负责这期的主题板报吧。我不行。”说完就低下了头。

看着小海懊恼的神情，谢老师明白，其实小海的心里非常愿意负责这期主题板报，但是由于自卑心理，他决定放弃这次机会。于是，谢老师和蔼地对小海说：“小海，老师觉得你不应该放弃这次机会。老师看过你画的画，所以相信你一定可以把这一期主题板报画得非常好。老师会为你加油的！”

小海却说：“老师，我真的不行，而且……”看着小海欲言又止的样子，谢老师真诚地鼓励小海大胆地说下去。于是小海道出了实情。“同学们都不信任我。他们都说我不可能把板报办好，老师一定是选错人了。”

原来小海是因为来自同学的压力才对自己失去了信心，所以主动放弃。为了鼓励小海，增加他的自信心，谢老师说：“小海，老师告诉你，你这样的想法是错误的。”这时，小海好奇地看着谢老师。

谢老师继续说：“你不比任何人差，只是需要付出更多的努力。虽然这个过程是艰难的，还有很多想象不到的困难，但是老师和同学会一直支持你、帮助你。这期的板报主题是‘勤奋成就天才’，就是为了告诉每一个同学，只要足够勤奋并掌握正确的方法，任何人都可以成为天才。”

小海激动地看着谢老师，张了张嘴，什么话都没有说出来，只是轻轻地叫了一声：“老师……”谢老师接着说：“小海，你在绘画方面非常有天分。

谢老师看过你的作品，无论是创意还是画工，都非常棒。所以，你要相信老师，老师是绝对不会看错的，老师相信你一定可以将板报画好。”

听了谢老师的话，小海高兴地点了点头。之后，他又突然说道：“老师，我怕同学们嘲笑我，他们都觉得我不行。”谢老师说道：“小海，同学们虽然对你的能力表示怀疑，但是每个人都没有恶意。他们还不了解你的实力，正因为如此，你才更应该好好把握这次机会，向同学们展示你的实力，让他们知道小海画画非常好。老师也相信，你一定不会让我失望的。对吗?”

听了谢老师的话，小海用力地点点头，答道：“老师，你放心，我一定会努力的，小海绝对不会让你失望。”看着小海充满自信的微笑，谢老师也欣慰地笑了。

在接下来的日子里，小海每天都用功构思，查阅各种资料。同学们去吃饭或放学回家的时候，小海仍然忙碌在自己的“工作”岗位。教室里的主题板报一天天成型，同学们被小海的努力深深地打动了。看着小海的杰作，老师和同学都报以热烈的掌声。大家都对小海的作品给予了高度评价，这也是对小海最大的鼓励。

这次成功让小海有了动力，学习起来更加努力了。在老师和同学们的耐心帮助下，他的学习成绩有了明显的提高。

小海是一名智商较低的学生，在学习中面临的困难比其他学生多很多，有时还会受到其他学生的歧视与误解。对此，谢老师给予小海更多的关怀与帮助。小海的学习成绩不好，主要原因是他的智商低，这是客观存在的问题。如果小海的情绪消极，失去自信心，丧失对学习的兴趣，那么他的学习成绩就会一直下降，他也会慢慢失去对生活、对学习的憧憬与希望，甚至毁掉他的一生。

谢老师首先提升小海的自信心，通过发掘小海的长处，以点带面，使小海重新获得学习的动力和生活的自信，从而提高学习成绩。小海喜欢画画，谢老师便通过让小海负责班级的主题板报“勤奋成就天才”，激发他的学习热情，提高他的自信心。

在这个过程中，小海也遇到了很大阻力。一方面是小海对自己没有信心，另一方面是小海对同学的评论很在意，甚至因此想放弃这次机会。为了帮助小海树立信心，谢老师和小海进行了一次深入的谈话。谢老师首先打消了小海对自己能力的怀疑，让小海明白，同学之所以对他不信任，并不是有什么恶意，而是大家还不了解他的实力，因此应该通过展现自己的实力赢得同学的尊重与信任。

在谢老师的引导下，小海终于重拾信心，并通过自己的不懈努力打动了同学，同时也赢得了同学的肯定与信任。谢老师通过突出绘画方面的优点淡化了小海知识方面的不足，不仅使小海获得了学习的信心，同时也改变了同学对小海的认识。在教师与同学的帮助下，小海通过自己的勤奋和努力，学习成绩逐渐提高。

智商较低的学生一般在学习上存在一定的困难与障碍，在生活中他们不是人们眼中的优秀孩子，在学校里他们也不是师生公认的优秀学生。与其他学生相比，他们更容易产生自卑心理，如果一直被这种心理笼罩，他们的身心发展、人际交往与学习等都会受到影响。

教师应该加强对智商较低学生的关爱与引导，帮助他们抵御生活和学习中的消极影响。为了促进智商较低学生的发展，教师在进行教育引导的时候要坚持以下原则。

1. 可发展性原则

可发展性就是要用发展的眼光去看待智商较低的学生，坚持启发式教学方法，给予学生合理期望和正确引导，使他们变得坚强并充满希望。

2. 可接受性原则

智商较低的学生是一个个活泼的个体，仍然具有主观能动性，具有可接受性、可塑造性，教师在教育他们时需要倾注更多的耐心与爱心。

3. 科学、民主、平等原则

智商较低的学生在学习成绩方面有待提高，他们更需要教师平等对待。教师在进行教育时要采用科学正确的方法和民主的方式，蹲下身来与他们谈话，与他们建立平等、和谐的师生关系，真正走进他们的心灵，让他们的心灵因为爱而受到触动，让他们的能力因为爱而得到提升。

4. 因材施教原则

不同的学生情况不一样，需要采取的教育方法自然也不一样。对智商较低的学生，要找准症结所在，对症下药进行教育。

5. 情感性原则

提升智商较低学生的过程中，教师要让他们感受到来自外界的关心与信任，帮助他们建立信心，坚定信念，增强学习兴趣。只要教师用心去感受，用心去教育，采用适当的方法，相信智商较低的学生一定会用不断的提高来回报教师的关爱。

三、如何做“会提升”的教师

由于每个学生的先天素质、教育影响和努力程度不同，同一个班级的学生在学习上存在明显的差异。这就要求中学教师从实际出发，进行有差异的分组，实施分层教学，有针对性地实施提升策略。这是面向全体学生因材施教、大范围提升教学质量的需要，也是培养学生的竞争意识，使学生适应未来激烈竞争的需要。

（一）激励竞争，按知识结构分组提升

中学教师应该认真研究全班学生的共同特点和个别差异，综合考虑每个学生的智力与非智力因素，主要根据成绩将全班学生分为三个层次，即 A、B、C 三个组。A 组为优秀生，分一大组；B 组为中等生，分两大组；C 组为学困生，分一大组。在班级排座次时让 C 组学生坐在中间，经过一段时间的学习、测试，根据学生的成绩变化对三个小组进行调整。

这样分组有利于教师组织教学、进行课上辅导和批改作业，也有利于学生反馈信息，进而帮助教师调整提升策略，充分调动不同层次学生的学习积极性和主动性，使不同层次的学生都能在掌握知识的同时提高智力水平。

（二）优化教学环节，实施分层教学

1. 备课

中学教师应该根据不同层次学生的实际情况分层次备课，让教学与学生的实际相适应，这是提升不同层次学生的主要方法。教师要根据不同层次学生的认知水平和不同要求，认真钻研课程标准和教材，确定具体可行的教学目标。教师还要合理安排教学时间，巧妙设计教学程序，选择灵活多样的教学方法。在设计教学过程时，重难点知识的讲解要以较低层次学生的认知水

平为基准，但也要激发优秀学生的学习兴趣。

在设计问题和练习时，问题的难度要与学生的层次一致。教师应该设计较容易的问题让低层次学生回答，使他们体会到成功的喜悦；设计较难的问题让优秀学生回答，为他们拓展提升的空间。这样备课既能保证落实教学要求，完成教学任务，也能实现不同层次学生共同发展的目标。

2. 课堂教学

课堂教学的重点是分层施教和分层练习。在课堂教学中，对优秀生的提升以“放”为主，放中有扶，重在指导学生自学；对中等生和学困生的提升以“扶”为主，扶中有放，重在带领学生学习。这样引导不同层次的学生在不同的“最近发展区”前进，使学困生基本达到要求，使优秀生获得最大发展空间，满足不同层次学生的学习需要，激发各层次学生的学习兴趣，促使全体学生的非智力因素发挥积极作用。

课堂练习的设计要根据教学要求，结合教学内容和学生实际，尽量做到让各层次学生都有适合自己能力和水平的练习。

（1）同一练习分层要求。例如，课本上的习题是要求全体学生完成的，做这类题时，教师可以要求优秀生和中等生独立完成，对学困生加强个别辅导，使他们通过努力也能完成。

（2）同一练习在数量上要求不同。这样不同层次的学生都能完成教师交给他们的学习任务，激发学习兴趣。

（3）布置不同层次的练习。教师可以为作业完成情况较好的学生布置一些富有思考性的习题，还可以为学生设计不同层次的练习。这样的练习能够拓宽学生的思路，调动全体学生的学习积极性，使每个学生都能得到不同程度的提升。

（三）因生施教，促进各层次学生发展

在教学过程中，培养学生良好的学习习惯，激发学生的学习兴趣，指导学生掌握学习方法，是教师教学的重要任务。对于不同层次的学生，教师进行集体辅导是不够的，在教学中还要根据教学内容并结合学生实际有针对性地进行个别指导。

一般来说，优秀生基础知识扎实，有良好的学习习惯和正确的学习方

法，所以对优秀生的指导着重在两个方面：一是让他们多做一些难度较大的题目，二是让他们积极参加活动课，在活动课上拓宽视野，拓展知识面，提升学习能力。

中等生能够掌握基本知识，也掌握了一定的学习方法，但缺乏勤奋好学的精神和独立思考的习惯，所以对他们要进行学习习惯指导。

学困生缺乏自信心，基础知识不够扎实，没有良好的学习习惯。教师要善于抓住教学中听、说、读、写、思等一切机会，重点进行辅导。同时，教师对学困生要做到四优先：优先发言、优先板演、优先辅导、优先批改。

（四）实施不同的评价标准

对不同层次的学生采用不同的评价标准，这也是提升学生的重要手段。对优秀生应该采用竞争性评价，坚持高标准、严要求，促使他们不断超越自己；对中等生应该采用激励性评价，既揭示不足又指明努力的方向，促使他们积极向上；对学困生应该多表扬，寻找他们身上的闪光点，及时肯定他们的点滴进步，调动他们的学习积极性。

高效能的中学教师，不但要有精湛的教学技术，还要在提升学生各方面能力上下功夫。教师不仅要提升优秀生，更重要的是使学困生也学有所得，逐步提高学习成绩。教师应该在实践中努力寻求最优方式，促进各层次学生全面提升，使教育教学质量得到全面提高。

习惯8 会放权

——让学生做主，让自主出高效

一、"会放权"概述

在新一轮基础教育课程改革中，中学教育"以学生为主体""调动学生的学习积极性、主动性""把课堂还给学生"等口号不断涌现。这些实际上是新课改对中学教学实践提出的新要求。

然而，一些中学教师对在课堂教学中如何实现这些新目标、新要求产生了疑惑，感到迷茫。如果不能调动学生的主动性和积极性，学生的自主意识不强，教学就仍然是以教师为主、以学生为辅的传统教学。即使采用了新方法，也是换汤不换药，新型教学方法无法发挥高效作用。

到底是什么制约了教师的高效能教学？重要的原因之一，就是这些教师没有学会放权，即没有调动学生自主学习的积极性，并通过学生自己做主实现高效学习。

自主，就是让学生成为教学活动的主体，成为学习的主人。课堂是教与学的主阵地，是中学生发展的天地。学习的过程是享受教师服务的过程，要让课堂真正成为学生表演的舞台，中学教师就应该学会放权。在自主的中学课堂里，学生不再是被动接受知识、记忆知识的"机器"，而是一群有思想、有感情的人，是积极活跃的认识与发展的主体。放权就是通过激发中学生的内驱力，把学习变成学生的内在需求，从根本上促进学生的认知、能力和个性发展。

中学教师要充分激发学生主动学习、自觉学习的内在动力，使学生逐步形成比较持久的主动学习、自我调控的心理和行为，并使他们的学习心理和行为符合教育要求，符合社会发展的要求。

（一）"会放权"的教育教学意义

在传统的中学课堂上，教师耐心细致地讲解，学生专心致志地听讲，但教学效果并不理想。主要原因是这种教学方式让学生对教师产生了较强的依赖心理，在学习时变得消极被动。教师会放权正是解决这一问题的关键所在，放权能在最大限度上激发中学生主动学习的积极性，对颠覆传统的教学模式有深远的意义。

1. 充分体现中学生的主体性

在传统教学模式中，教学内容是由教师根据教学大纲确定的，学生的学习必须围绕教师制订的教学目标进行，这就必然造成学生“吃不饱”或“吃不了”的问题。教师放权能让中学生根据自身情况进行自主学习。在这一过程中，教师根据不同层次学生的认知水平提出不同的问题，并协助解决问题，使不同层次的学生都能提高分析问题、解决问题的能力。

2. 充分调动中学生的积极性

学生的个体差异是客观存在的，放权可以让每个学生都能体验到成功的喜悦。放权在很大程度上体现了教师对学生的信任，在这种良好的学习氛围中，学生学习的积极性会得到充分的调动和提高。需要注意的是，放权不等于教师没事干，教师要对学生的表现进行评价、分析，并和学生一起纠正错误的观点。在这一过程中，教师要尊重学生，信任学生，让学生体验到成功的快乐，这是增强学生自信心、调动学生学习积极性的基本方法。

3. 满足素质教育的需要

素质教育的本质是根据时代要求提高学生的综合素质，培养学生的创新能力和实践能力，让学生自主学习和自主发展。因此，放权给学生是素质教育的基本要求。从某种意义上说，学会学习、学会思考，乐于获取新知、主动探究新知，善于搜集、辨别和加工信息，已经成为现代社会中必须具备的素质，中学生需要在自主学习中不断提高综合素质。

4. 有利于培养中学生的创造性

创新是人类头脑中最敏感的机能，也是最容易受到压抑的机能。中学教育阶段，学生的创造性思维可能光芒四射，也可能渐渐熄灭。教师会放权可以最大限度地让中学生自己提出问题、解决问题，并进行活动实践，这对于培养中学生的创新意识、创新思维和创新能力，开发中学生的创造力，具有非常重要的意义。

（二）名副其实的“会放权”

教师会放权不仅是在理论上倡导“把课堂还给学生”“还学生主体地

位”，还应该在教学实践中加以实施。为了避免教师名不副实地放权，为了让学生真正从教师的放权中受益，中学教师在放权时应该注意以下几个方面。

1. 放权要把握好度

中学教师首先要转变自身角色，摆正自身位置，即改变“以教师为中心”“以教师为权威”的观念，让学生成为学习的主体。但要注意，放权绝对不是让教师放手不管。在教学中，中学教师不能把课堂完全交给学生，尤其是明知他们不能胜任时，仍然要求他们去探究、去实践，这样只会浪费宝贵的课堂时间。所以，放权要把握好度。

2. 学习内容不打折扣

课堂教学是师生的对话过程，在使用教材时中学教师为了达到最佳教学效果，可以采用不同的形式和方法，对教材进行必要的调整，但是不能任由学生去选择学习内容，教师要避免放权的这一误区。

3. 鼓励中学生质疑、求异

放权的目的，是教师通过激发学生学习的主动性、积极性和创造性，传授知识，培养学生的能力，在情感因素、文化观点、道德情操、环境意识、艺术鉴赏等方面对学生施加影响，促进学生全面发展。因此，教师放权时应该鼓励中学生主动质疑、求异，主动提出创见。教师可以从以下几个方面放权。

（1）鼓励中学生主动质疑。放权就是强调学生的主体性，让学生亲身去感知、思索、实践，在产生问题、解决问题的过程中得到提高。质疑是一种重要的学习技能和智力操作技能，教师应该怎样鼓励中学生主动质疑呢？

第一，打消学生的顾虑，使他们敢问。中学教师要以和蔼可亲的态度消除师生间的心理屏障，建立和谐平等的课堂氛围，鼓励学生质疑。对于学生提出的一些不合理的问题，教师要正确引导，不能简单、粗暴地否定。

第二，激活学生的思维，使他们想问。中学教师要深入钻研教材，针对学生的特点设疑激趣，使学生产生质疑的兴趣。教师也可以要求学生在自学课本内容时提几个问题，提高学生质疑的积极性。

第三，教给学生技巧，使他们会问。学生喜欢质疑后，教师还要引导学生把问题问到“点”上，这个“点”就是课文的重点和难点。

（2）鼓励中学生主动求异。教师鼓励学生敢于求异，敢于发表不同意见，是激发学生思考、培养学生思维能力的好方法。求异的真正目的是开阔思路，重在开拓学生思维的深度和广度，并使学生逐步具备在纷繁复杂的事情中找出解决方法的能力。求异思维是一种较高层次的思维，培养求异思维具有一定难度，教师在培养学生的求异思维时可以采用以下方法。

第一，标新立异。中学教师要引导学生树立发现新思路的信心，对问题从正面想通了还要从反面去想，提出新看法。重要的是培养学生独立思考、标新立异的思维能力，不让学生人云亦云。

第二，一题多解。这是一种重要的求异方法，中学教师要鼓励学生对同一问题从不同角度解答。学生先提出种种设想，教师引导学生按照一定标准来评判这些设想，逐步让学生学会自我判断。一题多解简便易行，也容易调动学生的学习积极性。

第三，举一反三。课文与例题只是范例，在达成教学目标的同时，教师还要引导学生进行剖析，找出共性的知识，形成一些图式和程式，引导学生根据这些图示和程式自学，举一反三，提高自学能力。

（3）鼓励中学生主动争论。“真理不辩不明。”中学教师要有意识地让学生对疑问进行争论，并在争论中集思广益，互相启迪。在争论活动中教师要培养学生分析、比较、综合、概括、抽象等能力，使学生准确运用概念，合理进行推理，正确判断，逐步具备从现象到本质、从局部到整体、从特殊到一般的认识事物的能力。为确保争论的有效性，教师应该做好以下几个方面的工作。

第一，选好问题。并不是所有问题都可以进行讨论，题目要有讨论的价值，要是学生关心的、有话可说的，而且是有必要讨论的内容。

第二，制定规则。课堂争论不是吵架，而是一种“学术研讨”。争论要有规则，是全班讨论还是分小组讨论，是各抒己见还是选代表发言，教师要制定规则并得到学生的认可，以便学生自觉遵照执行。

第三，据理力争。教师要让学生明白，争论重在摆事实、讲道理。学生应该学会提炼自己的观点，组织好语言，清晰表达，同时要敢于坚持自己的观点，不轻易改变。

第四，注意倾听。争论时学生往往会情绪激动，不注意听对方说了什么。教师要及时提醒学生注意对方的发言，分析对方的意见，以便修正和补充。教师要逐步培养学生养成倾听的好习惯，使课堂争论发挥应有的作用。

(4) 鼓励中学生主动提出创见。创见是人们对问题提出的创造性看法，是创造性思维的火花。心理学家认为，在学校教学中，教师要启发学生的创造性思维，就应该采取从求同转向求异的引导方式。中学生只有积极提出自己的创见，才能更好地自主学习，教师的放权才有效。

二、名师与“会放权”

（一）从角色转换中创造高效的教学模式

随着课堂教学改革的深入发展，山东省青岛市的曹老师一直在思考这个问题：如何才能使学生具有主动学习的持久动力，不断提出新问题，并在师生互动中培养学生的创新意识和创造能力？

2002 年新年伊始，曹老师和学校领导商量后，开始进行新的课堂教学改革尝试，即转换课堂教学角色，大胆放权给学生，采用“小先生”教学法。“小先生”教学法让学生由后台走到前台，学生的角色转变了，变成了“老师”，学生需要思考的问题和进行的活动也随之发生了变化。

“小先生”如何讲课，曹老师先不去干涉，而是由学生自己准备。这就要求“小先生”首先要按照选精讲好的原则来选择所讲内容，通过自学尽量自己解决重难点问题，再去思考如何教给别人，并悉心设计教学环节和教学方法。

曹老师本以为学生会在备课过程中遇到很多困难，但让她感到意外的是，“小先生”教学法极大地激发了学生的参与热情，“看我的!”似乎成了每一个参与者难以掩饰的表情。曹老师的顾虑渐渐消除，心情却紧张起来，因为她知道随之而来的问题答疑和“阵前”指导一定是高难度问题的博览会。

课前，备课的“小先生”翻阅资料，外出咨询，设计图表，通过各种方法搜集信息并进行再创造。同时，曹老师也在紧张地思考，并加强与其他教师的沟通和交流。此时，另外一条战线也在悄悄地酝酿着一场革命，那就是听课的学生都在进行着详细的预习，相互商量着如何提出高水平的问题，难倒上课的“小先生”。“提出高水平的问题，创造性地解决问题”成为师生共同的研究方向，成为师生发自内心深处的诉求。

例如，曹老师在讲授“依法纳税是公民的基本义务”这一内容时，课堂就成了各种问题交汇的辩论会。在高一（2）班，“小先生”查阅了大量资料，积累了丰富的税收知识，向学生详细介绍了中国六个税种的征税对象、纳税人、特点、作用和计算方法。“小先生”的语言简练，教学设计环环相扣，并且联系了许多社会现实问题，赢得了阵阵掌声。在高一（3）班，“小先生”在教学时，根据本班教室里新安装的实物投影灯的价格设计了一张图表，和同学一起层层推导，计算生产企业的成本、增值额、利润，以及应缴纳的税种、税率和计税方法，课堂气氛十分热烈。在高一（9）班，两位“小先生”同时上台，有问有答，时抑时扬，像说相声一样，配合得十分默契，同学们在笑声中不知不觉完成了学习任务。在高一（11）班，“小先生”通过现场调查同学的税收知识，引导大家讨论“中学生与纳税是否有关”这一问题，同时展示了国内外几个涉税案件的图片。大家各抒己见，逐渐达成共识：依法纳税是公民的基本义务，我们中学生应该树立纳税的意识。这样就顺利解决了这一教学重点问题。在高一（13）班，“小先生”则用三个英文单词解释了税收的含义，并进行了概念的延伸。

税
- T—tissue（组织）/takings（收入）
- A—adjust（调整）
- X—X-ray（X 光线）

“小先生”通过学科交叉使税收这一概念丰满起来，变得有血有肉，变得富有人情味儿。“小先生”巧妙的思维一下子抓住了学生的心，学生在由衷赞叹的同时学习了新知识，大大增强了探索新知识的欲望。

台上的“小先生”讲得有水平，台下的学生问得也不含糊，学生提出了许多与课本知识密切相关或自己非常关心的问题，使得课堂教学掀起一个又一个高潮。有的学生问：“虚开增值税发票到底怎样开？”有的学生问：“为什么我买东西的时候从来没人给我开增值税发票？”有的学生问：“纳税人所缴税款都能转嫁给下一个环节负担吗？什么情况下纳税人也是负税人？”“营业税较高的一档税率适用于哪些企业？有什么作用？”“个人所得税是针对个人每月的所有收入征缴的吗？如何避免偷税漏税？”“出口退税有哪些具体规定？与 WTO 规则的要求是否相符？”“所退税款还需要缴纳企业所得税吗？”“机场或飞机上的免税商店的商品都免了哪些税？哪些人可以购买？购买数量是否有限制?”“权利和义务具有一致性，中学生不是纳税人，为什么还能享受国家财政提供的各种服务?”对于这些问题，有的“小先生”早有准备，能轻松应答；有些问题“小先生”一时语塞，马上就有“盟友”站起来帮忙回答问题，有时甚至一下子站起来四五个学生，相互辩论，互不相让，课堂气氛十分热烈。

此时，曹老师也已成为学生中的一员，有时被“小先生”提问，有时主动举手发言，有时甚至争着抢着站起来参与学生的辩论。“小先生”教学法实施至今，不但彻底改变了学生被动学习的状态，还提高了课堂教学的效率，使教师在真正的“会放权”中尝到了甜头。

陶行知说过：“小孩子最好的先生，不是我，也不是你，是小孩子自己队伍里最进步的小孩子!”学生也可以做老师，每个学生都可以参与知识信息的交流。让学生当“小先生”，给学生更多实践的机会，在教师的主导下变讲堂为学堂，充分发挥学生的主体作用，激发学生学习的积极性，提高学生的参与程度，避免了以往课堂教学中“台上热闹，台下冷清”的情况。

教师如何“会放权”，使“小先生”教学法成功实施呢?

1. 大胆放手，相信学生

教师要相信学生不仅能学而且能教，在教学中大胆放手，尽量为学生提供当“小先生”的机会。例如，一位英语教师在学习新课前，经常由“小先生”领读生词或带领大家玩游戏巩固生词；学完句型后让同桌练习对话，能者为师，互教互学；学完课文会话后，由“小先生”组织各小组表演会话。这样既调动了优秀生的积极性，又给学困生提供了更多语言实践的机会，而且教师只需“宏观调控”，无需“事必躬亲”，使课堂时间利用更合理、更有效，还培养了学生自主学习的能力。

2. 积极鼓励学生

教师要针对不同学生的性格特点给予不同的鼓励。例如，对缺乏勇气的学生用“你能行”来鼓励，对感到自卑的学生用“我相信你”来鼓励，给他们当“小先生”的信心与勇气。经过一段时间的训练，学生变得越来越自信，只要有表现机会就会争先恐后、乐此不疲，抢着去表现，使课堂教学达到既教书又育人的双重教学目标。

3. 选拔优秀学生代替教师授课

每个学期，教师可以选择几次内容相对简单的课，让相关课程学得较好的学生担任“小先生”来主讲。“小先生”在教师的辅导和帮助下备课并授课，教师做幕后策划，负责总结和补充。为了确保教学进度和教学秩序，每次课前教师都要认真准备，周密安排。实施过程一般包括以下四个部分。

第一，“小先生”在教师的指导下认真备课。授课内容可以由教师确定，也可以让学生自行选择，一旦选定内容，“小先生”就必须精心准备，可以通过查阅资料、向教师请教、与同学商议等方式，确定教学目的和重难点，教师应该提供必要的帮助和支持。

第二，“小先生”试讲，教师提出改进意见。为了保证课堂教学的效果，“小先生”在正式上课之前要进行试讲，试讲一般不在课堂上进行，只有教师和几个学生参加，“小先生”要及时改正试讲过程中发现的问题。

第三，课堂教学。这是最重要的一步，师生角色互换，课堂由学生掌控，从知识讲解、课堂提问、解答疑惑到课堂讨论，完全按照平时教师授课的形式进行。教师成为听讲者，同时也要注意维持课堂教学秩序。做好这一步才是教师是否“会放权”的关键。

第四，教师对“小先生”的教学加以点评，并对教学内容进行补充。尽管“小先生”在课前已经做了比较充分的准备，但课堂上会出现一些突发事件，会有学生提出一些“小先生”无法预料的问题，“小先生”在授课过程中也难免出现各种各样的差错，这就需要教师及时进行总结和纠正。

4. 集体备课，分组讲课

这种操作模式的基本思想是，学生集体备课，组内合作；确定主讲，组间交流；教师指导，点评。

第一，学生分组。教师根据班级学生的情况进行搭配，把全班分成几个备课小组，每个小组 6～7 人，并确定备课组长。

第二，分配备课任务。教师把教学内容根据内在联系进行细分，然后分配到各个备课小组。备课所需资料部分由教师提供，学生还可以通过到图书馆查阅或网络搜索等多种途径获得。

第三，集体备课，组内合作。每个小组由组长负责召集组员进行集体备课。这样一个小组就是一个以组长为核心的集体决策的“智囊团”。小组成员共同编写教案，共同查找资料，共同讨论问题，互帮互助，资源共享。

第四，确定主讲，组内交流。上课时，每个小组选派一个学生担任备课任务的课程主讲，其他学生和教师做听众。讲课时，其他学生可以针对讲课内容向“小先生”提问，如果“小先生”回答不上来，可以请求本小组的“智囊团”成员支援；如果学生还是没办法解决问题，就课下解决或者教师点评时共同解决。

第五，教师点评。学生讲完课后，由教师对学生的上课内容进行点评并做总结性发言，以便让其他学生掌握和消化吸收这节课的内容。为了让学生有更多的收获，教师的点评应该包括这节课的优缺点，“小先生”的课堂教学是否生动、是否有创新，师生互动情况是否良好，“小先生”讲课是否流利，以及从讲课中反映出的集体备课是否到位等。

第六，评价记录。教师设计一张课堂换位教学综合评价表。对每个小组的讲课过程进行跟踪记录，评价结果作为学生模块学习成绩的重要参考依据。有了评价体系才会有竞争，学生才会投入其中，学生的自主性才能被激发出来。

5. 协助教师做好课内外辅导工作

虽然学生替代教师上课的形式较为新奇活泼，也容易激发学生的学习兴趣，但这毕竟只能作为课堂教学的一种调剂，学生对教材的把握和对课堂的安排容易流于简单、机械，因此不能过多采用这种教学形式。那么，如何更好地发挥“小先生”的作用呢？

教师可以把关注的焦点落到辅导上，也就是让“小先生”担任其他学生的辅导员。教师讲解结束后，部分学生不能完全理解和接受教师的讲解，而教师的时间和精力又有限，不可能顾及所有学生，这时就可以安排“小先生”辅导这些学生。因此，这种放权模式下，“小先生”的主要任务包括两个方面：一是在课堂教学过程中，教师完成知识点的讲解之后，“小先生”负责对本小组成员进行补充辅导，解答学生提出的疑问；二是在课外，“小先生”负责对部分基础不好的学生进行强化辅导，以实现共同提高的目的。

（二）预设情境，放权探究，在自主中高效学习

浙江省特级教师张化万，在习作教学中灵活运用“预设情境，放权探究”的模式，使教学产生了意想不到的效果。

1. 预设“器材”，引发自主探究

师：你们经过讲台时发现了什么？（板书：发现）

生：讲台上有水瓶、木棒、气球，还有水缸。

生：瓶子里装满水，挂着两个气球，用一根线吊住，上面还有一根木棒。

生：讲台上还有天平、吸管、干毛巾……

师：你们发现这些器材后有什么感觉？

生：可能让我们以“做实验”为题写一篇作文。

生：我感觉这节课肯定很有趣。

（教师板书：有趣。）

生：我觉得很新奇。

（教师板书：新奇。）

师：写作文的一个重要要求就是抒发真情实感。请大家把在课堂上发现东西后产生的感受写出来，时间五分钟，开始。（板书：抒真情）

师：谁愿意把作文读给大家听听？写到哪儿读到哪儿。

生：我们来到红星剧院与张老师合作一堂作文课。一进场，我就发现讲台上有三个灌满水的可乐瓶、两个气球、一块干毛巾、一个装满水的玻璃缸、一根木棒、一根吸管。我感到非常新奇，今天明明是作文课，怎么有点像实验课呢？张老师是不是要让我们通过实验来写一篇表达自己感受的作文呢？我两只耳朵竖得老高，生怕漏听了什么。

师：“合作一堂作文课”，你非常有现代人的观念。

生：今天作文课的题目是“发现”，可是在讲台上放着一些和题目无关的东西。

师：我问的是大家发现讲台上有什么，没说作文题目就是“发现”！你这样理解当然也是可以的，接着读。

生：如瓶子、气球等，我真想不通张老师放这些东西要干什么，不是玩游戏，也不是做实验，那么这堂课究竟要干什么呢？

2. 自主实验，发现空气，表达空气

师：这节课我想请大家一起来发现空气有什么特点。

生：空气是透明的，可以让人呼吸。

生：空气是无色无味的。

生：空气几乎无处不在。

生：空气中包括二氧化碳、氧气等。

生：空气里的氧气是人类生存必不可少的。

师：用这些器具能发现空气的哪些特点？请同学们相互讨论。

（1）用天平实验，发现空气的重量。

师：（举起天平）哪个小组想做这个实验？谁来解释一下，你们想证明什么？

生：我们想把其中一个气球灌入空气，然后看看气球的重量会不会变。

（学生吹气球，其他学生喊“加油”。吹大后，张老师把气球扎好，放到简易天平上，天平明显向吹过气的气球一边倾斜。）

师：这个实验证明了什么？

生：空气是有重量的。

师：谁能把刚才实验中天平的变化情况说一说？

生：原先天平是平衡的，虽然在微微地摇晃，但还是平衡的。将一个吹满气的气球挂上去的时候，天平就很明显地向吹满气的气球那边倾斜了。

师：刚才那位同学是怎么吹的？大家说一说。

生：人都在摇晃了。

生：脸都涨红了。

生：嘴巴都鼓起来了。

师：腮帮子都鼓起来了。气球变大的时候有人说怕怎么了？

生：怕吹爆了！

（2）用水缸实验，发现空气的活力，指导分步写。

师：（示意水缸）这个能够做什么？张老师要做什么实验？

（一名学生上台，张老师用手按他的头。）

生：把他的头按在水里面。

生：想证明水里没有空气。

师：（张老师往水缸里倒热水）为什么加点热水？因为现在天气凉了。我们要为他加油。预备，开始。

（学生把头扎进水中，其他学生数数，数到26时这个学生猛地抬头，张老师立刻给他擦脸。）

师：你有什么感觉，为什么猛地把头抬起来了？

生：水好像要往鼻子里钻。

师：再不起来有可能怎么样？

生：被呛到。

师：说明空气使人有活力。（板书：活力）如果要把这位同学做实验的整个过程说明白，说具体，该怎么说？想一想，以四人小组为单位，可以每个人说一段。

（教师引导学生分成准备、入水、出水等步骤说明，学生小组讨论后上台汇报。）

生：小楠受到张老师的邀请，上台和他一起合作这个实验，当他知道张老师要他把头闷在水缸里时，不禁有些惊讶。小楠调好秒表，还不停地做着深呼吸，想看看自己能坚持多少时间。

生：然后，他用力吸了一口气，把头往水里按下去。

师：把头往水里按？

生：浸、闷。

师：扎下去、钻下去。

生：小楠把头往水里扎下去，嘴里不时吐出几个小泡泡，还做了一个胜利的手势。

生：可惜数到26时，他就憋不住了，猛地抬起头，说了一句话，他感觉水好像要往他鼻子里钻，很难受，再不起来就要被呛到了。这样可以得出一个结论：没有空气，人就不能生活。

师：有没有要补充的？

生：他把头抬起来之后，张老师递上毛巾，帮他把头上的水擦干。

生：我认为还可以加上台下同学的反应。

师：（鼓掌）好！我们在写作文时有两点最重要，第一点是抒真情，第二点是写具体。我们写作文时要把事情说具体，就要分步写。（板书：分步写）刚才同学提出了一个非常重要的意见，那就是不光要说台上的情形，还要说台下的情形。（板书：台上台下）

（3）用气球实验，发现空气的动力。

师：每个人从信封里拿出一个气球来。

（学生取出气球。）

师：（手拿没气的气球）如果我放开手，气球会掉到哪里？

生：下面！

师：请同学们跟我一起把气球吹大。

（师生一起吹气球，不一会儿便把气球吹起来了。教师一声令下，50 多个五颜六色的气球同时往上飞蹿，学生发出惊呼。）

师：你们看到什么了？

生：没气的气球是往下掉的，有气的气球是往上飞的。

师：把我们的手一放开的那个瞬间说清楚。

生：像在放烟花，有喜庆的感觉。

生：我的气球以比火箭快 60 倍的速度冲上了天。

师：这可能吗？用“似乎”“好像”“可能”，我觉得倒是可以。

生：还有个问题，这些气球怎么办？谁来清理啊？

师：同学们说谁来清理？

（学生就近捡起气球。）

师：好，这个实验说明空气有什么力量？

生：有动力。

（4）用水瓶实验，发现空气的压力，指导学生多角度表达。

师：（拿起一个可乐瓶）大家有没有注意到这个还没用过，不会是张老师拿来喝水的吧？看看噢！

（张老师拧开第一个瓶子的瓶盖，没反应。他拿起另一瓶，拧开盖子，水喷了出来，学生发出惊呼。他又拿起第三瓶，拧开盖子，水又喷了出来。）

师：怎么回事啊？这说明空气有什么？

生：空气有压力。

师：说明空气有压力。（板书：压力）我们刚才吹气球时也发现空气有压力。气吹得太多会怎么样？

生：爆了。

师：今天这节课到目前为止，我们发现了空气有什么？

生：重量、活力、动力、压力。

师：我们也发现了要抒真情，要抓住自己的一点感受来写文章。怎么样写具体呢？

生：分步写。

师：要从多种角度来写。（板书：多角度）一个角度看台上，另一个角度看台下。既可以写我们看到的，也可以写我们听到的，还可以写我们自己做的，这样写起来就会比较具体。有个同学还提示我们，写文章时不光要考虑句子优美，还要考虑应和文章的情感相吻合。

3. 放权自主拟题，开放习作，个性表达

师：你们想一想可以为作文拟个什么题目？拟两个的合格，拟三个的良好，拟四个的优秀，拟得更多更出色。在你最满意的作文题目旁边打上五角星。时间两分钟，开始。

（学生拟题两分钟，课间休息十分钟，然后进行拟题交流。）

师：今天来试试你们倾听的本领如何，别的同学说过的作文题目就不要再说了。如果觉得别的同学说的作文题目特别好，可以记下来。

生：《实验作文课》《发现》《四个实验》《有趣的作文课》《空气有重量》《空气有活力》《空气有动力》……

师：这样的题目有什么特点？有什么不足？

生：不是特别吸引人。

师：怎样的作文题目能够吸引人？两人或者四人讨论一下。

生：《水瓶哭吧哭吧哭吧不是罪》之类的题目。

师：他把水瓶当作什么了？

生：当作一个人，拟人。

生：我觉得与众不同的题目会吸引人。

生：比较特别，吸引人往下看。

（教师板书：与众不同，吸引人。）

生：《摸不着头脑的一节课》，“摸不着头脑”让人很想往下看。

师：题目应当生动，同时又要非常鲜明。（板书：生动鲜明）

师：我们发现作文要写好，题目就要与众不同，要吸引人，要生动鲜明，而且要写出个性来。（板书：个性）

4. 独立习作，自主批改，欣赏评价

师：现在给你们十分钟时间，选你最喜欢的作文题目，写开头或者中间一段。现在开始。

师：待会儿请你们批改同学的作文。现在我们先来讨论讨论，批改同学的作文要注意什么？

生：内容写具体，还要抒真情。

生：看有没有偏题。

生：要把真实的内容写下来。

生：详略分明。

生：有层次感。

师：张老师提一个要求，今天批改作文，如果做不到下列要求，批改就不合格。同学们在批改作文的时候，画圈表示这个词是好词，画波浪线表示句子很好，一段话写得特别好就用五角星标出来。找不到作文当中的好词、好句，批改就不合格。还有，发现作文写得不太好的地方，该怎么办？

生：可以在作文下写上几句评语，指明哪些地方需要修改。

生：如果有一句话写得不是很好，我会在旁边重新写一句。

师：在改之前最好先询问一下同学要表达什么意思，跟同学商量着改，知道吗？现在给大家五分钟时间，用红笔批改，一个人至少批改一篇。

（学生批改作文。）

师：想推荐同学作文的，举手。

生：我推荐的作文是《壮观的景象》。“这节作文课张老师给我们做了四个实验，我最喜欢的是第三个实验‘空气有动力’。张老师发给我们每人一个气球，让我们用力吹大。‘一、二、三，开始！’张老师喊道。同学们就鼓着腮帮，两手托着气球用力吹起来。不一会儿，五颜六色的气球就出现在我们眼前。“好，现在大家起立，把气球拿在手里。我数到‘三’，你们一齐把气球放掉，看看气球的方向。”张老师笑眯眯地说，好像有好戏在等着我们。“放！啊，太好看了！”

师：停！哪个词给你留下了印象？

生：啊！

师：惊叹、惊讶的心情念出来了！

……

师：时间差不多了，你们课后做两件事：第一件事，把草稿整理一下，形成一篇完整的作文。第二件事，课后做实验证明空气有重量，有活力，有动力，有压力。张老师这里还有一个实验，你们课后试试看：把一个气球塞到可乐瓶里面，然后用力去吹，吹得大吗？你力气不够可以叫爸爸妈妈帮你吹，看能把气球吹大吗，有什么办法能把气球吹大？想想这说明了空气的什么特点。

这是一堂素描式作文指导课，观察、思维、表达环环相扣，自然流畅，这堂课有这样几个特点：一是预设情境，直奔主题，引导观察，激发学生自主探究的欲望；二是引导思维，激发学生的习作兴趣，使学生有了表达的欲望；三是适时习作，真情表达；四是交流分享，平等对话，修改提高。

中学课堂是对话的舞台，师生对话是课堂教学中的重要活动，教师既要引领、完善，又要宽容、民主。期望学生畅所欲言，教师就要会放权，使学生有自主探究与表达的空间和愿望。愿意将自己的习作读给别人听，与他人分享习作的快乐，是一种开放的心态，是一种与人共享的美德。放权让学生自由对话，是展开平等交流的重要基础，是提升交流质量的重要策略。张老师在教学中张弛有度的放权，是一种艺术。

自主拟题环节为学生个性表达提供了广阔的空间。自主拟题使习作个性化，大多学生写"有趣的实验"，也有学生写"张老师教作文"。自主拟题使习作体裁多样化，有记事类的"神奇的发现"，有写景类的"壮观的景象"，还有学生写"要花样的张老师"。只有教师放权，才能使作文课绽放出缤纷的色彩。

张老师课堂教学中的"三给"也颇具特色。给权利，让学生自己批改作文、同伴互相批改作文；给方法，画圈表示好词，画波浪线表示好句，画五角星表示这一段写得特别好；给策略，改之前要询问，要商量着改。

这节作文指导课体现了张老师独特的放权教学艺术，这样能让学生在自主探究中更好地获取知识，更有效地提高写作水平，使整个学习过程更有效率。教师实施"预设情境，放权探究"的教学方法，应该注意以下几个方面。

1. 预设情境，激发学生自主探究的兴趣

在课堂教学中，中学教师可以根据学生的心理特点创设教学情境，激发学生的求知欲，引发学生自主探究的兴趣，促进学生产生良好的学习心态。教师可以根据学生好奇心重的特点，以奇引趣；可以根据学生好学的特点，以疑引趣；可以根据学生好新的特点，以变引趣。

2. 给学生自主发现的机会

中学教师在教学中可以不断调动学生的积极性、主动性和创造性，使学生最大限度地参与到学习过程中；通过动手、动脑、动眼、动口等多种感官参与，充分体现学生的自主性和主体地位，然后放权让学生自主学习、自主发现、自主讲解、自主小结、自主评价等。

3. 学法指导，提高学生自主探究的质量

指导学生掌握正确的学习方法，是学生获取知识的一把"金钥匙"，是学生自主探究的关键。不懂方法，自主学习只能成为空谈。因此，在课堂教学中，教师在放权的同时应注重阅读方法、观察方法、操作方法、比较方法、迁移方法、解题方法、思维方法等的指导。

(三) 开放的空间，不拘束的互动，打造和谐高效课堂

杜郎口中学的课堂是24个班同时开放的，24间教室、24位教师、1460名学生在同一时间里同时用心灵、用生命讲述课堂的故事，讲述成长的故事。

24个班的课堂形式多种多样，台上学生或表演、或辩论、或歌唱、或讲解、或朗诵，小品、相声、独唱、合唱、舞蹈、辩论、小组展示等多种形式交相辉映；台下学生或蹲、或站、或坐、或跪，地上、课桌上、板凳上挤成一团，聚精会神、津津有味，课堂的气氛热烈而和谐。

在杜郎口中学的课堂上，发言不用举手，学生站起来就说，说完就自己坐下，另一个学生接着说。学生的参与热情很高，常常出现两个学生甚至几个学生同时站起来发言的情况，这时教师也不调解，学生自己会礼让。

这里的课堂没有教师的呵斥，没有教师的监督，没有教师的谆谆教导。这里的课堂是学生的舞台，教师则藏身于学生中间。这就是“三三六”教学模式充分放权带来的结果，杜郎口中学的教学模式发生了巨大变化。

变化一：学生自主参与

杜郎口中学的课堂充溢着浓浓的群体参与、平等对话、共同探究的气氛。无论是语文课还是数学课，无论是学生代表发言还是个人发言，教室里总会响起“我认为”“我的方法更简单”“你的看法有道理，但不够完善”“我认为他有一个小小的失误，我来帮他修正一下”“你说得不对”的声音。这是平等对话，是“短兵相接”的思想交锋和实质性的问题探讨。

一节数学展示课上就发生了这样精彩的一幕。

生1：第一题要求证点O是正三角形ABC的中心，只要求证点O是角平分线的交点就可以了，联结OA，$AM=CN$，$\angle AMO=\angle CNO$，$MO=NO$，$\triangle AMO\cong\triangle CNO$……

生2：为什么$MO=NO$?

生1：因为CO是正三角形ABC的对称轴，则$\angle ACO=\angle BCO$，圆周角

相等，弧相等……

生2：弧相等，角相等，我明白了。

生3：我联结BO，证$\triangle CMO \cong \triangle BNO$也能证出来。

生4：我还有另外一种更简单的方法。

生5：我的方法也很简单。

生6：我认为大家的方法都很简单，但是我认为我的最简单。

变化二：学习内容覆盖全面

这里的课堂不再“唯课本”，而是以课本为依托，向多个方向延伸。其中既有内容的延伸、知识点的扩展，也有过程的展示、思维的发散。学生连珠炮式的发言、各种各样的感悟、多种信息的采集和运用，甚至奇思妙想，在愉悦的情绪、活跃的思维中迸发出来，令人应接不暇。

以《三颗枸杞豆》为例，课文讲的是“我”因为逃学与三叔在树林里邂逅，三叔用自己的生命故事教育“我”要珍惜时间，持之以恒。在三叔临终赠送的三颗枸杞豆的启示下，“我”发奋努力，终于成了生物学家。

有的小组截取课文中的“这时，太阳快要西沉”到结尾部分进行声情并茂的集体朗诵。这部分内容是经过精心选择的，随着故事情节的深入和一个个悬念得到解决，故事中的情感、寓意在这一部分达到高潮，这是整篇课文中最出彩的部分。

有的小组把“我”逃学的那部分内容编成了课本剧，还准备了简单的道具，三个学生“粉墨登场”。

学生甲背着一个黄色的小书包上场了。

旁白：我是一个植物学家。好多人很羡慕我，要我谈谈小时候刻苦学习的故事。其实，那时我是一个出名的“淘气鬼”。……后来，我很不乐意地被爸爸送进了学校，整天坐在窄小的木桌前盯着书上黑乎乎的汉字。我心里烦躁极了，就在桌子底下捣鬼，结果被那个眼尖的女老师发现了，她狠狠地批评了我一顿。

这时，“老师”上场了：“玩的是什么东西？交出来！”“老师”凶神恶煞的样子把全班同学逗乐了。

“没，没什么……”学生甲战战兢兢地说，又引来了一阵唏嘘。

旁白：那时正值三月，春天几乎从山沟里溢出来了。小树林的一切都散发出诱人的魅力。林子里今天格外美丽。一缕一缕的阳光，像金色的丝绸。

一只大花蝴蝶冒冒失失地撞在我的额头上，又慌慌张张地飞走了。我赶忙追上去，书包在屁股上“咣咣当当”跳，练习本、铅笔、橡皮，从书包里边飞出来，撒了一路。我顾不得去捡，一股劲儿向前追去……

学生甲在教室的过道里一会儿捕蝴蝶，一会儿扑蚂蚱。学生们仿佛被带到了美丽的小树林，看到了那里的花儿、草儿、昆虫以及藏在草丛里的“三叔”。

“可惜太迟了!”“三叔”的一声叹息在教室里回荡，每一个字都敲打着学生的心，让他们在这里接受一次深刻的生命教育。

还有两个学生自告奋勇进行独唱。

一位男生站起来说：“我给大家带来的是《朋友别哭》，希望大家喜欢。(唱）有没有一扇窗/能让你不绝望/看一看花花世界原来像梦一场/有人哭，有人笑，有人输，有人老/到结局还不是一样/朋友别哭，我依然是你心灵的归宿……”

一位女生不甘示弱地说：“我给大家带来的是《突然的自我》。(唱）听见你说/朝阳起又落/晴雨难测/道路是脚步多/我已习惯/你突然间的自我/挥挥洒洒/将自然看通透/那就不要留/时光一过不再有……”

虽然他们的歌声并不动听，甚至有些走调，但是他们对课文准确的理解、演绎与升华，以及在众人面前表演的激情与勇气足以感染在场的每一个人。

变化三：教师深厚的课堂驾驭能力

教师会放权，把课堂还给学生，并不意味着简单地进行“领地转让”，也不意味着教师无所作为，而是向教师提出了更高的要求。学生在多个方面还显稚嫩，发挥学生的主体作用绝对离不开教师的主导作用。

教师的“功夫”主要在展示课之外。在展示课上，教师的“穿针引线”“起承转合”和“点拨”作用，以及“临场应变”“即兴发挥”能力至关重要。这就需要教师具有深厚的课堂驾驭能力，以沉着的心态、从容的教态、恰当的引导对整个教学环节进行控制。

“三三六”教学法，即“三三六”自主学习模式，是杜郎口中学经过长期艰难探索在教学改革中结出的硕果。

第一个“三”是该模式的三个特点——立体式、大容量、快节奏。

立体式，指学习目标和学习任务是新课改要求的三维立体式，将学习任务分配给每个学生、每个小组来完成，充分调动每个学生的主体性，发挥每个小组的集体智慧。展示模块有不同层次、不同角度的思考与交流。大容量，指以教材为基础，拓展、演绎、提升，通过各种课堂活动形式展现，包括辩论、小品、课本剧、诗歌、快板、歌曲、绘画等。快节奏，指在单位时间内紧扣学习目标和学习任务，通过周密安排和师生互动、生生互动达到预期的效果。

第二个“三”是自主学习的三大模块——预习、展示、反馈。

预习模块的主要任务是明确学习目标，生成本节课的重点、难点并初步达成学习目标。基本过程包括学生根据自学后对文本的把握，教师根据对课程标准的把握，师生通过共同讨论预设学习目标；然后，学生通过自学、生生互动、师生互动等形式初步达成预设的目标，并对自己找出的重点、难点问题深入探究，在此基础上不断生成新的学习目标，为展示课做准备。

展示模块的主要任务是展示、交流预习模块的学习成果，并进行知识的迁移运用和对感悟进行提炼、提升。此阶段的基本形式是以个人或小组为单位回顾预习情况，进行组内和全班展示与交流。通过形式多种多样的师生、生生互动学习和感受交流，根据学习进程不断生成新的学习目标。

反馈模块的主要任务是对学过的知识进行反思和总结，对预设的学习目标进行检测。此环节尤其突出弱势群体，让他们说、谈、演、写，进一步检查落实情况，考查学生能否达到三维目标。这一环节主要采用“兵教兵，兵练兵，兵强兵”战略，促进全体学生的发展。

最后一个“六”，即展示模块的六大环节，分别是预习交流、明确目标、分组合作、展现提升、穿插巩固、达标测评。

预习交流、明确目标环节，是通过学生交流预习情况，进而明确本节课的学习目标。分组合作环节，是教师将本课学习任务分配到各小组，每组只完成其中一项。展现提升环节，是各小组根据组内讨论情况，对自己组的学习任务进行讲解、分析等。穿插巩固环节，是各小组结合分组展示情况，对本组没能把握的学习任务进行巩固练习。达标测评环节，是教师以试卷或其他形式检查学生对学习任务的掌握情况。

预习、展示、反馈三大模块贯穿在一起，便构成了自主学习模式的主体。与其他模式不同的是，自主学习模式的预习、展示、反馈模块都占用上课时间，有时是一节课，有时是两节课，也可能是十几分钟，具体时间根据学生的学习进展情况而定。这些环节都是必不可少的，而且这些模块的教学组织形式主要以小组活动和学生自学为主，是以学生为主体的课堂。

正是运用这种自主学习模式，教师与学生之间有了更多默契，造就了活跃而和谐的课堂氛围，较好地解决了大班教学条件下的自主学习问题、以学生为主体问题以及全体学生共同发展问题。

“三三六”自主学习模式在课堂时间上表现为“10+35”，倡导学生的课堂主体地位，一节课给学生35分钟，教师自己留10分钟。为了确保这一模式正常运转，充分实现“会放权”的高效能教学，教师必须注意以下几个方面。

1. 强化参与意识

课堂组织由原来的教师为主角、学生为配角，变成学生为主、教师为辅的组织形式。不仅如此，教师还要把学习目标、任务、知识点、重点、难点、考点以及解答、评价、批改、板书等全部交由学生独立完成，注重培养学生勇敢表现、主动积极的性格，改变用同一把尺子去衡量每一个学生的做法，让不同层次的学生都有发言权。重视学生课堂参与的同时，教师可以在课堂教学中设计花样繁多的评选、朗读、写作、“奇思妙想”等活动，让全体学生都动起来，体验到参与的快乐。

2. 让学生爱上学习

杜郎口中学把“激励、唤醒、鼓励”作为教师组织课堂教学的三大法宝，培养学生浓厚的学习兴趣和求知欲望，营造生动活泼的课堂气氛，并要求教师在课堂上善于抓住学生的好奇心，激发学生挖掘各科教材的兴趣。在实践中，杜郎口中学的课堂教学新招层出不穷，教师归纳整理了情感激励法、唤起注意法、自我发现法、讨论辨析法、竞赛评比法、小品表演法、分组结对法、擂台比武法等。

3. 传授正确有效的学习方法

教师要明确传授给每个学生“读、思、问、议、评”学习法。读，做到不多字，不丢字，不读错音，不破句，不断句，并且能准确表达语气和文意；思，边读书边思考每一句话；问，对自己不理解的句子或词语会质疑，会提问；议，讨论时能说出自己的见解；评，会评价别人和自己的观点，能够区别不同的观点。

4. 培养学生良好的学习习惯

教师要善于培养学生会听、勤思、敢说、善问的学习习惯。会听，上课时专心听课，细心听同学的发言，边听边思，精力集中；勤思，积极思考提出的问题和同学的解答，要在学习过程中边操作边思考，边观察边思考；敢说，上课要大胆发言，敢说话，敢大声说话，敢于反驳别人甚至教师的观点；善问，对于没听懂的内容和在练习反馈中遇到的不了解的问题，要善于问。

杜郎口中学教师的教案，记的都是预习课如何处理，反馈课如何补充，一条条、一项项备得很仔细。他们的教案普遍学生行为写得多，知识结构写得少。这是“三三六”模式促进教师工作重心由以前备教材、备教法转为备学生、备学法的体现，也是“三三六”模式成功的原因之一。

（四）搭建自由平台，让学生畅所欲言

“这个问题谁能回答？”江苏省邳州市的王老师一边问着，一边朝教室右侧挥了挥手。这时，教室右侧的十多个学生同时站起来，又陆续坐了下来，把发言的机会留给了平时很少发言的金同学，并为她鼓起了掌。这就是王老师的语文课，学生在他的课堂上积极主动，畅所欲言，或讨论，或争论，或研究，享受着“思维的解放”。

《谈生命》是一篇文质兼美的散文，教学的关键是让学生认识、体会文章的哲理美和语言美。这既需要教师的点拨引导，又需要学生结合生活实际去真切体验。在讲课中，王老师采用了放权让学生自由发言和指名发言相结合的课堂教学模式，取得了良好的效果。

王老师如同品一杯用人生经验酝酿的酒，深情地朗读了课文，然后感慨地说：“本文一气呵成，思路清晰，章法严谨。请你们分组讨论交流，说说你对文章思路的看法。”经过一番讨论，三组的代表进行了发言。王老师结合他们的发言，在黑板上写下了本文的创作思路：“《谈生命》以‘一江春水’和‘一棵小树’为例，揭示了生命生长、壮大和衰老的普遍规律，以及生命中的苦痛与幸福相伴相生的一般法则，同时表达了生命不止、奋斗不息的意志和豁达乐观的精神。”

学生已经明确了文章的基本思路，王老师就请平时学习成绩不好的小涛来给文章分层。小涛很自信地给文章分了层：第一层，仅一句话，“我不敢说生命是什么，我只能说生命像什么。”第二层，从“生命像向东流的一江

春水”到“也不敢信来生”。第三层，从“生命又像一棵小树”到“也不敢信来生”。第四层，从“宇宙是一个大生命”到结尾。

“你回答得很好。那么，你能不能说一下每层的意思呢？你为什么这样分？”王老师鼓励小涛，“不要怕出错，我们都支持你，你的思路没问题。”听到“思路”两个字，小涛看看黑板，胸有成竹地说出了每一层的意思：第一层，全文的领起句，是思路的起点，提示话题，引起下文。第二层，描写生命像春水东流的状况。第三层，描写生命像一棵小树成长和衰亡的状况。第四层，总结上文，抒发感想，阐发哲理。

小涛话音刚落，全班立刻响起了雷鸣般的掌声。

《谈生命》一文情、景、理交融。在对文章分层并概括大意后，王老师让学生精读文章，感受并寻找文章的美，挖掘文章的审美价值。

“作者把生命还原成具体的物象，把生命理念形象化，描绘出一幅幅生命的图画。”

“本文语言优美，比喻、排比处处可见。”

“本文意境优美，情景交融。”

“本文富含哲理，表达了作者对生命本质的认识。”

……

学生踊跃地回答着，或坐，或站，无需举手，互相礼让，自由表述着对文章的感受。王老师在黑板上把发言一一记录下来。

为了从意境方面准确地欣赏文章的美——美在形象、美在情感，王老师用多媒体播放一江春水东流入海的动态画面和一棵小树成长历程的动画：雪山、峭壁、巉岩、平原、斜阳草树、夹岸桃花、激电迅雷、新月晚霞、大海等美景迭出，春水一路走来，奔流激荡；小树从泥土中破土而出，长出嫩叶，开出繁花，蜂蝶飘翔，小鸟欢唱，浓荫如盖，硕果累累，黄叶翻飞，叶落归根。

接着，学生齐声朗读文章的第二层和第三层，并结合画面想象春水一路高歌的情形和小树成长的生命历程，以及作者想要表达的情感。经过小组讨论后，几位平时不爱说话的学生在王老师的鼓励和同学的帮助下，按照原文的思路，用自己的话描述和品味着“一江春水”和“一棵小树”的形象，并深入理解作者的情感。

(1) 一江春水。

生：四个“有时候”，体现了过程丰富多彩。

生：“聚集”“奔注”“冲倒”“挟卷”“奔腾”“回旋”等词，体现了高昂激越的气势和不可阻挡的力量。

生：“快乐”“勇敢”“享受”“愤激”“心平气和”“快乐又羞怯”“心魂惊骇”“憩息”“睡眠”等词，刻画了春水的性格和情怀。

(2) 一棵小树。

生：小树生命历程中的几个连续的阶段，代表了人类的童年、青年、中年、老年和生命的终结。

生：“聚集”“欠伸”“破壳”“伸出”“吟唱”“跳舞”“挣脱”“挺立”“抬头”等词，体现了小树生命力量的冲动与奋进。

生：“勇敢快乐”“宁静和怡悦”，体现了小树勃发的生机、恬淡从容的情怀。

(3) 作者情感。

生：在描写一江春水时，作者是富有激情的，从“愤激”“怒吼”“奔腾”等词可以读出这种感情来；面对种种境遇时，作者的心情是快乐、乐观的；描写春水到了大海时，作者的心情是平静的，没有快乐，也没有悲哀。

生：描写一棵小树时，一开始充满喜悦、希望，继而“宁静和怡悦”，最后是超乎寻常的平静。

生：本文表达的感情是丰富多样的，但总的说来感情基调是积极乐观的。

在散文哲理美和语言美方面，王老师知道大多数学生理解起来有难度，便采用放权让学生自由发言的方式，让学生找出关键语句，体会理解文章的深层含义。

“‘她多么辽阔，多么伟大！多么光明，又多么黑暗！’运用了反复手法。句中的‘大海’指生命的归宿，‘光明’象征生命达到辉煌的顶点，‘黑暗’象征生命的终结。生命是一个客观的过程，光明与黑暗相生相随。”

“‘他消融了，归化了，他说不上快乐，也没有悲哀！’说明生命是一个过程，应当从容镇定地面对死亡，显示了作者‘生亦何欢，死亦何惧’的平常心。”

“‘然而我不敢说来生，也不敢信来生！’作者一方面肯定生命可以再生，一方面又否定生命的轮回说，冷静、客观、从容地面对生命，表现了积极乐观的人生态度。”

“‘他会听见黄莺轻吟，杜鹃啼血，也许还听见枭鸟的怪鸣。’人的一生会遇到快乐、悲哀、嘲讽甚至反对，快乐与痛苦相生相随。”

“‘在宇宙的大生命中，我们是多么卑微，多么渺小，而一滴一叶的活动生长合成了整个宇宙的进化运行。’虽然每一个生命都是卑微渺小的，但组成整个人类就可以创造历史，推动社会前进。表现出了作者浩渺的思绪、宽广的胸襟。”

“‘不是每一道江流都能入海，不流动的便成了死湖；不是每一粒种子都能成树，不生长的便成了空壳!’并不是每一个人都能成才，都能为人类做贡献，不努力、不拼搏，人就成了行尸走肉，失去了人生的意义。”

“‘生命中不是永远快乐，也不是永远痛苦，快乐和痛苦是相生相成的。’阐述了生命中快乐与痛苦的辩证法，表明作者对生命规律的判断和认识。”

“‘在快乐中我们要感谢生命，在痛苦中我们也要感谢生命。’这一句话与孟子的‘生于忧患’意思相同，我们要学会享受痛苦、感谢痛苦。”

这些学生不负众望，其他同学在羡慕之余也激动起来，跃跃欲试。

教育要回归生活。王老师要求学生结合自身体验谈谈对生命本质的理解。这时，全班学生都参与到自由发言中，成绩优秀的、成绩一般的，爱发言的、不爱发言的都鱼跃而起，一展身手。

“生命的本质和规律在于蓬勃成长，奋勇前进，任何力量也无法阻碍它，压制它。”

“生命始而渺小、微弱，继而强健、壮大，终而归于消亡，其间幸福与痛苦、顺境与逆境相伴相随。”

“生命的道路是曲折的，要经历种种磨难，其间有痛苦也有幸福，痛苦也是一种幸福。”

“生命存在于运动之中，生命的过程是进取、斗争的过程。”

“个体生命是宇宙大生命的一分子，个体生命最终要回归宇宙大生命的母体之中。”

“生命的体验，始而新鲜，继而平静，最终归返大生命母体中，无欢喜也无悲哀。”

“生命需要流动和生长，我们要享受快乐，但不回避生活中的痛苦和艰难。”

“我们要尊重生命，就得探寻生命生长的闪光点，向生命的顽强不屈敬礼。我们要珍惜生命，就得向生命的高贵顶礼膜拜，为生命全过程的每一刻喝彩。”

……

这个案例中，课堂气氛活跃，每个学生都积极主动地投入到了自主学习的探究中。这应该归功于王老师放权让学生自由发言和指名发言相结合的课堂教学模式。

放权让学生自由发言，给予学生自我展示的机会，激发学生积极主动学习。不过，在实践过程中，这容易成为成绩优秀的学生和爱发言的学生表演的“专场”，成为成绩一般的学生和不爱发言的学生避难的“温室”。所以，王老师以完善和创新自由发言的课堂教学模式为使命，努力使课堂真正成为全体学生自主探究、自我展示的舞台。王老师一方面以放权让学生自由发言的教学方式，激发优秀的学生和爱发言的学生主动参与的热情；另一方面用指名发言的方式来唤醒成绩一般的学生和不爱发言的学生，并鼓励他们，让他们加入到自由发言的行列。王老师“察言观色”，使每个学生都得到了发言的机会，既有竞争又有谦让。王老师发现了放权让学生自由发言的教学新途径，学生则踏上了自由发言的“正途”。

无数课堂实践表明，如果学生的发言只是被动地回答教师的提问，学生就不会对问题本身产生兴趣，也不可能深入思考，更谈不上质疑和批判。因此，教师应该努力培养学生主动自由发言的习惯，千方百计调动学生的积极性，使他们不吐不快，想说什么就说什么，这就需要教师学会放权。要做到放权让学生自由发言，中学教师应做好以下几个方面。

1. 放下“师道尊严”的架子

美国心理学家卡尔·兰塞姆·罗杰斯说：“成功的教学依赖于一种和谐安全的课堂气氛。”在安全、自由的课堂环境中，学生才敢说、想说、会说。当前，少数教师仍恪守所谓的师道尊严，喜欢居高临下，蹲不下身子，放不下架子，总是板着面孔，视自己为权威，甚至武断专横。殊不知，教师独断专行，换来的是学生的敬而远之，甚至冷漠敌视，即使交流与相处也敷衍了事。

所以，教师要摒弃主宰一切的观念，改变凌驾于学生之上的师生关系，树立以人为本的学生观和民主平等的教学观。教师要热爱、理解、尊重、宽容学生，努力创设民主、积极、和谐、愉悦的课堂氛围，给学生以心灵的安全与自由，让他们感受教师可亲、可敬、可信的魅力。放权于无形，学生才能勇于积极思考，大胆质疑，想说就说，不怕说错，才能做到畅所欲言。

2. 巧妙设疑，激发学生思考

学起于思，思源于疑。巧妙的疑问可以激发学生强烈的求知欲，使他们急于究源探底，如同一石激起千层浪，学生很快就会兴奋起来。教师要善于抓住学生的兴趣点，利用猜谜语、讲故事、情境转移、比赛等形式设疑，吸引学生参与课堂交流活动，踊跃发言。另外，教师要给学生足够的发言时间，不要急于把答案告诉学生，否则欲速则不达，会让放权失去原有的意义。

3. 让学生面向全体学生发言

现在提倡的小组讨论学习模式，虽然在提高师生互动合作方面取得了很大进步，但是面向教师发言的情况仍没有改变，即发言内容正确与否依然凭教师主观判断，这对真正放权给学生造成了阻碍。所以，教师放权让学生自由发言，应该做到让学生的发言面向全体学生，向谁表达见解就面向谁发言。教师要教育学生发言时注重情感交流，包括眼神、体态语言的交流等。评判的权利也应交给学生，教师是旁听者，只需稍做指导。这样，学生在发言中就会真正地交流，无拘无束地发言。

4. 充分肯定学生的发言

中学生的表现欲望很强，尤其是得到教师的充分放权和肯定后，他们会充满自由发言的勇气。面对学生的自由发言，教师不仅要认真倾听，耐心等待，而且要经常为学生喝彩。

(1) 语言肯定。学生有了精彩的发言，教师可以说："让我们为他鼓掌!""你说得真精彩!""回答得棒极了，你真了不起!""你的智慧总能给大家带来启发，谢谢你!""你的发言使大家豁然开朗，太了不起了!""你的发言给老师带来了惊喜，希望能经常听到你精彩的发言。"教师的话虽然简短，但这样的肯定对学生而言无疑是极大的鼓舞。

(2) 积分肯定。以小组为单位，由小组长负责观察记录组员发言，每发言一次加1分，发言错了不扣分，发言特别精彩的加2分，周末时评出"发言小明星"并给予表扬。

（3）肢体语言肯定。教师以拥抱学生、和学生握手等方式对学生的发言表示充分肯定。

（4）教师还可采用实物奖励、掌声鼓励等方式提高学生发言的自信心，鼓励学生踊跃发言。

5. 言而不乱

在放权给学生自由发言的课堂上，不仅要有学生“七嘴八舌”、随便说，还要保持发言组织有序、彬彬有礼，即言而不乱。在学生自由发言的过程中，中学教师要培养学生谦让、有礼和尊重他人的良好习惯。平时发言多的学生要把发言的机会让给发言少的学生；男生要谦让女生；前排和后排学生同时站起来时，后排学生要谦让前排学生；尊重发言人，耐心听完发言，绝不嘲笑他人的发言；边听边思考，如要插话需要举手示意并得到发言人允许。

放权让学生自由发言的课堂教学模式，不同于传统的指名回答的教学模式，它是充分体现学生学习自主权的最有效的方法之一。虽然这一教学模式不一定适合所有课堂、所有学科，并且仍存在一些问题，如怎样保证全体学生平等的发言机会等。但其立足于放权给学生、给予学生自主性的教育思路，是值得充分肯定的。有理由相信，放权让学生自由发言的课堂，一定会绽放异彩，一定会成为最受学生欢迎的高效课堂之一。

三、如何做“会放权”的教师

研究问题、解决问题是获取知识的一种方法。中学教师应该挖掘学生的潜能，让他们运用已有的知识经验和能力水平，自主完成对知识的构建，并从中获取探求知识的方法，培养学生发现问题和解决问题的能力。要有效地开展自主探究教学，中学教师必须“会放权”。

（一）课前，给中学生一点“建议权”

传统的课堂教学中，教师往往按照一定的教学进度来安排教学内容，而且把学生定位在同一条起跑线上，造成有的学生“吃不饱”、有的学生“吃不了”的教学失调现象。为了解决这一矛盾，教师在讲授新课前要让学生回忆、复习、巩固以前所学知识和与新授内容相关的知识。对于新授课的内容，教师事先应给予学生一点“建议权”。

这个建议权是基于学生在前面的课程内容学习时存在的问题提出的，以便教师在后面的课程教学中补充、改正、尝试。有人认为，学生什么也不懂，还不是教师教什么，学生就学什么。其实不然，很多学生乐观活泼，思维敏捷，具有一定的辨别能力和感知能力，而且表现欲很强。放权给学生会带来好的建议，让课堂别开生面，深受学生欢迎。所以，不妨在课前给中学生一点建议权，这不但体现了对学生生命个体的尊重，而且为教学带来了益处，何乐而不为?

（二）课上，给中学生一点“质疑权”

在联合国《儿童权利公约》中有这样一项内容：“确保有主见能力的儿童有权对影响到其本人的一切事项自由发表自己的意见，对儿童的意见应按照其年龄和成熟程度给以适当的看待。”在课堂教学中，教师要给予学生对自己观察到的现象、思考的问题、听到的见解提出疑问的权利。“小疑则小进，大疑则大进。”孔子也鼓励学生“每事问”，提倡学生在重大问题上应敢于同自己争辩。其实，学生的质疑能力是需要教师培养的能力之一，这种能力有利于学生养成会思考、爱提问的习惯，提高学生的思维质量。

质疑是一种能力，也是一种权利，这是人性化课堂必须具备的一个指标。

（三）出错，给中学生一点“商讨权”

学校本来就是一个可以让学生犯错的地方，学生在课堂上出错在所难免。对于学生的错误，教师以何种态度对待是非常重要的。将学生的错误视为洪水猛兽，或者视而不见、听之任之，还是以宽容的态度加以引导，并将知识引向深入?

不同的态度，会使学生对学习的积极性产生不同变化。当中学教师以正确的态度对待学生的错误时，学生学习的积极性会提高，会更加好学、乐学，课堂也变得生机盎然，充满动感与活力。所以，在出错问题上教师也应该学会放权，让学生对自己的错误有辩解的权利，给学生一点“商讨权”，甚至容许他们争辩。

教师不要担心这会耽搁课堂教学时间，更不要担心会影响整堂课的进度。其实，放权让学生商讨、争辩、交流，可以让学生学会倾听、评析，同时会使学生迸发出智慧的火花，萌生创新的灵感。教师也要学会当一个忠实的听众，倾听学生的想法，不能一味要求学生“手放好，人坐直，眼睛看黑板，耳朵听老师”。正如教育学博士肖川所说，“听话的教育”肯定不利于富于个性的人和富于创新精神与创新能力的人的培养。

（四）作业，给中学生一点“选择权”

每个人都拥有一种最伟大的力量——选择的力量，中学教师不能压抑学生的这种力量，不能剥夺学生选择的权利。所以，在布置作业的时候，中学教师不但要考虑教学的需要和学生的学习能力与学习水平，而且要根据学生的心理特点，考虑到学生的心理需要，设计出符合教学要求、学生感兴趣且形式多样的作业。教师可以放权让学生根据自己的能力选择作业，让学生真正成为学习的主人，调动起学生学习的积极性，避免无效劳动。

（五）让中学生自主进行课前预习

预习是提高课堂教学效果的前提，能够减少学生在课堂上浅层次感知的时间，也是学生自主尝试学习的过程。所以，中学教师在预习上放权的同时，应该注意教给学生自主预习的一些方法。

例如，读，让中学生多读两遍教材内容，对教材内容有整体印象，并且尽可能挖掘教材的意义。画，让中学生在读的过程中，把自己不懂、不理解或者理解得不透彻的地方用重点、难点符号画出来。思，让中学生自己去查阅字典、辅导书等相关材料，再结合所学知识尝试着自己解决疑问。列，让中学生把自己无法解决的疑点罗列出来：可以在书上做标记，也可以记在本子上，还可以记在心中。

（六）让中学生自主掌握疑点、重点和知识点

中学课堂教学应该是对疑点的解决过程，对重点的消化过程，对知识点的掌握过程。

疑点，即学生在预习中罗列出来的自己无法彻底解决的内容、问题以及教师根据需要设置的疑难问题。重点，本节课需要重点理解、记忆、把握的知识点，或者本单元、本阶段需要重点训练的项目。知识点，学生结合自身知识、能力和学习水平，在学习中需要掌握的知识或者教学目标规定必须牢固掌握的知识、技能。

中学教师在讲课时要抓住疑点、重点和知识点，适时放权给学生，让学生围绕疑点、重点和知识点自主学习。需要注意的是，疑点、重点和知识点只是模糊的先后顺序，不是学习知识的前后程序。在教学实践中，它们往往互相交叉、互相渗透、互相联系。所以，中学教师要根据自己的教学习惯、学生的学习习惯、课程的自身特点来安排课堂教学，并且将疑点、重点和知识点有机结合起来，渗透到整个教学过程中。

“会放权”并不意味着教师可以不管不问，当“甩手掌柜”，那样就失去了放权的真正意义。中学教师应该做到心中有数，策划好每一个细节，教给学生规律和方法，让学生胸有成竹，独立高效地学习。“会放权”的高效能教师会抓大放小，适度、适时、适当放权，随时随地掌握学生的学习动态，及时有效地指导发现的问题。

习惯9 会尊重

——以尊重赢主动，以主动创高效

一、"会尊重"概述

尊重是指敬重，重视。每个人在内心深处都渴望得到他人的尊重，而只有尊重他人才能赢得他人的尊重。尊重他人是一种高尚的品德，是个人内在修养的外在表现。尊重他人是一个人有修养的表现，是一种文明的社交方式，是顺利开展工作、建立良好社交关系的基石。对于中学教师来说，"会尊重"显得尤为重要。

如果说没有爱就没有教育的话，那么离开了尊重同样也谈不上教育。因为每个学生都渴望得到他人的尊重，尤其是教师的尊重。中学生的心智逐渐成熟，更加渴望得到尊重。然而，一些不尊重学生的现象时常发生，这不能不令人深思。

过去，一些中学把学习成绩不好又调皮的学生称作"差生"，甚至"双差生"。后来觉得这个称谓不妥，有伤中学生的自尊，便改成了"后进生"。"后进生"与"差生"相比听起来含蓄多了，也温和了许多，这不能不说是一种进步。

近年来，随着素质教育的实施，中学教育在认识和观念上都发生了变化，广大教育工作者越来越尊重学生的人格，叫了多年的"后进生"又改成了"学困生"。虽然只有几字之差，但听起来更富人情味。在教师和学生的眼里，学困生只是由于种种原因在学习上暂时存在困难，成绩还不够理想，通过师生的帮助和学生自身的不懈努力，明天或后天就可能成为最优秀的学生。

从"差生"到"后进生"，再到"学困生"，一个称谓上的简单变化，就可以看出人们对教育内涵的深层次理解和对学生教育主体地位的普遍认同。所以，中学教师必须拥有一颗博大的爱心，赢得学生以及社会的深深敬意。中学教师"会尊重"应体现在以下几个方面。

（一）善待学生的错误

师者，传道授业解惑也。教师不但要传授给学生文化知识，还应该教给学生做人的道理。中学生正处在人生道路上困惑最多的时期，在认识和行为上最容易出现偏差，正确引导学生走出迷惘是教师的责任和义务。

容错是一种胸襟，是一种尊重。有的中学教师对于学生犯错误常常忍无可忍，暴跳如雷，一气之下说出有损教师形象的话，甚至做出令人遗憾的行为，这些教师应该加强个人的师德修养。如果教师对待学生像对待自己的孩子一样，他们就会懂得，面对学生的错误，讽刺、训斥、责骂等只能使学生反感，产生逆反心理，或是自暴自弃，造成其他不良后果。那种发自内心、溢于言表的慈母般博大无私的爱才是最有感召力的，才能帮助学生认识并改正错误。

纠错是一门艺术，这需要耐心。学生犯了错误，教师既不能听之任之，也不能"一棍子打死"，应该理智耐心地选择适当的方法，分析处理。纠错的方法很多，如当面指正、个别谈话，冷冻法、暗示法、感化法等。也许这些方法不能立即奏效，但教师应该保持耐心。不管采用哪种方法，教师都应该以鼓励为主，通过教育把学生引向健康成长的道路。

教师心存尊重，就会发现错误其实是一笔财富。学生总是在不断改正自己错误的过程中逐渐走向成熟，走向自我完善。中学生由于对客观世界的认识有局限，导致行为偏差在所难免，问题是教师如何对待学生犯错。医生治病需要对症下药，找到病因，这是治病的前提。学生犯了错误，正好可以暴露"症状"，教师循此才能找到学生犯错误的症结所在。所以，教师对于学生的错误应当珍视，应不厌其烦地帮助学生改正成长道路上犯的一个个错误，并使他们逐渐减少犯错的次数，最终不犯错误或少犯错误。这样，中学教育的目的就达到了。

（二）尊重学生的健康权

中学教学中经常遇到这种情况：下节课是体育课，教师拖堂占用了十分钟，甚至半节课时间，影响了学生锻炼身体，引起学生强烈不满；学生单词写错了罚写十遍，上课迟到了罚站一节课，或围着操场跑两圈。这些做法都严重影响了学生的身心健康。

健康是每个公民提高生活质量、实现人生价值的条件和基础。中学生正处在身心成长阶段，对其身体和心理健康的损害会造成严重的后果。所以，中学教师在教育教学中，不能轻易占用学生锻炼身体的时间，不能用简单粗暴的办法体罚或变相体罚学生。

（三）尊重学生的人格

由于中学生身心发展还不成熟并且缺乏生活经验，在处理事情时容易出现偏差。但中学生的可塑性比较强，容易认识到自己的错误并会努力改正。所以，中学教师对学生要采取教育与保护相结合的原则：一方面教育学生认识过错的危害，另一方面要注意维护学生的名誉。例如，对于品行不端、学习有困难的学生，教师应该尊重其人格尊严，耐心教育、帮助，不得歧视，更不能随意开除。

（四）不妨“对号入座”

有学生写过这样一篇作文，对教师分门别类地加以评说。

一类是“不喜欢的老师”。这类教师有三种：一是保姆型，事无巨细，读书写字、穿着打扮样样要管；二是裁判型，手拿教科书，外加一本“标准答案”，按部就班地讲题目、读答案；三是纠察型，有事没事总爱在学生周围“巡视”，原本放松热闹的场合，学生忽然安静下来，在窗口或门外必定有一对镜片在闪闪发光。

一类是“喜欢的老师”。这类教师也有三种：一是教练型，既循循善诱又视学生为自己的孩子；二是朋友型，上课严肃认真，诲人不倦，下课则与学生一起打篮球、踢足球、侃网络，既能宽恕学生的无知、浅薄、幼稚甚至狂妄，又不放纵和认同学生的错误；三是导师型，有广博的学问和人格魅力，有才气和幽默感，还懂一点琴棋书画。

学生的作文虽是一家之言，但是颇具代表性，道出了一大批中学生的心里话。中学教师读了这篇作文该做何感想？不妨“对号入座”，反思一下自己的工作，看看自己属于哪一种类型。如果处于学生“不喜欢”之列，教师应该及时召开学生座谈会，虚心听取学生的意见和建议，进而端正态度，改进方法，尽快“转型”。如果处于学生“喜欢”之列，教师也应该反思一下哪些地方做得还不够，从而把工作做得更好，使学生更加喜欢。

在信息时代，中学教师应该注重信息的反馈，将学生的作文当成一面镜子，自己照一照，提高自身的师德修养和教育教学素养。这也是尊重学生的重要表现。

（五）保护学生的受教育权

在教育教学过程中，有些中学教师动辄以停课停学作为惩罚学生的手段，把一些本应在学校享受教育的学生推出了校园，使其成为社会的不安定因素。受教育权是一项基本权利，公民享有受教育的权利，这是国家对受教育者的郑重承诺，学校管理的一切活动，都必须以维护受教育者的这一基本权利为前提。

（六）关注学生的隐私权

隐私权作为一种民事权利，是人格权的一种。《未成年人保护法》规定：“任何组织或者个人不得披露未成年人的个人隐私。”中学教师只能向与教育学生有关的第三者透露学生的隐私，不能让无关的人员知道，更不能随便散布，也不能采取非法手段获取学生的隐私。例如，对于学生的信件不得隐匿、毁弃或非法拆看。

没有尊重，学生的学习就不可能自主；没有自主性学习，学生就会丧失学习的兴趣；失去了学习热情，学生在学习中就谈不上探究与创新。所以，要引领学生把被动学习行为转变成自觉学习行为，中学教师首先要从所谓的师道尊严中解放出来，放下身段，尊重学生，让学生在尊重中发奋学习，快乐学习。

二、名师与“会尊重”

（一）尊重，源于保护每个学生的自尊

广东省广州市的高老师在教学中非常注重保护学生的自尊，因此赢得了学生的爱戴。

新学期伊始，班里许多学生买了漂亮的新文具，如新的文具盒、圆珠笔、钢笔等。一天，有个叫小雨的学生早间操后整理文具时，突然喊道：“老师，我前天新买的钢笔不见了。”听小雨这么一喊，他的同桌也大声喊道：“有小偷！”其他学生开始议论纷纷。高老师觉得事情没弄清楚之前不能下结论，于是反问：“谁看见有小偷了？”

教室里顿时鸦雀无声，但是许多学生的脸上写着愤怒、惊讶、懊丧，他们等待着，也许在等待高老师严厉地训斥，也许在等待一场地毯式大搜查。

看到局面得到控制，高老师琢磨着如何彻查：班里发生丢东西的事件，确实非常棘手，如何妥善处理？如果感情用事，简单处理，搞“检举揭发”，不仅费时费力，让学生人人自危，甚至会伤害那个可能偶尔犯错的学生的自尊心。这样后果就严重了，这个学生可能因此留下阴影。想到这里，高老师决定通过讨论的方式让学生自己教育自己。

高老师心平气和地说：“事情没有那么严重，我不相信我们班里会有这种学生。即使有，我相信也是因为有难处，是迫不得已拿的，而且我相信这个同学现在已经很后悔了，在深深地自责呢。这样吧，我们大家讨论一下，这件事情怎么处理比较合适？”

高老师话音未落，许多双手高高地举起来，学生都想表达自己的想法。

“像超市那样在我们班装一个监视器吧。”一个学生站起来大声说，结果引来其他同学一阵哄笑。

“不，那样不好！我认为我们可以成立一个柯南侦探组。”

“还用得着那么麻烦？同桌之间互相搜搜书包，马上就能找出来。”

“这个办法也不好。谁那么笨啊？拿了人家的东西还放在自己书包里！他肯定会藏在一个别人找不到的地方。”

听着学生的发言，高老师一边点头一边思索。

“老师，也许是小雨不小心把钢笔掉在地上，或者没留神丢到垃圾桶里了呢？”

“有这可能！”坐在第一排的一个男生马上站起来，去垃圾桶里翻捡起来，但什么也没找到。

教室里又安静了。

这时，班里的“捣蛋大王”小云站起来说：“老师，昨天我做值日的时候，发现一支笔掉在地上了。”

“那你捡起来没有？”大家一听笔有着落了，充满希望地问。

“没有。”小云干脆地回答。

大家开始七嘴八舌地批评他。

“看见了不捡起来，骗谁呢？我见过那支笔，崭新的‘派克’，肯定是你自己想要。”

“那还用说！白得的东西，谁不想要啊？”

在同学们的议论声中，小云很难过，但是依然嘟囔着：“我没捡，我没捡……”

看到他难受的样子，高老师示意大家安静，然后说：“好，今天的事情就先到这里。有错就改，就是一个诚实的好学生；勇于承认错误，也是一个诚实的好学生。我相信我们班的每个学生都是诚实的好学生！再说，小云只是没捡起那支小雨丢了的笔。”

高老师一番真诚而信任的话语，顿时使乱哄哄的教室安静了许多。

下课后，高老师刚走到办公室，就见小云低着头，满脸通红地尾随而来。

“小云，有事儿吗？”看到小云的表情，高老师就明白了七八分，若无其事地问道。

小云一下子哭了出来：“高老师，笔确实不是我偷的，真是我昨天在地上捡的。这支钢笔实在太漂亮，我就把它放在书包里了，想用几天再还给小雨。老师，我撒谎了，捡了东西自己用。我错了！”

“小云，你有错就改是一个诚实的好学生；勇于承认错误，也是一个诚实的好学生。所以，可以肯定的是，你就是一个好学生！”高老师摸着他的头热情地赞扬道。

就这样，高老师让小云认识并承认了自己的错误，同时保护了小云的自尊，没有让他背上“小偷”的名声。

教师教育犯错的学生，一定要保护他们的自尊，不能把他们说得一无是处，否则会伤害学生的自尊心，影响师生关系。俗话说，树怕伤根，人怕伤心。自尊心是中学生成长的精神支柱，是他们自我发展的内在动力。一旦中学生的自尊心受到伤害，就会不同程度地感受到他人对自己的否定，从而产生消极情绪，丧失前进的勇气和热情，甚至步入歧途。所以，不管在什么情况下，教师都不能伤害学生的自尊心。在教育工作中，教师应该注意与学生平等对话，动之以情，晓之以理，尽量保护每个学生最敏感的自尊，这是“会尊重”的前提。

苏联教育家苏霍姆林斯基说过：“儿童的尊严是人类心灵里最敏感的角落，保护儿童的自尊心就是保护儿童的潜在力量。”教师要保护学生的自尊心。案例中，小雨丢钢笔的事件在班里掀起了轩然大波，学生都希望尽快查出真相，找到“小偷”，严惩偷钢笔的人。在群情激奋之时，如果高老师真的来次地毯式大搜索或者让同桌互翻书包的话，真相也许马上水落石出。但是，这样做一定会伤害到那个拿走钢笔的学生的自尊心，这个学生在班里再也抬不起头，也许会感到自己前途渺茫，从而失去进步的信心，甚至因此影响到师生关系，反而使教师失去了学生的尊重与信任。

幸运的是，高老师并没有轻率地处理问题，而是通过集体讨论，让拿走钢笔的学生认识到，教师有很多办法查清事实真相，但是教师并不想因此伤害自己。就这样，提出几种查找方法后，拿走钢笔的小云坐不住了，主动站起来，说自己昨天值日时见过那支笔，但没捡起来。小云这样说，立刻受到了其他学生的指责，认为他是故意的。小云受到大家的指责，已经后悔了，但他还是硬撑着，说自己没捡。小云的言行高老师都看在眼里，为了保护他的自尊心，高老师说承认错误、改正错误就是诚实的好学生。在这种信任和鼓励下，小云终于在下课后找到高老师承认了错误。

中学生的情感通常比较脆弱，缺乏承受公开批评的能力。所以他们犯错时教师要谨慎选择教育方式，即使需要直接批评也要非常慎重，注意批评的方式、方法、时间、地点以及学生的接受情况，使受到批评的学生感受到教师在帮助他们，而不是故意让他们没面子。美国儿童心理学家詹姆斯·杜布森博士说过：“有千百种方法可以让孩子失去自尊心，重建自尊却是一个缓慢而困难的过程。”所以，在教育学生时教师要明白，让中学生认识到自己的错误与缺点固然重要，但更重要的是保护他们的自尊心。只有这样做，才能成为一个会尊重学生的教师，师生关系才能正常、和谐，才能为提升教育教学质量服务。

教师想让每个学生都接受自己，就要在自己的言谈举止中保护每个学生的自尊心。要保护学生的自尊心，教师首先要搞清楚什么是自尊心。想让学生成长为一个杰出的人，在他们明事理、懂是非之初，就必须让他们认识自己的价值，做到接纳、喜欢和尊重自己。学生自我接纳、自我尊重，才能被别人接受，赢得他人喜欢，同时，学生的内心才会产生对自己的价值判断，即自我价值。这种自我价值是一个人存在与发展的理由，也是学生不断努力、不断奋斗的原因。自尊心就是这种自我价值的核心，主要包括羞耻心和上进心。

羞耻心，是指人在做错事时或者做完坏事后产生的羞耻感。人如果没有羞耻心，就会按照动物的生存方式，而不会依从人的生活方式来为人处世。没有羞耻心的人根本不注重别人如何看待自己的行为，更不会受社会规则的制约，而只想按照自己的“动物本性”行事。上进心，是指人不甘落后、奋起努力的心理。作为社会性生物，人最重要的心理需求之一就是获得认同。一个人有了上进心，就会去追求社会的承认和他人的羡慕，这样就会自觉遵循社会规则，按照社会规则设定的方向去规范、约束自己的言语和行为。

人是由精神人和物质人构成的，自尊心是精神人的脊梁。有了自尊心，人才能像人一样站立起来，才会由“动物”变成“人”，是自尊心使学生按照“人”的方式来为人处世。如果教师纠正学生的行为偏差时伤害了学生的自尊心，把他们的自尊心看作可有可无的东西，就会使学生失去羞耻心和上进心。

（二）尊重是抛弃“师道尊严”，蹲下来和学生说话

陕西省咸阳市丁老师的教学犹如春风拂过般舒畅、美好。他习惯一切以学生为中心，站在学生的角度思考，适时抛弃形式上的师道尊严，为学生营造平等、和谐的课堂氛围，使学生能够更好地发展。

有一次，丁老师正在课堂上滔滔不绝地讲解要点，学生也都在紧张地记

着笔记。突然，一声吼叫打破了原本正常的秩序——“你到底想干什么？我都说了没有时间，你干吗还推我。你老推我让我怎么写啊？”只见倒数第二排的学生小敏正盯着后排的小文，满脸通红。课堂的气氛瞬间变得异常紧张。这简直就是对教师的尊严和权威进行挑衅！丁老师不得不停止了讲课，学生也都放下了手中的笔，小声地议论着。

“小文又欺负同学了，他总是这样，这回看老师怎么收拾他。”

“这下完了，丁老师一定特别生气，小文简直就是无视老师的存在。”

还有个别学生说：“小文总是给我们带来麻烦，真后悔和他分到同一班里。唉，真是运气不好啊！”

……

丁老师咳嗽了一声，教室里立刻安静下来，一场“战争”似乎就要爆发。学生都瞪大了眼睛小心翼翼地观察着丁老师的一举一动，教室里充满了令人不安的气氛。

丁老师马上意识到，如果此时批评学生，虽然课堂可以马上恢复秩序，但是这件事产生的影响不会就此消失，反而可能使学生进入误区，对教师产生惧怕心理。没有和谐、良好的师生关系，学生很难进入良好的课堂学习状态，学习效率自然会受到影响。现在并不是着力维护“师道尊严”的时候，而需要正确引导学生。

学生等待着丁老师大发雷霆，听到的却是丁老师关切的话语：“小文，虽然你的行为影响了大家的学习，但是丁老师相信你是一个好学生，希望你能告诉老师原因，为什么要推小敏？”

老师的态度让小文愣了一下，随即响亮地答道：“我推她不是故意欺负她，我今天没有戴眼镜，所以想让小敏帮我抄笔记。可是她总说没时间……”原来如此，这时大家都注意到眼睛近视的小文今天没有戴眼镜。丁老师为自己的疏忽感到自责，他对小文说：“小文，你一定为看不清黑板很着急吧？”小文点点头。

丁老师又说：“你热爱学习是一件非常好的事情，但是遇到困难的时候一定要讲究方法。你不能因为小敏没有时间帮你就故意不让她认真做笔记，这样是不对的。”此时，小文惭愧地低下了头。

丁老师继续说：“小文，以后有什么困难可以直接和丁老师说，只要老师可以帮助你，丁老师一定做到。”

听到丁老师不但没有因为影响课堂秩序而责怪自己，反而为自己着想，小文非常感动。他对丁老师说："谢谢老师，我以后再也不欺负同学了。"丁老师欣慰地笑了，说："那么，我们大家现在是不是应该为自己的错误做点什么呢？"

小文不好意思地挠挠头，对小敏说："对不起，小敏，我错了，请你原谅我好吗？"

小敏也很不好意思地笑了起来："没关系，我下课后把笔记借给你，帮你补习。"

教室里响起了热烈的掌声，原本让人不安的气氛一扫而空。看到学生真诚的笑容，丁老师感到非常欣慰，说："小文同学坐在教室的最后一排，不戴眼镜一定看不清黑板。哪位坐在前排的同学愿意帮助他，和他临时换一下座位呢？"坐在前排的学生都争着举起手，教室里充满了浓浓的友谊之情。

案例中，丁老师在"师道尊严"受到挑衅的时候，没有因为面子问题严厉地责备学生，而是适时蹲下身子，以低姿态与学生对话，站在学生的角度思考问题，这是尊重学生的具体体现。丁老师放弃形式上的师道尊严的宽容做法，不仅使犯错误的学生清楚地认识到了自己的错误，为学生营造出平等、友爱、和谐的课堂学习氛围，还让学生学到了正确处理事情的方式方法。

教师，是人类灵魂的工程师！平淡朴实的几个字，形象地诠释了教师在人们心目中的崇高地位。教师这个职业虽然很神圣，但不能百分之百地代表真理。所以，师生之间更多的应该是平等，是尊重，是换位思考。

可以说，教师是学生前进路上的合作者和引导者，而不是绝对的领导者。在教学活动中，教师面对学生时重要的不是管制、训斥，而是从高高在上的讲台上走下来，蹲下身子和学生说话。只有抛弃形式上的师道尊严，才能真正为学生营造亲切、和谐的学习氛围，使学生快乐地成长。

课堂不仅是学生学习的地方，还是师生间情感交流的场所，是一个需要平等、尊重、和谐氛围的地方。如果教师总是高高在上，用自己的"师道尊严"压制学生，那么在压力下学生会产生逆反心理，不仅无法与教师沟通，课堂氛围也会因此变得紧张，直接影响教学效果。

中学教师的首要任务是认真教授文化知识，营造轻松愉快的课堂氛围，为学生创造一个平等、和谐的学习环境。这样才有利于课堂教学正常有序地进行，而这首先需要教师有一颗尊重学生的心。在案例中，小文自己的过失导致小敏无法忍受他的骚扰而发出一声大吼，使教学活动不得不暂停。这种影响极坏的违纪行为直接挑战了教师的威信，如果教师不具备一颗尊重学生的心，就可能对学生实行“高压政策”。教师呵斥一顿后，虽然课堂可以恢复原有的平静，但这件事情带来的“后遗症”不会就此消失，师生之间的关系会变得压抑。

丁老师的做法完全出乎学生的预料，他不仅没有责怪小文，反而关心地询问事情的原委，并站在小文的立场上理解他、尊重他、帮助他。丁老师这种抛弃“师道尊严”、尊重学生的做法，让干戈化为玉帛，使小文深受感动，接受了教师的批评教育，并且认错、改错，向同学道歉。这一系列行动都在真诚、友好、谦和的氛围中进行，没有了心理压力和“后遗症”，课堂氛围因此更加和谐，师生关系更加美好，丁老师也在事件中重拾师道尊严。

英国教育家洛克说过：“你愿意他向你开诚布公，请教一切吗？你便应先去这样对待他，用你自己的态度去取得他的信赖。”要想赢得别人对自己的尊重，自己首先要尊重别人。师生之间相互尊重，能用沟通架起桥梁，可以产生信赖。在传统的观念里，谈到师生关系的时候，总是强调学生应该尊师重道，不听教师的话就不是好学生，将教师推向了一个高高在上、不可侵犯的位置，形成了所谓的师道尊严。

受到这种观念的影响，许多教师不愿意蹲下自己的身子去和学识不如自己的学生进行平等的对话与交流，处理问题时难免产生片面的想法，判断难免武断，甚至破坏课堂和谐的气氛。尽管我们强调师生平等，但是师生之间总是存在着一定的不平等，有些教师始终带有“我是老师，你就应该听我的”的观念。这种不恰当的观念破坏了师生之间本该拥有的和谐关系，扼杀了师生之间本该拥有的美妙融合。

“亲其师，信其道。”如果学生不愿意与教师接近，就容易对学习产生厌烦心理。所以，教师应努力让学生时刻感受到爱与尊重，适时抛弃“师道尊严”。这一点非常重要，每个中学教师都应该高度重视并努力做好。如果教师以高高在上的姿态去管理学生、教育学生，在教学中往往会碰壁，会成为与学生沟通时最大的障碍。

教师要做学生的伴游，而不仅仅是导游。所谓伴游，就是自始至终参与学生学习活动的全过程，并在学生学习时与他们同甘共苦。教师在教学过程中抛弃“师道尊严”，蹲下身子和学生说话，就是为了更好地站在学生的角度看待问题，只有这样才能真正了解学生的想法，才能更公平、更正确地帮助学生，而不是站在自己的角度去猜测学生的想法。

抛弃“师道尊严”并不是抛弃教师的人格尊严，也不是说一切都听从学生才是真正尊重学生，而是抛弃那些高高在上的意识和“专权”的思想。教育活动是双向的，教师尊重学生才能赢得学生的尊敬，学生尊重教师，教师的教育活动才会卓有成效。

中学生往往自尊心很强，如果有意无意伤了学生的感情，会让他们产生消极、抵触情绪。所以，教师应该适当抛弃形式上的师道尊严，建立和谐的师生关系，营造和谐的课堂学习氛围，使学生勇于开拓自己的思维，做到敢想、敢问、敢于创造，最终“亲其师，信其道”。

（三）抓住学生犯错的时机，用爱滋润学生心灵

说到班里的大鹏同学，没有一个教师不摇头。这个学生平时调皮捣蛋正数第一，而学习成绩一直是倒数。正是由于他的学习成绩差，班级的平均分总是落后其他班级一大截，这让任课教师颇为头疼。

作为班主任，李老师总是把注意力集中到大鹏身上，常常苦口婆心地教育他，可是收效甚微。看到大鹏满不在乎、我行我素的样子，李老师始终没有放弃，她坚信：“只要我多关心他，他一定会改正的。”就这样，怀着对大鹏的美好期待，李老师耐心地等待着最佳教育时机。

一天上课时，李老师发现大鹏头上缠着纱布坐在座位上，就关心地问道：“大鹏，你的头怎么了？”原来，大鹏上周末与几个好朋友在自家附近的一条马路上举行自行车比赛，一不留神摔倒在了马路上，医生说至少一个月才能拆去纱布。

搞清楚状况后，李老师意识到这是个教育学生注意安全的好时机，同时还可以通过自己的关心，让大鹏改变好冲动的性格。想到这里，李老师说：“在讲课前我想说两句。我们都听说过，身体是革命的本钱。看看，大鹏同学因为不注意安全，结果搞得不仅形象有点对不起观众，还让自己受尽折磨。大鹏，你说是不是？所以，我希望以后大家做事情时一定要注意安全，尤其是那些好动的男生。”

“老师，这下可好了。你可以安静一段时间，不用再为大鹏四处惹事而头疼了。”有个学生幸灾乐祸地插嘴道。“虽然大鹏做的事情很让我头疼，但我从没想过通过这种方式求得一时的安静。关心每一个学生是班主任应尽的职责，大鹏虽然成绩不好，但他是我的学生，我应该像照顾孩子一样关心他，爱护他，不会抛弃他不管。”

“老师，我这个样子，会经常去医院，耽误功课。这样的话，肯定会扯班级的‘后腿’。那时，你就不会这样说了！”“你这个孩子，怎么这样想呢？”虽然大鹏这样语中带刺地和自己说话，李老师仍然温和地说，“没关系。你现在头疼，难免心情不好，老师不怪你。你以后落下的功课，老师会帮你补习。”看到李老师这样耐心地对待这个“捣蛋大王”，学生都不说话了。大鹏的眼神也柔和了许多，不声不响地打开了课本。

李老师决定趁此机会，在大鹏身上倾注更多的爱心和关怀，以帮助他改变坏习惯。下课后，李老师又安慰大鹏：“好好养伤，不要着急。老师一定会给你补课的。而且，老师希望你能健康地参加一个月后的期中考试。”

虽然那节课有许多新知识，但是大鹏听得很认真，没有像以前那样上课时东张西望。看着变得温顺的大鹏，一股暖流温暖着李老师，她知道，自己已经在大鹏的心里播下了信任的种子。从那以后，大鹏多了一份沉稳，听讲也认真了，答题的正确率也越来越高。看着大鹏的进步，李老师以为大鹏已经彻底改变了。谁知道，他又犯了一次“错误”。

那天上课，李老师正在黑板上板书，突然听到讲台下传来两个人的争吵声。李老师回头一看，是大鹏与同桌吵起来了。此时大鹏手里拿着一本硬皮笔记本要向同桌甩过去。李老师急忙制止：“大鹏住手！”同时，李老师快速跑下讲台，来到大鹏身边。

“怎么了，大鹏？”

“老师，他说我脑袋摔傻了，摔白痴了。”大鹏满脸委屈。

“事情是这样的吗？”李老师问大鹏的同桌小余。小余点了点头。

这涉及尊重他人的问题，李老师想借助这个机会教育学生尊重他人。“同学们，现在我们暂停一下，说点题外话。大鹏同学因为骑车不小心摔伤了，本来就很痛苦，再加上头上缠着厚厚的纱布影响了形象，他的痛苦就更深了。我们怎么能取笑他，让他痛上加痛呢？小余，你想想，如果你摔伤了，大鹏这样取笑你，你会怎么样？会不会很伤心，觉得这是火上浇油？”

一席话说得小余站起来连连道歉："对不起，我错了。"

"小余，老师不是在怪你，而是希望你能明白一个道理。我们每一个人，不管形象如何，都有权利得到他人的尊重，何况你和大鹏还是同桌呢！"说完，李老师示意小余坐下，然后又对大鹏说："大鹏，即便小余那么说，你也不应该打他啊。如果你把他的头打破了，后果不是更严重？老师不希望小余伤害你的自尊心，也不希望你伤害小余。"说着，李老师轻轻抽出大鹏紧攥着的笔记本，放在了大鹏的课桌上。

"好了，现在我们继续讲课。"在李老师一番充满爱意的斡旋下，大鹏和小余的战争之火熄灭了。学生又像刚才一样认真听课，而大鹏比刚才更认真了，因为他感受到了李老师对自己的关心与尊重。

课下，大鹏找到李老师，非常自信地说："老师，请相信我，我以后一定不惹事了。等期末考试时，我一定成为你的骄傲。"听着大鹏坚定的声音，李老师点了点头："老师一直都相信你是个有上进心的好孩子，也相信你会改掉过去的坏毛病。"

此时，李老师相信自己的努力没有白费，现在大鹏不但有了向先进看齐、不断要求进步的决心，而且大有"不用扬鞭自奋蹄"的劲头。

法国教育家卢梭说过，爱是老师的阳光，要让它在孩子的心灵中每一个角落播撒。教育是爱的产物，没有真诚的爱就没有成功的教育。对于偶犯错误的学生，教师教育他们认识并改正错误的最好方法，同样是真挚、博大、宽容的爱，这是一种尊重。教师真挚的师爱渗入学生的心田，就会激起他们的情感涟漪，对教师产生信任与尊重，渐渐接受教师的教导，接受教师传授的知识。学生对教师及其传授的知识抱有这样的态度，不就是我们追求的正常、和谐的师生关系吗？

教育家夏丏尊说过，教育不能没有爱，犹如池塘不能没有水。没有爱就没有教育。没错，教育不能没有爱，教育不能没有情，即便是批评教育也应该讲究艺术性，讲究带有师爱的教育方式。在成长的道路上，学生难免犯一些错误。学生犯了错误不知悔改，或是改了又犯，教师应该抓住学生犯错的时机，帮助他们分析犯错的原因，然后有针对性地改正学生的缺点和不足。

教师教育中学生的手段不应只是一味地灌输，不应只是指责与训斥，不应只是"恨铁不成钢"的心痛，而应该是怀着一颗尊重的心向学生倾注爱。无数事实证明，对犯错学生的教育，尊重与爱心远比灌输道理更管用。

案例中，李老师正是因为通晓教育之道，才没有放弃那个惹是生非、学习成绩不好的大鹏。通过大鹏的日常表现可以看出，他是个“货真价实”的“双差生”，并且还是个不懂得自我反省的学生。明明是自己不注意安全，摔伤了，却不接受李老师的好意，还语中带刺顶撞李老师。李老师依然用一颗尊重每个学生的心、用爱去感化他，改变他。在知晓大鹏犯的第一个错误——因玩车而摔伤后，李老师意识到这是一个教育大鹏和其他学生的好时机。在学生最困难的时候表达自己的关心，无异于雪中送炭，能让学生信任教师。

此时大鹏犯了第二个错误——误会了李老师的好意。但是李老师并没有责怪他，而是说以后会补齐他落下的课程。显然，李老师对大鹏真挚的爱打动了这个调皮的孩子，使他在行动上改变了许多。因为感受到了李老师的爱，大鹏变得沉稳了，其他学生也被李老师感动，很认真地上了一堂课。

虽然有了重大转变，但大鹏还是犯了第三个错误——要拿硬皮笔记本打自己的同桌小余。李老师认为这又是一个教育契机，并借此机会向大鹏和小余讲明了尊重他人、做事要顾后果的道理。这一切让大鹏感受到李老师对自己的爱是大爱，是不含功利的真爱。在李老师爱心的感召下，大鹏彻底改变了，成长为一个真正的好学生。其他学生也再一次被李老师的大爱折服，更加认真地听起课来。

李老师说，在课堂上，学生扰乱课堂纪律或者因其他问题影响课堂秩序时，教师要做的绝不是漠视学生的错误，让不良情绪继续破坏课堂氛围，而是要努力抓住学生犯错自省的时机，帮助他们实现自我的真正突破与改变，从根源上消除破坏课堂气氛的不良因素。学生犯错后会后悔、惭愧，也会自省，中学教师应该像李老师那样，首先不是去指责与训斥学生，而是在此基础上向他们倾注爱，让他们在师爱中感受是与非、对与错。这样一来，课堂气氛不会因为学生犯错而改变，才能一如既往的融洽，原本正常、和谐的师生关系也不会因此恶化，相反会朝着更加阳光的方向发展。

中学教育是一项复杂又细致的工作。教师的工作对象是人，是一群活蹦乱跳、有思想、有感情、有特点的中学生。在教育教学中，中学教师不能千篇一律，不能像套用公式似的不懂变通，而应该因人而异，依事而定，相时而动。

紧抓最佳教育时机，又能随机应变，巧妙解决问题，这是每个中学教师应该学会的教育方法。中学思想教育绝不是生硬的说教，更不是机械地讲大道理，而是一种情感交流。这种情感会受到教育双方，尤其是受教育者情绪的影响，而情绪具有较大的情景性、短暂性。要想用师爱帮助学生认识、改正错误，激发学生的积极情绪，教师就需要尊重学生，然后相机而动，把握恰当的时机。如果中学教师能够抓住时机，就能够取得事半功倍的效果；如果时机选择不当，则收效甚微，甚至适得其反。中学教师在教育教学中应该把握以下时机，相机施教。

第一，学生犯错后对过错有悔悟之意。教师应该适时对学生进行思想教育。中学生的身心处于迅速发育成长的时期，很容易犯下或大或小的错误。但是他们很少自甘堕落，一意孤行，大多在犯错之后会自我反省，进行思想斗争，并表现出悔过之意。中学生的这种悔悟就是他们知错改错的开端，同时也是中学教师实施教育的大好时机。

第二，学生犯错后情绪不稳定或者比较冲动。虽然大多数学生犯错之后会有悔意，但是仍然有一小部分学生并不认为自己的所作所为是错误的，有时还会因为教师的阻拦而变本加厉。此时，教师不宜与学生讲道理，而应该先想办法稳定局面。

第三，教师情绪不稳定。有的教师自己就比较冲动，一看到学生犯错就会“怒发冲冠”。此时，教师不宜立刻对学生展开教育，因为即便此时教师出于对学生的关爱教育学生，也有可能因语气不对或肢体语言不当而影响学生的判断。

教育时机决定教育效果。即使教师想用自己对学生真挚的爱改变学生，也需要把握恰当的时机，这样学生才能在批评教育后，还能心平气和，并迅速恢复课堂秩序。如果时机不恰当，教师的批评教育不仅会影响犯错学生的情绪，还会破坏整个班级的学习气氛。

（四）把尊重融入亦师亦友的关系中

浙江省杭州市的李老师，在教育教学过程中善于让自己成为学生的好朋友，让学生感受到尊重，在此基础上深入了解并帮助学生。

为了更好地和学生做朋友，李老师课间的时候经常在教室里多待一会儿，问问学生平常喜欢做什么，最喜欢上什么课，对老师的印象如何；午饭的时候，问问学生喜欢吃什么菜，以及在家里谁的菜烧得最好吃；在活动课上，时而和学生一起做游戏，时而让学生说出自己的优点。在这样的沟通过程中，李老师发现学生都是纯洁、朴实的，同时认识到学生非常愿意与教师谈心。当然，李老师也愿意和他们在一起，倾听他们的心里话，做他们的知心人。

随着时间的推移，李老师和学生的感情逐渐加深。班上有一名叫小驰的学生，他在课堂上回答问题特别积极，但是纪律方面比较散漫。小驰回答问题时经常坐在椅子上想说什么就说什么，有时还与周围的同学发生争执。这严重影响了正常的课堂教学秩序。

课后，李老师找小驰谈话。他一开始抓住小驰积极发言的闪光点，像朋友一样对他说："你能够积极开动脑筋想问题是好的，但是在回答问题之前要先举手，不能想说什么就说什么，必须经过老师的同意才能说。你可以想一下，如果同学们都和你这样，你一言我一语，那么谁的回答老师都听不清了。你是个聪明的学生，有些问题一听你就明白了，但是你不能打扰别的同学听课，不能再违反课堂纪律了。"小驰点了点头。

后来，李老师了解到小驰很想做一名班干部。于是，李老师抓住这一契机和小驰订立了一个君子协定："上课时，只要你能够遵守课堂纪律，老师就让你当班级的纪律委员。"听到李老师的话，小驰特别高兴。

李老师首先尊重学生，所以能够抓住小驰的心理，并和他展开朋友式的谈心，帮助小驰找到了努力的方向，使他在纪律上有了明显的进步。后来，小驰的纪律委员当得非常称职，受到了教师和同学的一致好评。同时，小驰也为其他同学做出了榜样，使班级的纪律有了明显好转，他在学期末还被评为班里的优秀班干部。

李老师的班上有一个女生叫小芬，是从山区转学过来的。她说话穿衣和班上的同学有一定差距。可能因为基础比较薄弱，小芬反应比较慢，记忆力也不太好，虽然付出了很多努力，但成绩还是很不理想，上课的时候她也不敢发言了。有时被教师点名回答问题，她马上面红耳赤，不是声音很低，就是一句话也不说。在平时，小芬不敢正眼看人，走路总是低着头，一看见教师就绕着走。小芬有问题不敢问同学，更不敢问老师，她逐渐失去学习的信心，变成了一名后进生。

怎样使小芬接受教师和同学的帮助，让她快乐起来并树立信心呢？这个问题摆在了李老师的面前。

一次，李老师把小芬叫到办公室，在讲完一个题目后，小芬吞吞吐吐地讲述了自己的伤心事并抽泣起来。原来有的同学嘲笑她笨，怎么努力也考不出好成绩，这些话深深地刺伤了她的心……李老师听了后，努力帮助她调整情绪，并拿出全班的成绩册，和她分析与其他同学的差距，鼓励她积极参与自我评价，找出切实可行的学习方法。

此后，李老师经常在课后找小芬谈心，和她拉家常、谈爱好，逐渐获得小芬的信任，后来，小芬把李老师当成了自己的朋友。李老师还帮助小芬克服自卑心理，树立自信心，让她充分认识到，自己的智力和智商与其他同学没有多大差异，主要原因是自己缺乏毅力，缺乏自信，缺乏一种锲而不舍、持之以恒的精神。

李老师让小芬明白，只要自己愿意学习、肯钻研，能够勤学多问、发愤图强，就一定能够取得好成绩。在这样的交往过程中，小芬感受到了李老师对自己的尊重，把李老师当作自己的朋友，并在李老师的教育和帮助下学会改变自己的现状。在课堂上，李老师总是以朋友般的眼光鼓励小芬，让她大声回答问题，每次回答正确后让全班同学都为她鼓掌。这样，小芬在上课时开始敢举手回答问题了，声音也洪亮了起来，也敢在黑板上做题了，整个人开朗多了。

教师都希望自己的形象是光辉伟大的，又是和蔼可亲的。但正如人们所说，希望是美好的，付诸实践的路却漫长而艰辛。为了实现这一目标，中学教师不仅需要过硬的专业本领，更需要尊重学生，能够真正成为学生的朋友。只有亦师亦友的身份，才能使师生之间保持良好的沟通，为积极有效地进行教育教学活动奠定坚实的基础。

和谐需建立在教师和学生之间朋友般亲密关系的基础上。案例中的李老师做到了这一点，所以学生接受了他。李老师通过多种方式与学生沟通，并逐渐融入学生中，把学生当成了朋友。学生渴求真诚的友谊，但是他们的心扉只对少数挚友开放。教师在与学生沟通的过程中，要用尊重与理解温暖学生的心，努力使自己成为学生信赖的朋友。这样，学生才会向教师敞开心扉，愿意与教师做朋友，并共同努力提高教学效率。

案例中，面对小驰经常违反课堂纪律的问题，李老师通过与他进行朋友式的谈心，宽容他，尊重他，还让他担任纪律委员。这样，小驰真正体会到了李老师那朋友般的关心，使他逐渐改掉了坏毛病，同时也获得了同学的称赞。

李老师对小芬的尊重、关心和教育，说明了教师的尊重和爱是与学生成为朋友的“筹码”。当然，这里的尊重和爱应该是真诚的。换句话说，教师对学困生的尊重和爱，绝不能为了追求某种教育效果而故作姿态，而是真诚的人道主义情怀的自然流露。通过真情流露，教师把学困生当作朋友，而这些学生也会把教师视为自己的朋友。

尊重学困生，和他们做朋友，教师可以选择的方式很多。例如，教师可以和他们一起玩，在草坪上摔跤、做游戏等；假期的时候，教师可以和他们一块儿郊游；当他们在学习上有了进步时，教师可以给予奖励。学生把教师当成朋友需要一个过程。他们往往先喜欢一个教师，再喜欢这个教师的课。所以，教师只有做到尊重学生，才能和学生打成一片，真正走进学生的心灵，做他们的朋友。在有了和学生做朋友的想法之后，教师要采用适当的方式与他们交流、沟通，了解学生的所思所想。学生与教师产生了朋友般的感情，就会点燃心中积极向上的火花，这样，教师的教育就真正地走进了学生的心灵。

教师要和所有学生做朋友，应该尊重学生，关爱学生，把爱融入教学。教师的一个充满爱意的眼神，一个关怀呵护的举止，一句激励的话语，都可能影响学生的一生。如果教师以尊重的态度看待学生，就会发现他们非常值得赞赏；如果教师以尊重的态度倾听学生的心声，就会发现自己在教育教学上还存在许多盲区。

教师尊重学生，和学生共同呼吸，真正成为他们的一员，和他们零距离接触，就能让每棵幼苗都绽放出独特的花朵。教师能够被学生接受，成为学生的朋友，不管是对学生还是对教师，都具有重大意义。

在传统教育模式下，师生关系是主从型的，师生之间的关系体现着“师道尊严”，无论从知识传授的方法、途径还是目的上，学生只需要无条件接受，学生是储存知识的容器。在教学上，教师经常脱离教学要求，对成绩不理想或不听话的学生进行讽刺挖苦，甚至体罚或变相体罚。结果，学生的个性得不到发展，心理受到压抑，找不到成功的希望。学生也会在心理上对这样的教师敬而远之，不可能与这样的教师成为朋友。

新课改强调，要激发学生独立思考和创新的意识，让学生感受、理解知识产生和演变的过程，培养学生的科学精神和创新思维能力，重视培养学生收集处理信息的能力、获取新知识的能力、分析和解决问题的能力、语言文字表达的能力以及团结协作和社会交往的能力。这就要求教师既能做学生的教师又可以做学生的朋友，新型师生关系应运而生。

学生感受到教师的尊重，体验到教师的关心和爱护，就会把对父母都不肯讲的内心秘密向教师吐露。此时，即使教师言辞尖锐，学生也会感到温暖，也会向积极的方面转化。试想一下，如果师生之间缺乏尊重，缺乏情谊，学生特别是学困生就会对教师的批评教育有抵触心理。一旦学生对教师筑起了心理防线，不仅会排斥教师的一般说教，而且会使师生关系恶化，教育自然也就收不到理想的效果。

教师主动接近学生，和学生做朋友，要在尊重的基础上向他们持续倾注自己的心血。作为朋友，教师的尊重也会产生回报，学生从教师那里得到尊重后，就会更加尊重和信任教师，教师在这种朋友般的尊重和信任下也会关心和爱护学生。这种朋友式的师生感情会相互反馈，逐步升级。教师会在与学生朋友式的情感交流过程中，品尝到教师工作的真正乐趣，从而更加热爱自己的职业，努力探索中学教育教学的艺术。

三、如何做“会尊重”的教师

美国教育心理学专家吉诺特说：“在学校当了若干年的教师之后，我得到了一个令人惶恐的结论——教学的成功与失败，‘我’是决定性因素。身为教师，我具有极大的力量，能够让孩子们活得愉快或者悲惨；我可以是制造痛苦的工具，也可能是启发灵感的媒介；我能让学生丢脸，也能让他们开心，能伤人也能救人。”

吉诺特这番话不能不令教师深刻反省：反省自己在教育学生时，是不是时时刻刻提醒自己要尊重学生；反省自己在设计教学时，是不是设身处地为学生着想；反省自己是不是用赏识的目光看待每一个学生；反省自己在教育教学中，是不是坚持教育公平；反省自己与学生沟通时，是不是做到了实事求是、以理服人；反省自己评价学生时，是不是给他们奋发向上的力量……努力做一个“会尊重”的中学教师，学会从尊重中实现教育教学目的。

(一) 带着放大镜去发现中学生的优点和长处

中学教师需要确立这样的教育观：世界上没有一无是处的学生。如果有人认为某个学生浑身都是缺点，那么这个人一定缺乏发现学生优点和长处的眼睛，或者是根本没有想过用放大镜去寻找学生的优点与长处。法国著名雕塑家、美学家罗丹说过："美是到处都有的，对于我们的眼睛，不是缺少美，而是缺少发现。"尊重学生，就是不轻视每一个学生，应把每一个学生都看作可造之材。所以，中学教师要有一双罗丹那样的眼睛，手拿放大镜，努力去发现学生的优点和长处。

(二) 表扬和鼓励时要考虑到学生的自尊

在教育教学实践中，教师经常使用表扬和鼓励的教育手段，"多表扬，少批评"已经成为许多教师的教育原则。但是，以分数为基准的表扬，不应过度提倡，事事谈分数、人人谈成绩的表扬，会伤害那些成绩暂时落后但有上进心的学生。要做到尊重学生，有效实施素质教育，教师就需要把表扬和鼓励的着眼点放在激发与保护学生的自尊心上，让表扬和鼓励真正成为推动学生自我提高的动力。

(三) 尽量让学生自己对切身问题做出选择

尊重学生，最重要的是相信学生能对自己的事情做出正确的选择，这也是一个学生身心成长的必经之路。如果一个人的一切重大决定，都由他人越俎代庖，那么其自我意识就很难在内心深处扎根。所以，只要学生自己的选择具有一定道理，没有原则性错误，即使与教师的想法不同，中学教师也应该对学生的选择给予尊重与支持。对学生的信任是建立和谐师生关系的保障。有了信任，师生之间就可以进行情感交流，遇到问题时教师与学生都会站在公正的立场，正确对待事情的发生、发展和解决。

（四）摆正位置，建立平等的师生关系

所谓师道尊严，就是指为师者地位崇高。教师一直是受人尊重的职业，这个“高高在上”的身份也容易使教师形成一种思维定式，成为阻碍和谐师生关系的障碍。所以，在与学生相处时，教师应该适时抛弃那些形式上的师道尊严，蹲下身子与学生说话，从心底与学生建立平等的关系，形成和谐的师生关系。

教师只有在尊重学生的基础上才能建立自己的威信，缩短师生之间的距离，达到师生融洽相处。自尊心人皆有之，渴望得到尊重是人的内在要求。尊重学生，不仅是教师应该具备的职业道德，而且是保证良好教育效果的前提。不论是课堂教学还是日常教育行为，教师思考问题的出发点都要立足于新型的师生关系，不强权、不强制、不强加，抛掉“师道尊严”，真诚地蹲下身来与学生对话，使学生在和谐的课堂氛围中健康快乐地成长。

（五）理解、宽容、善待学生

中学教师要用一颗平和、公正的心去看待问题，要学会理解、宽容、善待学生，这才是尊重学生的体现，这样才能处理好师生之间的关系。中学教师要公平对待每一个学生，要对他们进行科学的评价，不能歧视、压制那些学习成绩不好的学生。虽然很多学生并不惧怕教师，有些还很喜欢教师，但是遇到心理困惑的时候，他们不愿意主动与教师沟通，不愿意接受教师的帮助，似乎与教师之间有一条不可逾越的鸿沟。所以，教师要主动与学生进行情感交流和心灵沟通。

尊重是人与人之间交往的基础和前提，在中学教育教学活动中也同样如此。中学教师只有认清与学生平等相待的重要性，才能从心底产生与学生交友的愿望，才能学会以学生的角度观察、处理学生在学习生活中遇到的问题。学生也会因为自己受到了尊重，进而理解教师的用心，向教师敞开心扉。

（六）尊重学生要发自内心

每个学生都有自己的权利和尊严，有自己的思想、情感和需要，他们需要教师的尊重、爱护和帮助。如果教师希望真正成为学生的朋友，就要发自内心地尊重和宽容学生。

首先，要尊重学生的想法，认真听取学生的意见。哪怕他们的意见是幼稚的、不成熟的，甚至是错误的，教师都要有耐心。教师还应该允许学生有一些“异想天开”的想法，努力保存学生意见中的合理部分。这样就能给学生一种受到平等对待的快乐，并从中强化学生的责任感。

其次，教师要相信学生的上进心，相信学生的是非判断能力，还要相信学生对真理和正义的坚持。当学生有不正确的看法时，教师就要像对待朋友一样，向学生阐明道理，表达自己的关心和爱护，让学生感觉到教师的坦诚和热情。教师没有了居高临下、盛气凌人的架势，也就没有了对学生的讥讽和打击。

（七）亲近学生，做学生喜欢的教师

教师尊重学生，就要和学生做朋友，亲近学生，培养共同兴趣，也就是要和学生打成一片，真正走进学生的圈子。看到几个女生在教室后面跳舞，或者男生在小操场上扔沙包，教师可以参加他们的活动。教师也可以和学生谈论一些他们喜欢的话题，如昆虫的生活习惯、家庭中发生的有趣的事情等。通过这样的活动，教师可以亲近学生，了解学生，成为他们的朋友。

做学生喜欢的教师，就要让学生感受到自己和他们是平等的。教师用学生的思维方式看待他们的行为，学生才会和教师说真话，说实话，才愿意与教师交流，并乐意接受教师的教导，而且会用心学习功课。教师与学生经常接触和交流，无形中会传递给学生这样一个信息：我是你们的老师，也是你们的朋友。

（八）热情帮助每个学生

教师与学生打成一片后，要随时了解他们的所思所想，了解和掌握他们

的思想状况，并深入到学生中间，根据学生的不同需求给予指导和帮助。教师热情地帮助学生答疑解惑，也在无形中提高了教师在学生心目中的地位，让学生愿意与教师沟通。

（九）真诚表达自己的感受

只有真挚的感情才能真正打动学生，教师要向学生真诚地表达自己的感受。例如，教师可以充分利用班会课，在总结并处理班级事务后，真诚地向全班学生说出自己内心的感受。教师也可以采取日记的形式，将平时的点滴感受记录下来，在班会课上朗读，与学生面对面交流，心与心交融，引发学生情感的共鸣。这样既可以使教师成为学生的朋友，也可以通过班会课为学生讲述为人处世的道理。

（十）运用多种方式与学生沟通交流

尊重学生，就要培养朋友式的师生关系。除了上述几点外，中学教师还可以采取多种方式与学生交流。例如，在课堂上教师的一个眼神、手势，甚至一个微笑都能让学生感觉到教师的关心；在批改作业时，教师应该充分利用这个与学生心灵对话的机会，在作业本上写上教师的感受，或赞扬，或期望；教师可以要求学生定期给自己打分或写评语。教师运用多种方式与学生沟通交流，能够拉近与学生的距离，为教师尊重学生、真正成为学生的朋友奠定基础。

随着新课改的深入，教师与学生的关系发生了巨大变化，已经转变成相互学习、相互要求、共同参与的合作关系。新型的师生关系是一种相互理解、相互尊重、相互赏识的民主关系，也是一种彼此独立却富有个性、协同发展的和谐关系。教学活动中的师生关系应该是“我与你”的关系，而不是“人与物”的关系；教师不应高高在上，而应该像朋友一样与学生平等对话。教学活动应该成为教师与学生敞开心扉、相互理解、相互接纳的对话交流过程。

习惯10 会反思

——我思故我在，用理性思考促进专业发展

一、“会反思”概述

在中学教学中，教师应该学会不断反思，不断发展自己的专业技能。教学反思是教师以自己的课堂教学实践为思考对象，对自己做出的行为、决策以及由此产生的结果进行审视和分析的过程，是一种通过提高教师的自我省察水平促进教师教育教学能力发展的途径。

中学教师通过对自己教学行为的不断探究、质疑，找到问题和答案，审慎地思考教学实践，并不断矫正不正确的教学行为，合理进行自我评价，使教学实践更加合理，促使自己从自我经验型教师发展成为学者型教师。

教学反思之所以引起了教育专家和一线教师的普遍关注，就是因为教学反思带来了一种不同于常规的教学新理念，体现出中学教师进行自主思考和批判分析的态度与方法。教学是一门遗憾的艺术，而科学有效的反思可以帮助教师减少遗憾，以教促思，以思促教，在实践与反思中不断成长。

（一）教师“会反思”应具备的三个特征

1. 追求教学实践的合理性

反思不是简单地回顾教学过程，而是在教学中不断发现问题，并针对这些问题设计、调整教学方案，使教学向着更合理的方向发展。

在中学地理教学中，城市化的含义、城市化的进程、发达国家和发展中国家的城市化对比，这些内容都相对简单易懂。但用讲授法授课学生会感到枯燥无味，教学实践也表明，学生不仅记不住多少内容，还经常在课堂上呼呼大睡。某教师针对这一情况，选择本地城市规划方案作为案例，利用城市人口的变化、城市地域的变化等材料来说明城市化的含义。对于城市化过程，则通过阅读教材、画图的方法，用画出的图直观分析城市化各个阶段的特征。在整个教学过程中，教师重点引导学生分析发达国家城市化合理的原因和发展中国家城市化不合理的原因，学生处于动手动脑状态，学习效果得到了明显提高。

2. 具有较强的教研色彩

本质上讲，中学教学中的反思就是教师的一种经常性的、贯穿于教学活动始终的，对教学活动中的各种现象进行检查、分析、反馈、调节，从而使整个教学活动、教学行为逐渐优化的过程。反思能够促进教师关注自己的教学行为，深入开展教学研究活动。但这种反思不同于理论上的教育学研究，而是一种针对教师在教学过程中的各种情境性、具体性、个别性问题展开的研究。研究的成果不仅表现为撰写的研究文本，还表现为研究过程的体验、教学问题的解决、个人实践经验的增长等。例如，教师上课常用讲授法，唱独角戏，会出现课堂气氛沉闷、教学效果差的问题。针对这一问题，中学教师应该多学习一些教学案例的实践经验，然后再结合教学内容、自身经验和学生的实际情况，做出自己的教学设计。

3. 贯穿于教学活动各个环节和层面

中学教学反思的作用是对教学活动的评价、调控，教师可以在教学活动的前、中、后进行分段反思。课前反思主要在备课阶段进行，有助于发展教师的教学智慧和技能。在备课时，教师可以先对过去的经验进行反思，使新的教学设计建立在对以往经验与教训思考的基础上。教学实践活动中的反思直接指向课堂教学，主要解决课堂教学活动中出现的问题。课后反思主要是教师在课后对整个课堂教学过程进行思考性回忆，包括对教学观念、教学行为、学生表现和教学成败进行理性的分析、思考、总结等。

（二）中学教学反思的主要内容

中学教学反思绝不仅仅是对教学活动进行一般性回顾，而是教师置身于整体教育情境中，从更宽广的社会、伦理及教育层面激发自我意识的觉醒，指向未来的教学活动。

1. 反思教学观念

教学观念是教师教学行为的理论支点，对教学具有举足轻重的影响。过去，中学教师的教学观念往往是被动形成的，缺乏教师主体的自我实践反思，效果并不理想。所以，中学教师应该对教学观念进行反思，在较深层次上促进教育观念的更新与转变，并以此指导自己的教学实践。

2. 反思教学设计

在教学实践中，有时教学过程与教学设计有较大差距，因为设计教学时难免忽视对教学设计进行反思，因而也就难以使教学设计在实际应用时发挥出预想的作用。所以，中学教师应该积极反思教学设计与教学实践，及时发现实践过程中出现的偏差，不断探求教学目的、教学工具、教学方法、教学手段、教学评价等方面的问题，积极反省，积极改进，优化教学，从而有效地促进学生的学习。

例如，在一堂英语课上，教师自我感觉不错，可是学生情绪有些低落，没有多少互动。课后，这位教师静下心来认真反思：如何使枯燥的文章通俗易懂，使学生乐于参与和拓展呢？之后，教师对教材进行大胆调整：首先针对课文内容进行小组讨论，各小组搜集资料并分享讨论结果，然后将全班分为两组展开辩论，最后结合本地的具体情况进行讨论并提出对策。第二堂课的教学取得了很好的效果。反思让教师的课堂“活”了，通过讨论和辩论，学生不但锻炼了表达能力和口语能力，而且增强了英语学习与社会生活的联系，增强了学生的主人翁意识。

3. 反思教学过程

中学教学过程中的反思具有调控性，能促进教学优质而高效地进行，并有助于提高教师的教学调控和应变能力。中学课堂教学的内核在于发展学生的主体性，如果学生无动于衷，教师讲得再精彩也只是自我陶醉。所以，教师应该根据教学过程中学生的情况及课堂上的突发事件，捕捉教学中的灵感，及时调整教学节奏和教学行为，优化教学方法、教学语言，促进课堂教学和谐统一，营造良好的课堂环境，提高课堂教学效率。

(1) 反思课堂氛围。中学课堂教学的理想效果是“活而不乱”。一方面，教师应该充分关注学生的实际需求，避免“满堂灌”，在课堂气氛比较沉闷时应该尝试给学生自由支配的时间和空间，使学生处于积极主动的学习状态，让课堂成为充分展示学生独特个性的舞台；另一方面，即使课堂气氛活跃，也要注意对学生的课堂参与进行分析，区分学生的参与是主动的还是被动的，是实质的还是形式上的。

(2) 反思难点突破。中学教学难点中隐藏着丰富而曲折的认知探究过程，是对中学生进行思维训练的良机，是培养中学生独特体验的素材。但很多时候，一些教师采用化难为易、突破难点的教学方式，并不能真正使学生克服难点，提高能力，甚至还会在一定程度上违背尊重中学生个性的教学理念。所以，教师应该尝试放手让学生自主探究、大胆质疑，让不同层次的学生从不同角度思考问题，在争论中丰富认知，最后再由教师高屋建瓴地加以分析，消除学生心中存在的疑问。这样，不仅让学生突破了难点，也使教师掌握了关于中学生思维习惯、认知水平的第一手资料，对教学大有裨益。

(3) 反思学生反馈。通常，中学生会带着自己的思考、灵感、认知习惯参与课堂活动，因此，在课堂教学过程中会出现许多意想不到的问题。对于学生提出的疑问，教师要善于倾听并沿着学生的思维方向，深入根源做出解答，鼓励学生积极思考。对于学生，尤其是基础较弱的学生出色的课堂回答，教师要善于用口头语言或肢体语言加以肯定与赞赏，激发学生的学习热情。对于学生回答或板演出现的错误，教师应抓住机会，积极引导学生参与分析、评价、反思，为课堂教学服务。

4. 反思课后信息

教学中，教师不仅要注意观察课堂上学生的学习行为，还要通过学生的课后作业获取教学信息，从信息反馈中全方位、多角度了解学生的知识掌握、能力发展和学习中的情感体验等情况。中学教学中经常出现这种情况：教师在课堂上多次讲解过教学内容，在考试时学生还是有许多困惑，经常出错。出现这个问题的原因很多，但其中一个很重要的原因是，知识不是由教师教会的而是学生自己学会的，因此，教给学生学习方法比教给学生知识更重要。所以在讲解练习时，教师不能仅仅要求学生讲出答案，而应要求学生把思维过程讲出来，或者教师反思一下自己是否给了学生思考的机会。

（三）中学教学反思的主要方式

1. 研究型反思

研究型反思是通过教学研究进行反思，即中学教师以研究的态度从事教学，以研究的视角反思教学，以反思的成果改进教学。

2. 学习型反思

学习型反思，顾名思义就是中学教师通过理论学习或通过与理论对照进行反思。

3. 内省型反思

内省型反思是通过自我反省的方式进行反思。中学教师可以通过反思日记、课后备课、成长自传等方式进行。

4. 交流型反思

交流型反思是通过与他人交流进行反思。中学教师可以采用观摩交流、学生反馈、专家会诊和微格教学等方法进行反思。

观摩交流，即中学教师之间听课、观摩，根据教学的实际情景进行分析，提出问题，共同研究解决问题的方案。学生反馈，是教师通过学生了解自己的教学效果，分析并提出改进措施，使之达到学生的期望。专家会诊，即教育专家、学校领导、教育同行定期对教师的教学行为进行会诊，从中发现教学工作中的不足，并通过共同研究解决问题。微格教学，是以少数学生、教师或专家为对象，在较短的时间内进行小型课堂教学，并把教学过程录制下来，课后反复观看交流，积极听取他人的意见和建议。

（四）教学反思对专业发展的作用

1. 有助于中学教师提升教学合理性

中学教师的教学实践是否合乎教育理论和教育规律，是否科学有效，既需要社会、学校和学生的评价，也需要教师的自我评价，需要中学教师不断进行自我反思。中学教师应该通过对各种教育现象进行反思，通过实践与理论相结合，深入研究教育目标，努力追求教学实践合理化。中学教师要从例行的教学行为中解放出来，以审慎的方式行动，不断解决中学教学问题，更好地完成中学教学任务。教学反思可以看作中学教师改进自己的教学实践，从而使自己的工作变得更好、更有效率、更有创见的工具。

2. 有助于教师获得专业自主性

教学反思可以提高中学教师课程与教学的自主权，在课程设计、教学过程、学习动机、学生管理、学生评价等方面更具有自主性。教学反思可以提高中学教师的问题意识和教研能力，使中学教师独立解决教学实践中遇到的各种问题，进而提高专业自主性。

3. 有助于教师将经验升华为理论

教学反思可以帮助中学教师挖掘或梳理经验中蕴含的原理、规律，使经验升华为理论，使中学教师不仅知其然还能知其所以然。同时，教学反思可以帮助中学教师构建一套属于自己的理论体系，形成独具个性的专业理念，而这些又是指导教师从事中学教育教学工作的理论基础。

4. 有助于教师形成优良的职业道德

中学教师形成反思意识，养成反思习惯．本身就是对中学教育事业、对学生、对自己的一种责任感。教学反思有助于中学教师形成爱岗敬业、虚心好学、自我否定、追求完美等优良职业品质。教师职业的特征决定了教师应该是研究者、反思者，教师越能反思，在某种意义上就越是好的教师。所以，教师要进行教学反思的研究。只有不断提高反思能力，把自我发展看作一种必须，才会努力发展自我、建构自我，从而不断自我学习，教会学生学习，最终促使自身全面发展。所以，中学教师不仅要反思，还要会反思，并将反思发展成为一种教学习惯，让反思成为中学课堂教学的基本环节。

二、名师与“会反思”

（一）反思枯燥知识教学，巧用谐音、韵语

江苏省通州市的顾老师通过在教学实践中不断反思，巧用谐音、韵语，使枯燥的化学知识变得有趣，达到趣味教学的目的，实现了高效的教学。

在教学“实验室制氧的步骤”时，顾老师反复思考这样的问题：步骤教学如果只是简单地将实验顺序告知学生，学生不一定完全记得住。于是，顾老师创造性地将实验操作步骤概括为：满水无泡，倒立水中，检查气密，装药定管，均匀受热，排水充气，撤管熄灯。顾老师将这七个步骤简单概况为七个字：查、装、定、点、收、离、熄，并用谐音记忆为“茶庄定点收利息”。

在教学“地壳中各元素”时，对于百分含量前三位的“氧、硅、铝”，顾老师将其谐音化为“养闺女”；黑色金属“铁、铬、锰”谐音化为“铁哥们”；磁铁能够吸引的金属为“铁、钴、镍”，谐音化为磁铁能够吸引“铁姑娘”；将金属活动顺序谐音化为“加个那美丽新贴锡铅统共一百斤”；电解水实验中正负极产生的气体“负氢多氢”谐音化为“父亲多亲”，即负极产生的气体为氢气，且体积比正极产生的氧气体积大；在总结氧气的化学性质时，将其概括为“炭黑子燃烧发白光，蓝紫色火焰二硫子，火星四射怪价

铁，石蜡的燃烧非化合啊，耀眼的白光好美丽”。

韵语是合韵律的文辞，在教学过程中顾老师充分发挥韵语的功效，使化学知识充满趣味。

在教学“氢气爆炸实验”时，顾老师提醒学生，在点燃氢气前一定要检验氢气的纯度。在完成氢气验纯后，他给学生写下了这样的韵语：点燃氢气要小心，贸然点火定伤人，取支试管收满气，管口向下移向灯，“哨”声是在发警报，“扑”声才是放通行。

在教学“氢气还原氧化铜”实验时，步骤操作的要点是通氢、点灯、熄灯、停氢。顾老师将步骤总结为：氢气早出晚归，酒精灯迟到早退。韵语就是：实验开始先通氢，通氢以后再点灯；由黑变红先撤灯，试管冷却再停氢；先点后通要爆炸，先停后撤要氧化。

顾老师让学生比较实验室制氧气与氢气还原氧化铜实验中，酒精灯的使用有什么区别。在学生回答后，顾老师用韵语做出总结：酒精灯，怪怪怪，制取氧气多勤快；氢气还原氧化铜，它却像个大懒虫。

在教学“化学实验的基本操作”时，考虑到操作步骤较多、不易记忆以及内容有些枯燥，顾老师将每项操作归纳成操作要点，并用韵语来表达。

（1）托盘天平的使用分解动作：取、放、夹、移。韵语：用前调零点，称物放左盘，砝码大到小，称完要归原。

（2）酒精灯的使用分解动作：装、开、点、盖。韵语：三比二量装酒精，点火要用火柴引，熄灯要用灯帽盖，不用应盖用再开。

（3）过滤器的准备分解动作：折、放、湿、贴。韵语：一圆滤纸折半圆，四分成锥下端尖，放入漏斗低边缘，润湿贴紧器算完。过滤操作要点：一贴、二低、三靠。

在教学“用量筒量取液体读数”时，学生往往出现仰视或俯视两种不正确的读数方法，从而使读数出现偏差，通过示意图可以看出，仰视时读数小于实际值，俯视时读数大于实际值。为了便于记忆，顾老师使用“羊小虎大”的韵语让学生在趣味中掌握技巧。

在用试管实验时，顾老师发现很多学生握试管的部位不准确，大多数学生握的是试管的底部，摇动试管的操作也不规范。顾老师通过边做实验边讲解的方式，运用“拿着试管靠近‘口’，轻捏滴管橡皮头，溶液竖直往下滴，切忌滴管靠‘管口’”的韵语，让学生正确掌握试管实验的基本操作：拿、注、摇、放。

顾老师这样的教学手段确实很巧妙，利用各种各样的谐音将那些需要记忆、理解的枯燥的化学知识谐音化进行教学，让学生在学习过程中享受乐趣，学生学得有兴趣，记忆起来也会更牢固。这些都是顾老师在教学实践中善于反思的结果。在这样的趣味课堂中，可以听到学生在顾老师说完“茶庄定点收利息”“养闺女”“铁哥们”“铁姑娘”“父亲多亲”后开怀的笑声，可以看到学生洋溢着快乐的笑脸。

实验操作步骤的教学的确枯燥，但在顾老师通过反思得出的韵语趣味化教学中，它们不再枯燥乏味，而是变得妙趣横生，使学生受到了熏陶，进一步激发了学生的学习热情，提高了学生的认知水平。

（二）反思抽象知识教学，用形象化提高教学质量

北京市的孙老师发现作文教学比较抽象，于是开始思考如何将抽象的知识变得形象，不断提升学生的理解能力。孙老师的反思最终有了回报。

初一语文区级统测作文题目是《________的事》，两个班的作文抽样调查情况是，学生以《难忘的事》为题的占80%；全文有1个自然段的占5%，2个自然段的占30%，3个自然段的占25%；无开头的占20%，无结尾的占25%，也就是说，45%的学生作文结构是残缺的。

孙老师通过反思分析得出结论：这一现象实质是学生在构思时没有准确抓住“抽象情节”。因此，孙老师通过使用实物教具等教学手段，以促成学生对抽象概念的形象理解作为突破口，引导学生完成课程。

课程伊始，孙老师先用故事进行引导，吸引学生的兴趣。孙老师说：“同学们，这节课我们进行师生讲故事比赛。”

说完，孙老师首先讲了一个没有“情节”的故事，然后又请学生小明朗读情节清晰的作文《家长会以后》，二者之间形成了鲜明的对比。

孙老师问道：“同学们讨论一下，我与小明谁讲得好？什么地方好？”

一个学生说：“小明讲的故事好，有头有尾。”另一个学生紧接着说：“小明讲的故事从头到尾，一段一段讲得特别清楚。”

孙老师高兴地说：“你们分析得非常好。那么，你们看一下，小明是怎样一段一段把故事讲清楚的？”

孙老师在黑板上写到：起因—经过—结尾。学生根据提示一一做了回答，并且回答得非常细致。孙老师又问道："同学们想一想，自然界中有这样一节连一节的植物吗?"

学生抢着回答："有竹子、苇子、藕、草、甘蔗、高粱秆、玉米秸……"

孙老师笑了，等学生的回答结束后，又在黑板上总结：竹子叫竹节，苇子叫苇节，藕叫藕节，草叫草节，故事的过程就叫情节，讲故事就要把一段接一段的故事情节讲清楚，别人才爱听。

这时，有个学生突然惊喜地大叫："孙老师，您今天是给我们讲怎样写作文呢!"看到孙老师笑了，学生也跟着笑了起来。

这节课过了很长时间，很多学生仍然记得这个形象的讲课方法，记得"竹子叫竹节，苇子叫苇节，藕叫藕节，草叫草节，故事的过程就叫情节……"。

在一节作文课上，孙老师出示了富贵竹杆儿、富贵竹枝、转运竹，然后组织学生讨论。孙老师问："大家讨论一下，喜欢哪支竹子？为什么?"

一个学生说："老师，我喜欢转运竹，因为杆上的圈儿特别好看。"另一个学生说："老师，我也喜欢转运竹，也是因为杆上的圈儿特别美。"

孙老师说："一根竹子有了竹节，就仿佛有了'情节'，而有了'圈'，情节发生转折后就变得更加美了，就像一种旋转的美。在我们学过的课文中，故事情节有没有带'圈'的呢？大家仔细想一想。"

学生展开了热烈讨论。

"《走一步，再走一步》中'我'在大石头上面下不来……"

"《羚羊木雕》中，'我'给出的木雕，妈妈又让'我'要回来……"

"《皇帝的新装》中的皇帝，发现没有新装也不敢承认，还光着身子展示……"

"同学们真聪明！记叙文中有这些'圈'，就叫作情节曲折。同学们作文时要集中笔墨写好这些曲折。因为，情节越曲折读者越爱看。同时，要把文章的开头、结尾各分一段，中间的几次情节各分一段。现在，请大家以《我的故事》为题写一段记叙文。"

教室里立刻传来了"沙沙"的写字声。通过形象化教学，原本学生认为很抽象、很难理解的写作手法突然变得清晰起来。孙老师巧妙地将抽象的知识以形象的方式展现给学生，加深了学生的理解，学生的作文水平有了明显提高。

学生在作文时普遍存在对作文结构把握不准确的问题，教师进行常规性讲解，效果不是很好。调查分析显示，学生最大的问题是没有准确抓住“抽象情节”，学生不能充分理解抽象的命题。如果作文课上教师的讲解也非常抽象，那么，学生不仅不能准确把握整体思路，还会为了解释某个抽象概念而出现词不达意的问题。

这正是孙老师反思的问题。那么，怎样解决这一问题呢？当学生对抽象的知识产生认知困难时，教师要及时将这些知识转变形态，然后以学生熟悉的、形象化的形式呈现出来。孙老师经过反思分析后，发现学生对有趣的事物会表现出极大的热情，特别是生活中形象的事物更能引起他们的共鸣，于是便用形象的例子重新诠释了作文中的抽象情节。例如，“竹子叫竹节，苇子叫苇节，藕叫藕节，草叫草节，故事的过程就叫情节，讲故事就要把一段接一段的故事情节讲清楚。”“记叙文中有这些‘圈’，就叫作情节曲折。”

这些有趣的例子都是学生见过并熟悉的，孙老师将作文情节的含义形象化，不仅使原本抽象的知识更加形象，同时增加了学生理解的乐趣。即使以后学生记不住那些抽象的概念，当他们想起这些形象后，作文情节的知识也会浮现在脑海中。

教学是授学生以“渔”，授学生以“罗盘”，在学生通往目标的路上插上一个个路标。在教学过程中，孙老师把讲故事与写记叙文结合起来，不仅打消了学生对作文的畏惧心理，还通过引导、训练、示范让学生领悟了作文的规律，学会写作文。

（三）教学反思的重点：知识呈现简洁化

江苏省特级教师陶维林认为，中学教师最应该反思的是如何将知识呈现简洁化。中学课堂教学最忌讳的就是将简单的知识复杂化，这样只能导致原本清晰的学习思路变得模糊不清，重点不能突出，同时又浪费了学生宝贵的时间，课堂效率自然会大打折扣。面对各种烦琐的知识，如何化繁为简，深入浅出，是每个中学教师都应当反思的。

在讲解勾股数时，陶老师巧妙地使烦琐的知识变得简洁。课本上设计的教学过程，是在课堂导入环节讲一个故事，即在很久以前，人类的文明比较落后，各种计算公式还没有出现。但人们仍然用简单的方法做出了复杂的计算。其中，古埃及人用13个等距的结把一根绳子分成等长的12段，一个工匠同时握住第1个结和第13个结，两个助手分别握住第4个结和第8个结，拉紧绳子就得到一个直角三角形，其直角在第4个结处。然后提出了几个问题：

（1）这段文字说明了什么？

（2）依照文字所说的做一做：把一条线段分成12等份，在第3、第7等份处折成一个三角形，并量一量最大的角是多少度。

（3）这个三角形的三边分别是3、4、5等份，这三个数有什么样的数量关系？

虽然这是一个非常精彩、生动的课程设计，但是学生面对的知识非常烦琐。经过自学，很多学生的学习效果并不理想，学生反而越看越糊涂。有些学生因为理解不了故事的含义而在审题环节浪费了太多时间；还有学生根本就没有弄清楚是一只手拿一端，另一只手拿另一端呢，还是把第1个结和第13个结握在一起；更有学生提出这样的疑问：如果用的绳子短的话还可以用手同时握住，如果绳子非常长，那么怎样“同时握住第1个结和第13个结”？

很明显，这个教学设计最大的问题就是知识烦琐，理解过程烦琐。虽然故事可以增加学习的趣味性，但是这个知识归根结底是让学生理解勾股定律。于是陶老师将知识呈现的过程简洁化。

陶老师先在黑板上画出了简易图形，然后直接对知识进行讲解。陶老师结合图形进行分析，省去了烦琐的辅助过程，在黑板上写了三组数，并指出这三组数分别是一个三角形的边长。

$a=5$，$b=12$，$c=13$

$a=6$，$b=8$，$c=10$

$a=8$，$b=15$，$c=17$

然后提出了两个问题：

（1）这三组数都满足 $a^2+b^2=c^2$ 吗？

（2）分别以每组数为三边长画出三角形，用量角器量一量，它们都是直角三角形吗？

知识的内容没有任何改变，知识的呈现方式却变得简单明了。这一回，学生明显比之前轻松很多，解答的过程也更快了，不一会儿学生就做出了答案。在后来的复习课上，陶老师将所有知识进行系统分析后，再以最简单的结构图形式呈现给学生。从结构图中，学生对所有重点知识有了更直观的了解，结构概念也变得更加明确。在充分理解公式的同时，细心的学生还在结构图中找到了知识分布的规律，总结出了更加详细的知识，教学效果有了很大提高。知识呈现简洁化后，学生不仅不再对各种眼花缭乱的公式反感，而且掌握速度更快了。

在案例中，陶老师发现课本上的教学设计虽然用情境再现的方式加深了学生的印象，但同时也让原本抽象的知识变得更加烦琐，使学生将所有精力都放在思考古埃及人的方法上，忽略了对知识本身的探究。这样，学生学习知识时就多了一个并不重要的步骤，反倒将原本简单的问题复杂化，增加了学生的学习负担。数学公式本身就是十分抽象的知识，不仅容易混淆，而且容易降低学生的学习热情。于是陶老师经过反思对教学环节进行调整，将烦琐的知识简洁化，“砍掉”了多余的枝节。

知识呈现的过程是学生接受知识的过程，也是引导学生思路的路标。如果知识呈现过于复杂，会增加学生的认知困难。所以，将烦琐的知识简洁化的第一步，就是简化知识呈现过程。这是每个中学教师都应该深入反思的。在这节课上，陶老师直击主题，让学生直接接触知识的核心部分。没有了太多“累赘”，知识的呈现更加简洁，学生的思路更加清晰，学习效果有了很大提高。

三、如何做“会反思”的教师

心理学教授林崇德提出，优秀教师＝教学过程＋反思。如果教师不进行反思，就只能是将每天的工作不断重复。一个中学教师如此重复自己的工作，不仅不利于学生中学阶段的学习，还可能影响学生的未来发展。所以，中学教师应该学会反思，养成反思的好习惯，通过反思推动教育教学技能不断发展、完善，进而推动中学生的发展与完善。中学教师可以通过以下途径成长为一个会反思的教师。

（一）知己知彼，选准反思对象

中学教学反思的主要对象包括：回顾反思并记录，改进自己的教学行为和理念；观摩反思同事的教学行为和理念，参与集体交流研讨，诊断教学问题，提出解决问题的对策；分析反思名师的课堂实录中的教学意图和教学理念；对比反思自己的课堂教学，借鉴他人的教学成果。

（二）熟悉中学教学反思过程

中学教学反思一般包括：发现问题—分析问题—提出假设—验证假设。此外，教师以教育教学经验为基础的自我反思包括四个环节：具体经验—观察分析—重新概括—积极验证。在这一过程中，中学教师可以逐步提高自己的反思能力，进而提高自己的教学能力。

（三）掌握中学教学反思方法

只有全面掌握反思方法，中学教师才能更好地进行教学反思，真正形成良好的反思习惯。

1. 自我提问法

自我提问法，指中学教师对自己的教学进行自我观察、自我监控、自我调节、自我评价后提出一系列问题以提高反思能力的方法。这种方法适用于教学全过程。

设计教学方案时，中学教师可以问问自己：学生具有什么生活经验和知识储备？怎样依据相关理论和学生的实际设计易于中学生理解的教学方案？中学生在接受新知识时会出现哪些情况？应该如何处理这些情况？

备课时，尽管教师会预备多种学习方案，但在实际教学中还是会遇到一些意想不到的问题，如学生不能在计划时间内回答问题，师生之间、生生之间会出现理解分歧等。此时，教师可以根据学生的反馈信息自我提问：为什么会出现这样的问题？如何调整教学计划？什么策略和措施更有效？教师顺着学生的思路组织教学，确保教学沿着最佳的轨道运行。

教学结束后，中学教师还可以这样问：我的教学有效吗？教学中是否出现了令人惊喜的环节，这个环节产生的原因是什么？哪些方面可以进一步改进？上完这节课，我学会了什么？

2. 行动研究法

行动研究法是提高中学教师教学能力的有效途径，如在教学中开展合作讨论。然而，在实际教学中，一些教师经常进行形式化讨论。如何使讨论有序又有效地开展？这是中学教师应该着力研究的问题。问题确定以后，教师可以围绕这一问题广泛收集资料，在此基础上提出假设，制订解决这一问题的行动方案，开展研究活动，并根据研究需要对研究方案做出必要的调整，最后撰写研究报告。这样，通过一系列行动研究，中学教师的教学能力和教学水平就能够获得很大的提高。

3. 教学诊断法

课堂教学出现遗憾、纰漏、不足在所难免。但是，中学教师不能坐视不管，或找借口为自己推卸责任，而应该通过科学有效的教学诊断减少这些问题。中学教师不妨从教学问题的研究入手，挖掘隐藏在背后的教学理念方面的种种问题，如通过自我反省法或小组头脑风暴法，收集各种中学教学“病历”，然后归类分析，找出典型“病历”进行分析，重点讨论影响中学教学有效性的问题，再提出行之有效地解决问题的对策、方案。

4. 交流对话法

中学教师之间充分的对话交流，无论对群体发展还是对个体成长都大有益处。例如集体备课时，中学教师可以向同事提出自己在教材解读、教材处理、教学策略、学生学习等方面遇到的疑点与困惑，请大家帮助分析、诊断，并集思广益提出解决办法。这样的合作反思可以起到相互启发、资源共享、共同成长的作用。

5. 案例研究法

在课堂教学案例研究中，中学教师首先要了解教学的背景，在此基础上通过阅读、课堂观察、调查和访谈等形式，收集典型的中学教学案例，然后对案例做多角度、全方位的解读。在这一过程中，中学教师既可以对中学课堂教学行为做出技术分析，也可以围绕案例中体现的教学策略、教学理念进行研讨，还可以就其中的中学教学理论问题进行阐释。

6. 观摩分析法

它山之石，可以攻玉。中学教师有必要多观摩其他教师尤其是名师名家的课，并与他们对话交流。在观摩中教师要注意分析其他教师怎样组织课堂教学，为什么这样组织课堂教学，自己又会如何组织课堂教学；他们的课堂教学环节和教学效果有什么特别之处；从他们的教学中可以受到什么启发。这样不断反思，中学教师就能够从其他教师的教学中得到启发，得到提高。

7. 总结记录法

一天的教学任务完成后，中学教师有必要冷静下来好好想想：所呈现的教学内容是否符合中学生的年龄特征和认知规律？教学环节安排是否合理？教学方法运用是否得当？教学手段运用是否充分？重难点是否突出？学生思维能力与动手能力是否得到了有效锻炼？今天有哪些行为是正确的，哪些做得不够好，哪些地方需要调整改进？学生的积极性是否调动起来了？学生学得是否愉快，自己教得是否愉快，原因是什么？有什么困惑？把这些问题想清楚并记录下来，能为教师以后的教学提供借鉴。

8. 撰写教学日记

教学日记是中学教师对自己的教学活动中具有教育价值的各种经验，以及在此基础上进行的创造性理解和认识，进行真实的书面记录和描写。具体操作时，中学教师可以按照自己喜欢的方式记录感兴趣的内容，自由展示自己的撰写风格和特色。比较常见的形式有点评式、提纲式、专项式、随笔式等。内容通常包括教学中的成功或不足，教学中的灵感与闪光点，教学中学生的感受和教学中的改革创新等。

9. 利用教学录像进行反思

现代教育技术如教学录像，可以很好地帮助中学教师进行教学反思。中学教师可以观看自己的或其他教师的教学录像，利用教学录像的暂停、重放等功能，反复思考为什么这样教，可以怎样改进，如何发扬光大，逐渐形成自己独特的风格。中学教师还可以观看课堂结构和教学流程的录像，思考自己如何进行教学设计等问题，还可以与同事一起观看教学录像，进行教学交流和探讨，对教学现象和问题进行深入的分析和思考。

（四）中学教学应着重反思六个方面

1. 反思教学行为是否达到了教学目标

在制订每节课的教学目标时，中学教师要特别注意培养中学生的科学素养，即知识、能力、情感态度与价值观。在教学反思时，中学教师也应注意是否达到了目标，有哪些缺点和不足以及如何改进。

2. 反思教学过程是否适应学生的个性差异

成功的教育者必须根据学生的个性、特长、禀赋和优点因材施教，因人施教，因类施教，充分发挥学生的个性特长，让每个学生都有施展才能的机会。成功的课堂教学，应尽可能让基础好的学生“吃得好，跑得快”，让中等生“吃得饱，跑得动”，让学困生“吃得了，不掉队”。在具体操作时，无论是情境创设还是内容呈现，无论是问题设置还是释疑解惑，都应围绕“为了一切学生”这一教育理念，多层次、多维度、多渠道开展教育活动。进行教学反思时，中学教师应该注意自己的教学过程是否适应学生的个性差异，以及应该如何改进教学过程。

3. 反思教学活动是否有沟通合作

叶澜教授提出，人类的教育活动起源于交往，教育是人类一种特殊的交往活动。教学活动是教育活动的一部分，没有沟通就没有教学，失去了沟通的教学就不是成功的教学。中学教师应该认识到，成功的教学过程应该形成多种多样的，多层面、多维度的沟通情境和沟通关系；教学是一个教师与学生敞开心扉、相互理解、相互接纳的对话过程。

成功的中学教学过程中，师生应该形成一个学习共同体，双方平等参与教与学，并进行心灵的沟通与精神的交流。在教学反思时，中学教师应该将“如何与学生沟通合作”作为重要内容进行反思。

4. 反思教学过程是否存在“伪探究”

在实施探究性学习的教学实践中，经常会出现下面的情况：教师抛出一个问题，学生立即围在一起分组讨论，也不管小组的组合是否合理，问题是否有讨论的价值。几分钟后教师一声令下，学生立刻停止讨论，然后小组中优秀学生回答问题，其他学生尤其是学困生，是否积极参与讨论，是否真正学会了方法、技能和知识，就无从得知了。

这种“神散形未散”的探究就是“伪探究”，这样进行探究掩盖了学生个体间的差异，甚至直接剥夺了部分学生独立思考、质疑、发言的权利。所以，在进行教学反思时，中学教师要反思自己的教学过程是否存在类似问题，以及如何避免伪探究。

5. 反思教学过程是否迸发出智慧的火花

在教学过程中，学生常常会产生奇思妙想，迸发出创新的火花。对此，中学教师应该及时捕捉学生透露出来的信息，加以重组整合，并引导学生展开讨论，给课堂带来精彩；应该利用课后反思去捕捉提炼，为中学教研积累第一手素材，拓宽教学思路，提高教学水平。教学时如果学生迸发出智慧的火花，中学教师在教学反思时要记录下来，并进行多角度的分析、思考。

6. 反思是否创造性地使用教材

教材是课程之本，教材的首要功能是教与学的一种重要资源，但不是唯一资源。教材不再是完成教学活动的纲领性文本，而只是一种参考提示，为学生展示多种多样的学习方法和丰富多彩的学习内容。同时，教师不仅要使用教材，还要创造教材。在教学反思时，中学教师要明确教材的特点，创造性地使用教材，在教学反思中将教材的使用作为专题加以记录。这样教师既能积累经验，又为教材的使用提供了建设性意见。

思之则活，思活则深，思深则透，思透则新，思新则进。教学反思过程是教师提高业务素质、积累教研素材、形成独特教学风格的专业化成长过程。事实上，只有通过有效的教学反思，并逐渐养成对每一堂课、每一个教学环节进行教学反思的良好习惯，中学教师才能不断审视自我，发现自我，增加有效经验，修正缺点和不足，不断提升教学能力和教学效益。

不管是年轻教师还是经验丰富的老教师或名师，都应该将教学反思作为每日的“必修课”，主动进行自我反思，与同事深入交流探讨，对优秀教师的课堂教学进行反思，让反思真正成为推动中学教学高效发展的重要力量。

参考文献

[1] 张祖忻，朱纯，胡颂华．教学设计——基本原理与方法［M］．上海：上海外语教育出版社，1992.

[2] 中华人民共和国国家教育委员会电化教育司．教学媒体与教学设计［M］．北京：高等教育出版社，1990.

[3] 乌美娜．教学设计［M］．北京：高等教育出版社，1994.

[4] 孙可平．现代教学设计纲要［M］．西安：陕西人民教育出版社，1998.

[5] 麦曦．教学设计的理论和方法［M］．广州：新世纪出版社，1996.

[6] 李学农，丁彦青．多媒体教学优化设计［M］．广州：广东高等教育出版社，1996.

[7] 李克东，谢幼如．多媒体组合教学设计［M］．北京：科学出版社，1992.

[8] 盛群力，李志强．现代教学设计论［M］．杭州：浙江教育出版社，1998.

[9] 皮连生．教学设计——心理学的理论与技术［M］．北京：高等教育出版社，2000.

[10] 李龙．教学过程设计［M］．呼和浩特：内蒙古人民出版社，2000.

[11] 杨九俊．小学语文课堂诊断［M］．北京：教育科学出版社，2005.

[12] 埃德加·莫兰．复杂性理论与教育问题［M］．陈一壮译．北京：北京大学出版社，2004.

[13] 北京师范大学教育系《教学认识论》编写组．教学认识论［M］．北京：北京燕山出版社，1988.

[14] [日] 东山宏久. 聆听的技巧 [M]. 红色旌旗译. 北京：中国民族摄影艺术出版社，2004.

[15] 董远骞等. 教学的艺术 [M]. 北京：人民教育出版社，1993.

[16] 方展画. 罗杰斯"学生为中心"教学理论述评 [M]. 北京：教育科学出版社，1990.

[17] 高长梅，白昆荣. 教育方法与艺术全书 [M]. 北京：中国物资出版社，1998.

[18] 郭华. 课堂沟通论 [M]. 北京：北京师范大学出版社，2006.

[19] 郭启明，赵林森. 教师语言艺术 [M]. 北京：语文出版社，1998.

[20] 窦桂梅. 听窦桂梅老师讲课 [M]. 上海：华东师范大学出版社，2006.

[21] 于永正. 名师课堂经典细节：品读名师课堂119个经典魅力（小学语文卷）[M]. 南京：江苏人民出版社，2007.

[22] 程红兵. 程红兵讲语文 [M]. 北京：语文出版社，2008.

[23] 吴中强. 论语文教学中有效的留白艺术 [J]. 中小学教学研究，2006 (5).

[24] 上海教育学院中文系. 于漪教案选——特级教师教案选（1）[M]. 上海：上海教育出版社，1984.

[25] [法] 卢梭. 爱弥儿 [M]. 李平沤译. 北京：商务印书馆，1978.

[26] [德] 席勒. 美育书简 [M]. 徐恒醇译. 北京：中国文联出版公司，1984.

[27] 张明仙. 教师语言艺术实训教程 [M]. 昆明：云南大学出版社，2009.

[28] 陈杰. 建构语文教学中预设与生成的新型关系 [J]. 上海教育科研，2005 (9).

[29] 余明华，张茂芹. 高中历史课运用发现教学法初探 [J]. 历史教学，2003 (3).

[30] 张小平. 关于发现教学法的实践与思考 [J]. 语文教学与研究，2006 (28).

[31] 江泓. 精心的预设　精彩的生成 [J]. 教师之友，2005 (5).

[32] 范强. 在生成中建构学生的认知结构 [J]. 新课程教学案例，2005 (5).

[33] 陈红梅. 在课程整合中有效学习——浅谈语文学科与信息技术的整合 [J]. 吉林教育（中小学教育），2010 (1).

[34] 小荷. 孩子学习老走神怎么办 [J]. 家庭教育（中小学生家长），2010 (2).

[35] 王现丽. 浅谈增强学生学习兴趣，提高教学效果的几点建议 [J]. 中国科教创新导刊，2010 (5).

[36] 柴西琴. 浅谈对探究教学的认识与思考 [J]. 学科教育，2001 (10).

[37] 张崇善. 探究式：课堂教学改革之理想选择 [J]. 教育理论与实践，2001 (11).

[38] 严久. 着眼于学生学习方式的转变——关于研究性学习的若干问题 [J]. 全球教育展望，2001 (2).

[39] 马坚. 自主探究教学必须注重的"六性" [J]. 中学语文，2009 (18).

[40] 齐宪代. 开展创造教育的内容、途径和方法 [J]. 北京教育（普教版），2001 (5).

[41] 张志勇. 关于实施创新教育的几个问题 [J]. 教育研究，2000 (3).

[42] 张吉祥. 教师不串讲怎么办 [J]. 中学语文教学，2001 (12).

[43] 许兴亮. "串问"之害甚于串讲——浅谈语文质疑教学 [J]. 语文建设，2003 (9).

[44] 甘葆露，李春秋. 道德教育与四化建设 [J]. 北京师范大学学报（人文社会科学版），1980 (4).

[45] 陈其全，关小蓉，刘汉琦，陈文，冯文. 中学新课程教学改革情况调查 [J]. 玉林师范学院学报，2006 (S1).

[46] 王景英. 学会对学生评价是中小学教师的基本功 [J]. 中小学教师培训，2004 (5).

[47] 曹庆衍. 浅谈课堂启发式教学的若干要求 [J]. 福建教育学院学报，2004 (11).

[48] 钟启泉. 关于"学力"概念的探讨 [J]. 上海教育科研，1999 (1).

[49] 王凯. 加拿大的基础学力改革及其启示 [J]. 教学与管理（中学版），2004 年（4）.

[50] 魏翠翠. 尊重教育与学生创造力关系探析 [J]. 基础教育参考，2008（3）.

[51] 刘文琪. 尊重：教育的应有之意 [J]. 上海教育科研，2008（4）.

[52] 王玉霞. 洛克的教育奖惩思想及其心理学探析 [J]. 才智，2009（14）.

江苏凤凰教育出版社
《行知工程》系列丛书目录

系列	序号	书名	主编	定价
高效能教学系列	1	《高效能教师的10个好习惯（中学卷）》	张　瑾	30.00
	2	《让作文落地生根——提高写作实效的教学策略》	黄桂林	30.00
	3	《高效能作文教学5项修炼》	陈步华	30.00
	4	《高效能校长的10个好习惯》	张　勤	30.00
	5	《高效能教师的10个好习惯（小学卷）》	谢　英	30.00
	6	《高效能语文教学5项修炼》	王其华	30.00
新课程探索系列	7	《语文新课程的批判与重建》	葛桂斌	30.00
美国名师教学译丛	8	《美国名师游戏教学本土化应用：幼儿园》	（美）玛西娅 L. 泰特 著 胡珍　瞿菁　编译	30.00
	9	《美国名师游戏教学本土化应用：小学英语》	（美）玛西娅 L. 泰特 著 杨永华　张心影　编译	30.00
	10	《美国名师游戏教学本土化应用：小学数学》	（美）玛西娅 L. 泰特 著 谢艳红　编译	30.00
	11	《美国名师游戏教学本土化应用：小学科学》	（美）玛西娅 L. 泰特 著 刘丽萍　编译	30.00
	12	《美国名师游戏教学本土化应用：小学社会》	（美）玛西娅 L. 泰特 著 姜梅芳　编译	30.00
	13	《美国名师游戏教学本土化应用：小学音体美》	（美）玛西娅 L. 泰特 著 尹立志　编译	30.00
鲁派名师名校·教育探索者系列	14	《悦读立人——校园阅读文化体系构建策略》	杨世臣	30.00
	15	《教育智慧何处来——一位特级教师的思考手记》	付立全	30.00
	16	《和雅文化——校本课程的创新构建》	汤善香	30.00
	17	《让个性绽放精彩——学校课程体系整合与创生》	谢建伟　徐淑萍	30.00
	18	《让每个学生都幸福——最能润泽生命的学校文化建设》	谢建伟　张新喜	30.00
文化班级系列	19	《做幸福的班主任》	吕　丽	26.00

系列	序号	书　　名	主编	定价
创新教学探索系列	20	《打造有生命力的课堂 ——“两步八环节”教学模式探索与实践》	查联智	30.00
	21	《最能培养学生探究能力的课堂 ——小学科学与信息技术单元整体课程实施与评价》	李怀源	30.00
	22	《最能激发学生运动天赋的课堂 ——小学体育单元整体课程实施与评价》	李怀源	30.00
	23	《最能提升学生艺术素养的课堂 ——小学艺术单元整体课程实施与评价》	李怀源	30.00
	24	《“生命语文”探索——焕发语文生命力的思考与实践》	王自成	30.00
	25	《粘连作文教学：让习作成为有个性的自我建构》	黄瑞夷	30.00
	26	《备学式教学——在体验中建构数学思维》	单广红　范雪梅	30.00
	27	《向着自主进发——自主教育的创新实施智慧》	朱亚红	30.00
	28	《写中学——让学习更有效的学科写作教学》	钟传祎	30.00
	29	《小学科学实验总动员 ——大科学课堂有效提升学生创新力》	江美华	30.00
	30	《小学语文单元整体课程实施与评价》	李怀源	30.00
	31	《小学英语单元整体课程实施与评价》	李怀源	30.00
	32	《小学数学单元整体课程实施与评价》	李怀源	30.00
生态化校园系列	33	《点燃学习的激情——构建校园生态化学习型组织》	杨树岳	30.00
	34	《课改突围——构建学校生态化教学体系》	杨树岳	30.00
教育新思考系列	35	《语文教育向何处去》	王　丛	26.00
	36	《教育，就是做好普通的事》	孙志毅	27.00
	37	《走出语文的偏见——让学生体悟文本的原义》	丛智芳	30.00
	38	《让语文教学更高效——批注式阅读教学探索》	韩中凌	30.00
	39	《读写互促——探寻学以致用的语文教学》	曹　龙	30.00
	40	《跳出数学教数学——用文化融通数学教学》	马建秀	27.00
名师感悟系列	41	《让心灵伴着歌声成长——22位音乐名师的教育智慧》	陈　璞	30.00
	42	《超越自我的教师——32位名师的成长感悟》	李卫东　李秀伟	35.00
	43	《心灵的守护者——19位名班主任的教育智慧》	王晓松　曲文弘	30.00
	44	《名师感悟班主任有效工作艺术90例》	符礼科	30.00
	45	《名师感悟有效教学90例》	林高明　徐玉烟	30.00

系列	序号	书　　名	主编	定价
信息化教学系列	46	《巧用白板教语文——信息技术与语文教学操作指南》	蒋丽清	30.00
	47	《跨越式实现高效课堂——信息技术与课程整合高效教学方案评析》	陈玲　刘禹	30.00
教师必读系列	48	《教师必学的16堂修养课》	武宏伟	30.00
	49	《教师不可不知的教学心理效应》	叶勇军	30.00
	50	《班主任不可不知的管理效应》	奚一琴	30.00
	51	《教师不可不知的教育心理效应》	孙　媛	30.00
	52	《校长不可不知的管理效应》	谢申刚　张金豹	30.00
	53	《成为好教师的7项修炼》	王福强　李维华	30.00
	54	《如何让学生会学习》	龙　冰	30.00
	55	《如何让学生爱学习》	周震宇　许小燕	30.00
行思讲坛系列	56	《灵动而朴素地教语文——潘文彬的微格教育生活》	潘文彬	30.00
	57	《师爱无疆——润泽学生心灵的教育故事》	侯忠彦	30.00
	58	《怎样反思更有效——促进教师专业发展的反思策略》	诸贝贝	30.00
	59	《成为高度自觉的教育者——写给后课标时代的数学教师》	许卫兵	30.00
	60	《哲思数学课》	刘全祥	30.00
	61	《把学生教聪明》	严育洪	30.00
	62	《教师最应该规避的教育误区》	杨坤道	30.00
	63	《用语文的方式教语文——潘文彬教学主张与实践智慧》	潘文彬	30.00
	64	《怎样让阅读教学更有效——提升教学能力的十种读诵模式》	汪秀梅	28.00
	65	《让生命在润泽中起舞——当代小学生最需要的主题班会》	吴联星　罗琳　冯卫东	30.00
	66	《让生命欢快拔节——当代中学生最需要的主题班会》	冯卫东　吴联星	30.00
	67	《课堂因生成而精彩——高效教学的生成智慧》	张文质	30.00
	68	《回到每一个人的生命化教育——张文质二甲中学教育行动录》	张文质	30.00
	69	《智慧数学课——黄爱华教学思维的实践策略》	黄爱华	30.00
教育家核心思想系列	70	《多元智能理论的本土化应用》	刘治富	30.00
	71	《大教育家最具施教力的教学思想》	白刚勋	30.00

系列	序号	书　名	主编	定价
教育管理力系列	72	《“走”出教育的精彩：走动式学校管理文化构建》	罗　军	30.00
	73	《校长兵法：学校管理四十六计》	皮大鹏	30.00
核心教学主张系列	74	《新生代语文名师核心教学主张》	许友兰	30.00
学生心理解码系列	75	《孩子问题行为一点通 ——只有好老师才知道的学生心理谜底》	严育洪	30.00
教育求索系列	76	《思政教学的人文力量》	戴晓华	30.00
	77	《师道新说——给教育者的30条箴言》	徐　卫	30.00
中国教育变革之路丛书	78	《百年树人师何为——教师队伍建设困顿与出路》	将丽珠　李玉向	30.00
	79	《入园何时不再难——学前教育困惑与抉择》	曾晓东 范　昕　周　慧	30.00
	80	《三尺书桌何处寻——流动人口子女教育困难与破解》	范先佐	30.00
	81	《苦旅何以得纾解——高考改革困境与突破》	郑若玲	30.00
	82	《择校纠结何时了——择校问题困局与治理》	曾晓东　周文海 曾娅琴	30.00
创新教学思想系列	83	《“大问题”教学的形与神》	黄爱华　张文质	30.00
校长领导力系列	84	《高品质学校生长要素》	王益民	30.00
	85	《校长高校教学领导力提升策略》	徐世贵　郭文智	30.00
教育漫笔系列	86	《课堂，诗意地栖居》	吴书华	30.00
新思维系列	87	《教育中的“不一定”——打破教育的19种思维惯式》	严育洪	30.00
校本研修系列	88	《特色校本课程开发范例解读》	刘永平　李秀伟 张雪梅	30.00
	89	《高效校本研修模型构建艺术》	刘素雁	30.00
	90	《走向实践的教研——中小学教育科研引领与应用》	江　敏	30.00
教学提升系列	91	《有思想地教阅读——让学生学会品读文字真意》	王学东	30.00

系列	序号	书　　名	主编	定价
教育艺术提升系列	92	《藏在师生体态语言里的教学智慧》	张　宇　廖生波	30.00
教学全手册系列	93	《小学习作教学全手册》	郭家海	30.00
	94	《中学写作教学全手册》	郭家海	30.00
	95	《情境教学操作全手册》	冯卫东	35.00
	96	《合作教学操作全手册》	李春华	35.00
	97	《探究教学操作全手册》	周新桂	35.00
	98	《自主教学操作全手册》	诸葛彪	35.00
	99	《创新教学操作全手册》	王　玮	35.00
	100	《班主任工作全手册》	刘沛华	35.00
	101	《新教师工作全手册》	周震宇	35.00
	102	《学生心理健康教育全手册》	刘海莉　刘春杰	35.00
	103	《高效教学操作全手册》	马友平	35.00
教育思想者系列	104	《教育，一切从孩子出发》	黄　俭	30.00
创新人才培养系列	105	《创新人才培养校园科普精品课程开发与指导——人大附中创新人才培养》	罗　滨	30.00
	106	《创新人才培养特色校本课程开发与创新人才培养——清华附中“国际安全下的科学技术”课程构建与实施》	王殿军　方　研　赵宏雁	30.00
	107	《创新人才培养：学校实验室建设与管理》	刘克文　杨发丽　杨　平	30.00
	108	《创新人才培养：数学探究活动开发与指导》	马云朋　韩继伟	30.00
	109	《创新人才培养：化学研究活动开发与指导》	王　磊	30.00
	110	《创新人才培养：物理探究活动开发与指导》	廖伯琴	30.00
	111	《创新人才培养：地理探究活动开发与指导》	张建珍　陈　澄	30.00
	112	《创新人才培养：生物探究活动开发与指导》	张迎春	30.00
	113	《创新人才培养：理念探索与思维突破》	王晶莹	30.00
新生代通派名师系列	114	《简约数学教学》	许卫兵	30.00
	115	《语文教学的本真——情意课堂展现母语之美》	吴建英	30.00
	116	《语文课堂的理想追求——欢快达成三维目标》	董一红	30.00
	117	《阅读教学的真髓——意象构建读出文学的真美》	祝　禧	30.00
	118	《美术教育的真谛——审美人生教育让生命绚丽成长》	陈铁梅	30.00
	119	《语文教学的理想境界——无痕教学润泽生命》	李　凤	30.00
	120	《儿童作文的本义——嬉乐作文让儿童乐并成长着》	王笑梅	30.00
	121	《名师是怎样炼成的》	王建明　王笑君	35.00

系列	序号	书　　　名	主编	定价
幼师成长系列	122	《幼儿行为背后——教师如何读懂幼儿的心思》	吴亚英	30.00
	123	《最具教育力的22种幼儿教育思想》	杨　达	30.00
	124	《幼儿教师必知的安全应急措施》	杨　达	30.00
	125	《幼儿教师必备的教育技能》	李　玲	30.00
	126	《卓越园长21条幼儿园管理策略》	周　丹　江东秋	30.00